प्राचीन भारत में समाज व्यवस्था

(प्रागैतिहासिक काल से गुप्तकाल तक)

प्राचीन भारत में समाज व्यवस्था

(प्रागैतिहासिक काल से गुप्तकाल तक)

डॉ0 बीरेन्द्र मणि त्रिपाठी

विभागाध्यक्ष एवं सह– आचार्य

प्राचीन इतिहास संस्कृति एवं पुरातत्व विभाग,

नेहरू ग्राम भारती मानित विश्वविद्यालय,

प्रयागराज (उत्तर प्रदेश)

अंकित पब्लिकेशन्स

दिल्ली– 110009

प्राचीन भारत में समाज व्यवस्था : प्रागैतिहासिक काल से गुप्तकाल तक

प्रथम संस्करण: 2021

₹ 695

आई.एस.बी.एन. 978-93-81234-55-6

प्रकाशक : **अंकित पब्लिकेशन्स**
आर-69, तीसरा तल,
माडल टाऊन-3, दिल्ली- 110009
दूरभाष- 9891553405
ई-मेलः- ankitpublications@gmail.com

शब्द संयोजक : अंकिता ग्राफिक्स, दिल्ली - 110002

मुद्रक : बालाजी आर्फसेट प्रिन्टर्स, दिल्ली- 110052

अनुक्रम

प्रस्तावना

आरम्भ में मनुष्य कबीलों में रहते थे। एक–एक कबीले का एक–एक भौगोलिक प्रदेश और एक–एक भाषा होती थी। वे कबीले पहले जंगलों, तब नगरों, फिर राज्यों और तदनन्तर राष्ट्रों के रूप में विकसित हुए। जिन कबीलों ने सर्वप्रथम जंगलों को साफ करके उन्हें कृषि योग्य बनाया, वे उसके स्वामी कहे गये। जो उनके बाद आये उन्हें दास कहा गया। कृषि के बाद मनुष्य की पशुपालन की ओर प्रवृत्ति हुई और इस प्रकार उसने अन्य मानव–यूथों को अपनी ओर आकर्षित किया। उन्होंने मिलकर अपना एक शक्तिशाली संगठन बनाया और आत्मरक्षा के लिए नये यंत्रों तथा औजारों का आविष्कार कर सभ्यता को जन्म दिया।

इस प्रकार मनुष्य ने अपने आखेट युगीन वन्य जीवन से क्रमशः कृषि, पशुपालन और फिर यांत्रिक जीवन में प्रवेश किया। फिर समाज में सद्भाव की प्रवृत्ति के कारण उसने आग, पानी और भूमि की उपयोगिता की खोज करके अपना आर्थिक विकास किया। वह यही तक सीमित नहीं रहा। उसने अपने लिए अनगढ़, अशोभनीय वर्तनों तथा व्यवहारोपयोगी उपकरणों की किस्मों में सुधार किया। साथ ही कृषि तथा पशुपालन के पुराने साधनों को भी उन्नत किया।

बुद्धि–प्रवण होने के कारण अपने उत्तरोत्तर जीवन–क्रम के इतिहास

में मनुष्य ने जो कुछ खोजा, उपलब्ध किया और आविष्कार तथा निर्माण किया, यही उसकी सभ्यता है। मनुष्य में इस सभ्यता का उदय तब हुआ जब वह अपने आदिम वन्य जीवन से उभरकर समाज–सापेक्ष्य हुआ और सोचने–विचारने के योग्य बना। व्यक्ति की इस सामूहिक विचार–चेतना ने 'सभा' को जन्म दिया और इस सभा में बैठने की समझ रखने के कारण उसे 'सभ्य' कहा गया।

इस प्रकार धीरे–धीरे जंगलों तथा पर्वतों में बिखरे मानव–यूथ या कबीले अपने–अपने समुदायों के रूप में विकसित हुए और मैदानी क्षेत्रों की ओर बढ़े। वहाँ उनका पारस्परिक सम्मिश्रण हुआ और उन्होंने जीवन के लिए अधिक सुखकर कला–कौशलों का निर्माण तथा उनका आदान–प्रदान किया। उन्होंने एक भाषा और अपने नैतिक आदर्शों का निर्माण कर अपने सांस्कृतिक जीवन में पर्दापण किया। इस प्रकार अपने आर्थिक तथा सामाजिक विकास–क्रम में मनुष्य ने सुरूचि, सद्भाव, आदर्श, अनुराग और सौन्दर्य की जिस अभिरूचि का निरन्तर परिष्कार तथा प्रसार किया उसकी वही परिष्कृत अभिरूचि की जननी बनी।

प्राचीनकालीन भारतीय समाज विभिन्न समूहों में था, जिनकी अपनी विशिष्टताएँ थीं। ये विभिन्न समूह ही कालान्तर में जातियों के रूप में विकसित हुए। जातियों के उन्नयन के साथ–साथ अनेक सामाजिक संस्थाओं का भी निर्माण हुआ जो भारतीय जीवन की विधियों को व्यक्त करती हैं। भारतीय आचार–विचार, रीति–रिवाज, ज्ञान–दर्शन आदि का पता सामाजिक विभाजन से ही लगता है। बाद में बनने वाली अनेकानेक भारतीय सामाजिक संस्थाएं जीवन को उद्घाटित करने की मूल प्रेरक तत्व बनीं। धीरे–धीरे जीवन के विविध पक्षों से सम्बन्धित सामाजिक संस्थाओं का गठन और विकास प्रारम्भ हुआ, जिसने अपने विभिन्न नियमों और निषेधों से समाज को पूर्णता प्रदान की तथा विकास की ओर अग्रसर किया। भारतीय समाज की अपनी अलग विशिष्टताएँ है, जो अपेक्षाकृत बाह्य कानूनों, नीतियों और बन्धनों पर बहुत कम निर्भर करती

है। भारतीय समाज अपनी इन्हीं विशेषताओं के कारण विश्व के अन्य समाजों से अलग है। इस प्रकार सभ्यता और संस्कृति का साथ–साथ निर्माण कर मनुष्य ने अपने अस्तित्व के इतिहास का निर्माण किया।

अतः इसी सन्दर्भ में लेखक द्वारा उक्त पुस्तक के कमियों को पूरा करते हुए प्राचीन भारत में समाज व्यवस्था के स्वरूप को वर्णित किया गया है। आशा है कि यह पुस्तक इतिहास से जुड़े पाठकों के लिए उपयोगी सिद्ध होगी।

अंत में, मैं अपने साथियों विशेषकर इतिहास से जुड़े लेखकों जिनका इस पुस्तक को पूर्ण करने में प्रत्यक्ष एवं अप्रत्यक्ष रूप से सहयोग मिला है, उनका तहेदिल से शुक्रिया अदा करता हूँ।

– डॉ. बीरेन्द्र मणि त्रिपाठी

1

भूमिका

भारतीय हिन्दू समाज जातियों के अनेक समूहों और वर्गों में विभक्त है जो अपने प्रतिष्ठानुसार पारस्परिक सामाजिक आचार–विचार, रहन–सहन और व्यवहार में भी पृथक हैं। सभी जातियों के अपने भिन्न–भिन्न व्यवहार और लक्षण हैं, जिनसे उनकी अपनी विशेषता, गुणात्मकता और निजत्व का पता चलता है। वस्तुतः भारतीय जाति–व्यवस्था सामाजिक संगठन का अत्यन्त सामान्य रूप है जिसके माध्यम से उसका विकास प्रकृततः हुआ है।

प्राचीनकालीन भारतीय समाज विभिन्न समूहों में था, जिनकी अपनी विशिष्टताएँ थीं। ये विभिन्न समूह ही कालान्तर में जातियों के रूप में विकसित हुए। जातियों के उन्नयन के साथ–साथ अनेक सामाजिक संस्थाओं का भी निर्माण हुआ जो भारतीय जीवन की विधियों को व्यक्त करती हैं। भारतीय आचार–विचार, रीति–रिवाज, ज्ञान–दर्शन आदि का पता सामाजिक विभाजन से ही लगता है। बाद में बननेवाली अनेकानेक भारतीय सामाजिक संस्थाएं जीवन को उद्घाटित करने की मूल प्रेरक तत्व बनीं। धीरे–धीरे जीवन के विविध पक्षों से सम्बन्धित सामाजिक संस्थाओं का गठन और विकास प्रारम्भ हुआ, जिसने अपने विभिन्न

नियमों और निषेधों से समाज को पूर्णता प्रदान की तथा विकास की ओर अग्रसर किया। वस्तुतः मानव जीवन की अभीष्ट की प्राप्ति में उसकी क्रियाशीलता का सर्वाधिक महत्व है, जो उसके आदर्श और व्यवहार को सम्पुष्ट करती है।

भारतीय समाज अपनी इन्हीं विशेषताओं के कारण विश्व के अन्य समाजों से अलग है। अन्य समाजों की तुलना में भारतीय समाज की अपनी अलग विशिष्टताएँ है, जो अपेक्षाकृत बाह्य कानूनों, नीतियों और बन्धनों पर बहुत कम निर्भर करती है। सामाजिक व्यवस्था बनाए रखने के लिए तथा एक दूसरे पर दबाव और अत्याचार को रोकने के लिए भारत में बहुत कम नियम बने। वस्तुतः व्यक्ति के माध्यम से अनेक ऐसे सन्नियम, सदाचरण और प्रथा–परम्परा का सन्निवेश हुआ कि उस समय प्रत्येक सदस्य सच्चरित्र और उत्कृष्ट बना।

समाज में व्यष्टि और समष्टि की महत्ता बढ़ने पर पारस्परिक आवश्यकताओं का भी महत्व बढ़ा, जिससे परिवार, समुदाय और समाज का उत्थान हुआ। वस्तुतः मनुष्य की कुछ ऐसी आवश्यकताएं होती हैं जिनका समाज के सभी सदस्यों के लिए समान महत्व होता है। ये आवश्यकताएं सामाजिक जीवन की मौलिक आवश्यकताएं होती हैं, जो जनसमुदाय के कल्याण और उत्थान के लिए लाभकारी और हितकारी होती हैं। इन मूलभूत आवश्यकताओं की पूर्ति के लिए सामाजिक विभाजन का प्रत्येक जातिगत सदस्य कुछ कार्यप्रणाली, तरीका अथवा साधन खोज लेता है, जिसे वह सामाजिक उत्थान में लगाता है। फलतः समाज व्यक्ति द्वारा अपनाए गए साधनों और कार्य–व्यवस्थाओं को स्वीकार कर लेता है। इस प्रकार भारतीय सामाजिक संस्थाओं में उन कार्यविधियों, सांस्कृतिक उपकरणों, व्यवहारों तथा क्रियाओं का योग होता है जो सामाजिक विभाजन के स्वरूप को व्यक्त करने में सफल होती है।

स्वतंत्रता प्राप्ति के तीन दशक बाद ही भारत में दलगत नीति

उभरने लगी। राष्ट्रीय आदर्श को वोट की राजनीति ने पीछे ढकेल दिया। अब सम्प्रदायवाद, जातिवाद, क्षेत्रवाद, भाषावाद, अगड़ा–पिछड़ावाद, दलित वाद आदि विषैले तत्व बिखर आये हैं, जो देश की जनता को विखंडित कर रहे है। बाहुबलियों की और धनपतियों की बन आयी है। हमारी सांस्कृतिक एवं सामाजिक चेतना धूमिल पड़ गई है।

गांधी के विचार वैदिक मान्यताओं की आधुनिकतम कड़ी है, श्रेष्ठ अभिव्यक्ति है। सत्य शास्वत है, जीवो से आन्तरिक स्नेह, श्रेष्ठ मानव धर्म है। देश, काल, परिस्थिति से उत्पन्न विभिन्नता मानवीय एकता को काट नहीं सकती। मानव अमृतपुत्र है, देवगण उसके मित्र है, पृथ्वी उसकी माता है, आकाश पिता है। मानव अविभाज्य है, चूंकि वह एक ही पिता की सन्तान है, प्रेम श्रेष्ठ धर्म है, जीव मात्र की एकता श्रेष्ठ ज्ञान है। वैदिक वांङमय में निराशा की छाया तक नहीं मिलती। कबैक्य सदा त्याज्या हैः कैवल्य हमारा चरम लक्ष्य है– सामाजिक समानता सुख का मूलाधार है। ईश्वर का दूसरा नाम सत्य है, प्रेम है। ईश्वर प्राणिधान के रास्ते अनेक है, परन्तु यात्रा का लक्ष्य एक है सत्सत् उस जगदीश्वर को पा लेना : ब्रह्मधर्म तक पहुंच जाना।

वैदिक समाज में मनुष्य चार वर्णों में बांटा गया है, कर्म के अनुसार जन्म के अनुसार नहीं। सभी वर्ण अन्योन्याश्रित हैं, शरीर के अवयवों की तरह। मस्तक भले ही शरीर के उर्ध्व स्थान में हो, वह हाथ और पांव के बिना क्रियाविहीन बन जाता है। उसी तरह ब्राह्मण और शूद्र सामाजिक समानता के पर्याय है।

स्त्री और पुरूष के मौलिक अधिकार हैं, विधवा विवाह व्यक्तिगत अधिकार का प्रयोग है, इसी प्रकार विधुर का पुनर्विवाह भी।

चारों वेद, वेदांग, ब्राह्मण, उपनिषद, आरण्यक में जो विचार व्यक्त किये गये हैं, उनका मूर्त स्वरूप दोनों महाकाव्यों में जानने देखने को मिलता है। यदि रामायण पूर्णतया सामाजिक आदर्शों का काव्य है तो

महाभारत उस समाज को प्रतिबिम्बित करता है जहाँ सामाजिक आदर्श तथा सामाजिक विकृतियों का संघर्ष है। महाभारत में उस सत्य का उद्घरन है जिसमें हम आज जी रहे हैं, अर्थात् अध्यात्म और सांसारिक स्वार्थ के मानसिक युद्ध के बीच।

यही विचार लौकिक कहानियों द्वारा पुराणों में वर्णित हैं। पुराण समय की आवश्यकता थी। वैदिक भाषा दुरूह होने लगी थी; लोकभाषा में बदलाव आ रहा था। पुराण कथाओं के जरिये धार्मिक सत्य का प्रतिपादन कर उन्हें लोक चेतना में स्थापित करता रहा।

हमारी आर्य संस्कृति एवं सामाजिक संरचना का पूर्ण चित्र इन ग्रन्थों में उभरता है जो आज भी हमारी विरासत हैं। परन्तु कालचक्र थमता कब है? अर्जुन ने श्री कृष्ण को युद्ध के भीषण परिणाम से सावधान किया था– स्त्रियाँ दुष्ट हो वर्णशंकर जनने लगती हैं (गीता प्रथम अध्याय) लेकिन इतना ही नहीं एक राजनैतिक परिणाम होता है जो भयंकर है, अर्थात् देश की सीमा विदेशियों के लिये, शत्रुओं के लिये, खुल जाती हैं। महाभारत युद्ध के बाद ऐसा ही हुआ होने लगा। भारतीय इतिहास में एक घटना घटी। ईसा पूर्व छठी शताब्दी में नेपाल की तराई में, वैशाली प्रमंडल में दो महामानवों का अविर्भाव हुआ– गौतम सिद्धार्थ और वर्धमान महावीर का। दोनों ने उच्च स्तर में अहिंसा को परम धर्म घोषित किया। बुद्ध ने अपने अनुयायियों को तीन शरणास्थल बताया– धम्म, संघ और बुद्ध को। राष्ट्र की बात नहीं कही गयी– वैदिक ऋषियों ने कहा था–ब्रह्म दृघं, क्षत्रं दृघं–ब्रह्म की चिन्ता करो और राष्ट्र की चिन्ता करो। इन्हें भुला दिया गया। तभी ई0 पू0 327 ई0 में ग्रीस देश से चला सिकन्दर महान द्वारा भारत पर चढ़ाई हुई। पोरस ने वीरता दिखाई तो बौद्ध युवकों ने कमण्डल दिखाते हुए अपने को अलग बताया। घटना छोटी थी, परन्तु प्रभाव विस्तृत हुआ। साहित्य, कला, ज्योतिष, गणित सब में आदान–प्रदान हुआ, परन्तु सीमा का द्वार अन्य विदेशी वनचारियों के लिये खुल गया। चीन और पूर्वी ईरान के मैदानों से निकलकर, हूण, शक,

शुंग, पार्थियन, सीथियन और कुषाण बारी–बारी से घुस पड़े। इन्होंने उत्तर पश्चिम, भारत पर राज्य किया, साथ ही बौद्ध धर्म को राजधर्म बनाकर बौद्ध मत का खूब प्रचार किया।

इस अवधि में कई घटनाएं ऐसी घटी जो भारतीय सांस्कृतिक एवं सामाजिक व्यवस्था पर गहरा छाप छोड़ गयी–वे हैं चाणक्य चन्द्रगुप्त मौर्य द्वारा मगध के नंदवंश का नाश कर वृहत्तर भारत को एक सूत्र में बांधने की चेष्टा, राजनीतिशास्त्र अथवा कौटिल्यशास्त्र का उदय, अशोक महान द्वारा धम्म विजय द्वारा बौद्ध धर्म का सुदूर दशों में प्रचार, कनिष्क द्वारा इसकी विशेष प्रगति और अन्त में पुनः ब्राह्मण धर्म की स्थापना जिसे पुष्यमित्र ने पूरा किया।

कुषाण काल के अन्त के बाद गुप्तकाल का प्रारम्भ होता है। समुद्रगुप्त, स्कन्दगुप्त के राज्यकाल को भारत का स्वर्णिम युग कहा जाता है। गुप्त सम्राट आर्य धर्मी थे, ब्राह्मण धर्म के संगरक्षक हुए। बौद्ध कुछ समय के लिये दब गये किन्तु दोनों भारतीय धर्मों के बीच टकराहट होती रही, यह निर्विवाद सत्य है। दक्षिण भारत में सातवाहन राजाओं के साथ चालुक्य आदि राजाओं का अच्छा सम्बन्ध बना हुआ था।

साहित्य, संगीत, कला, पुराने ग्रन्थों का नूतन सम्पादन, संस्करण, राज्य विस्तार और बृहत्तर भारत की कामनाएँ, कृषि–वाणिज्य, लघु उद्योग का विकास–विस्तार इस युग की प्रमुख उपलब्धियाँ हैं।

गुप्त राज्यकाल ईसा के जन्मोपरान्त 320 ई0 में प्रारम्भ होता है। इसी राज्यकाल में सन् 476 ए0डी0 में भारतीय ज्योतिष विभूति आर्यभट्ट का जन्म हुआ था। गुप्तकाल में चीनी यात्री फाहियान 405 ए0डी0 से 414 ए0डी0 तक भारत में भ्रमण करता रहा। दक्षिण भारत में कांची में पल्लवों का राज्य स्थापित हुआ था, चालुक्य, चोला, पाण्डेय आदि राजवंश से सबों का अच्छा सम्बन्ध बना हुआ था। दक्षिण भारत में आर्य धर्म और संस्कार पुष्पित–पल्लवित हो रहा था। गुप्तकाल 511 ए0डी0 के

लगभग समाप्त हो गया, उसी समय कन्नौज में मुखारी वंश का उदय हुआ सर्वोत्तम राजा हर्षवर्द्धन (600 ए0डी0–647 ए0डी0) हुआ। इसके शासनकाल में चीनी यात्री ह्वेनसांग भारत में आया था जो राजा हर्ष से 643 ए0डी0 में मिला था। हर्ष बौद्ध धर्म के मानने वाले थे, परन्तु इस सम्पूर्ण काल में ब्राह्मण धर्म और बौद्ध धर्म के बीच समन्वय हो चुका था। एक ही परिवार में कोई बौद्ध तो कोई ब्राह्मण बनकर रहता था। गुप्तकाल 327 ए0डी0 से लेकर हर्ष के समय तक 677 ए0डी0 तक की प्रमुख घटना चक्र इस प्रकार हैं जो इन चार सौ वर्षों के सांस्कृतिक एवं सामाजिक परिदृश्य को परिलक्षित करते हैं–

1. गुप्तवंशीय नरेशों तथा मुखारी वंश के नृपतियों का दक्षिण भारत के सम्राटों के साथ प्रगाढ़ सम्बन्ध हो चला था, जिसके फलस्वरूप आर्य संस्कृति दक्षिण में भी फल–फूल रही थी। सांस्कृतिक दृष्टि से विन्ध्य के दोनों पार वेदों की ध्वनि सुनाई पड़ती है।

2. संस्कृत भाषा दोनों भूभाग को जोड़ने में सफल थी, यद्यपि यह भाषा सर्वजन की भाषा नहीं रहकर शिष्ट जनों की भाषा थी। इस काल में लोक साहित्य के प्रचललन के साथ पाली, प्राकृत एवं कतिपय बोलियों का व्यवहार बढ़ चला था। वैसे ही दक्षिण भारत में संस्कृत के साथ तमिल, तेलुगु, मलयालम, कन्नड़ आदि क्षेत्रीय भाषाएं व्यवहृत हो रही थी।

3. इस काल की सामाजिक एवं सांस्कृतिक विशिष्टता यह है कि बाहर से आयी जातियाँ भारतीय वर्ण विभागों में रच–पच गयी थी, और वे भारत के बनकर रह गये थे। उनके घुलमिल जाने से कोई सामाजिक संघर्ष का सबूत नहीं मिलता इसे एकीकरण का युग कहना सार्थक है।

4. दैत्य सम्बन्धों के कारण भारत में जरथुरस्थ और कन्फ्यूसियस के विचारों की जानकारी फैल चुकी थी, इनका कोई प्रभाव दृष्टिगोचर नहीं होता था अलबत्ता ग्रीक कला, दर्शन और विज्ञान का प्रभाव दृष्टमान था।

5. इसी काल खण्ड में ब्राह्मण धर्म के मूल संरक्षक, केरल में जन्में आदि शंकर द्वारा भारत के चारों कोनों में चार मठ स्थापित किए गए, जो ब्राह्मण धर्म की गरिमा को पुनजीर्वित करने में सहायक सिद्ध हुआ।

6. बौद्धों द्वारा स्थापित विश्वविद्यालयों में सभी तरह की शिक्षा केन्द्रीभूत हो गयी थी, जो विश्व के लिये अनोखा उदाहरण था। तक्षशिला, नालन्दा, ओदन्तपुरी के विश्वविद्यालयों में चीन, नेपाल, तिब्त के विद्यार्थियों की भरमार थी।

7. उपरोक्त तथ्यों का साक्ष्य फाहियान और ह्वेनसांग के यात्रा वृत्तान्तों में मिलती है, साथ ही वहां के आचार्यों के लेख राजाओं के ताम्र पत्र अभिलेखों से प्राप्त होती है।

8. ई0 सन् 647 ए0डी0 के पश्चात् पूर्वी भारत में, पालवंशीय शासन के प्रारम्भ होने से बौद्ध के सिद्धांतों को प्रचुर बढ़ावा मिला; तान्त्रिक विचार भी पनपने लगे, किन्तु ब्राह्मण धर्म को कोई आघात नहीं पहुंचा धार्मिक समन्वय, सह–अस्तित्व, सामाजिक जीवन का आधार था।

9. विश्व घटना चक्र में दो तीन बातें उल्लेखनीय है–

   (i) समुद्रगुप्त के शासनकाल से तीन सौ साल पहले मध्य एशिया के जेरूसलम नामक स्थान में महामानव महाप्रभु ईसा मसीह का जन्म हुआ जिन्होंने ईश्वरीय सत्ता, ईश्वरीय कृपा, प्रेम, अहिंसा का प्रचार कर, स्वयं को लघु मानवों के वैर, वैमनस्य का खुद को आहुति बना दिया।

   (ii) वैसे ही लगभग सात सौ साल बाद, अरब देश में एक महा ज्योति प्रकट हुई जिनका नाम पड़ा पैगम्बर मुहम्मद जिन्होंने पूरे अरब देशों को सुसम्य, सुसंस्कृत और एकेश्वरवादी बनाया। इन दोनों महामानवों की चर्चा आगे के भागों में की जायेगी।

   (iii) एक बात और द्रष्टव्य है कि ई0 सन् 637 ए0डी0 में अरब

के जल दस्यू ने भारतीय पश्चिमी समुद्रीतट पर आक्रमण कर दिया जिसके फलस्वरूप समुद्री रास्ता भी सदा के लिए खुल गया। अरबों का आक्रमण सिन्धु नदी तक होने लगा और मुस्लिमों की बस्तियाँ समुद्री तट पर बसने लगी। इस समय भारत श्री हीन होने लगा था। राष्ट्र बोध नगण्य था, कोई प्रबल सम्राट भी नहीं था। फलतः भारत का छोटा–छोटा भू–भाग गैरों के हाथ जाने लगा। इतिहास में यह परिदृश्य दर्द के साथ अंकित है कि आर्य संस्कृति का सूर्य मलीन दिखने लगा। सूर्यास्त नहीं हुआ लेकिन इसकी प्रमुखता नहीं रही। समय का चक्र बेरहमी से घूमता गया।

2

प्राचीन भारत की भौगोलिक पृष्ठभूमि

प्राचीनतम काल में भारत की भौगोलिक सीमा के अन्तर्गत पूर्व में कामरूपआसाम, पश्चिम में हस्तिनापुर, दक्षिण में सौराष्ट्र, और उत्तर में हिमालय तक के प्रदेशों का उल्लेख है। इस सीमा के बाहर कुछ द्वीपों यथा–चीन द्वीप, सिंहल द्वीप, रत्न द्वीप, महाकटाह आदि का उल्लेख है। विभिन्न द्वीपों और नगरों के साथ–साथ अनेक वन, पर्वत और नदियों का भी उल्लेख है जिनके आधार पर हरिभद्र द्वारा उल्लिखित भारत की भौगोलिक दशा का वर्णन किया जा सकता है।

द्वीप

हरिभद्र द्वारा उल्लिखित भारत में निम्नलिखित द्वीपों का उल्लेख मिलता है।

जम्बू द्वीप[1]– जैन परम्परा में इस द्वीप का विशेष महत्व बताया गया है। जम्बू वृक्ष के नाम के कारण ही इस द्वीप का नामकरण हुआ। इसका आकार गोल है और इसके मध्य में नाभि के समान मेरू पर्वत स्थित है। जम्बू द्वीप का विस्तार 100000 योजन है और परिधि 3,16227 योजन 30 कोस 128 धनुष 12।। अंगुल बताई गई है।[2] इसका घनाकार

क्षेत्र 790 करोड़ 5694150 योजन है।[3]

जम्बू द्वीप (एशिया) हिमवन (हिमालय), महाहिमवन, निषध, नील, रूक्मि और शिखरी– इन छः पर्वतों के कारण भरत, हैमवत, हरि, विदेह, रम्यक, हैरण्यवत और ऐरावत नाम के सात क्षेत्रों में विभाजित है।[4] भरत क्षेत्र 256–6/19 योजन विस्तार वाला है जो क्षुद्र हिमवन्त के दक्षिण में तथा पूर्वी और पश्चिमी समुद्र के बीच स्थित है। इस क्षेत्र के बीचोबीच वैताढ़य पवर्त स्थित है। गंगा–सिंधु आदि नदियों तथा इस वैताढ़य पर्वत के कारण यह क्षेत्र छः भागों में विभाजित है।[5] विदेह क्षेत्र पूर्व विदेह, अपर विदेह, देवकुरू और उत्तर कुरू नामक चार भागों में विभक्त है। इसी प्रकार पूर्व विदेह और अपर विदेह अनेक विषयों में विभक्त है।[6]

जम्बू द्वीप के बीचोबीच सुमेरू पर्वत है[7] जिनकी ऊंचाई एक लाख योजन बतायी गयी है। यह द्वीप चारों तरफ लवण समुद्र (हिन्द महासागर) से घिरा है।[8]

चीन द्वीप[9]– अपितु भारतीय व्यापारियों द्वारा व्यापार के निमित्त उक्त द्वीप की यात्रा का वर्णन है। निशीथ चूर्णी में भी चीन द्वीप का उल्लेख है।[10] चीनी रेशम के लिए यह द्वीप प्रसिद्ध था। यह वर्तमान पूर्व एशिया का मध्यवर्ती सुप्रसिद्ध एवं विस्तृत देश है। पार्जिटर के अनुसार चीन द्वीप के अन्तर्गत तिब्बत तथा हिमालय की पूरी श्रृंखलाएं सम्मिलित थी।[11] इस विस्तृत देश के पूर्व में चीन सागर एवं पीला सागर, दक्षिण पूर्व में उप द्वीप, पश्चिम में तिब्बत, तथा उत्तर में प्रसिद्ध चीन की प्राचीर (दीवाल) है।

महाकटाह द्वीप– हरिभद्र कालीन भारतीय व्यापारियों के जलयान महाकटाह द्वीप को भी आया–जाया करते थे।[12] प्राचीन कटाह को ही आधुनिक केडाह नाम से जाना जाता है जो मलाया प्रायद्वीप के पश्चिमी तट पर स्थित है।[13]

भारत के प्रसिद्ध बंदरगाह वैजयन्ती से भारतीय जहाज महाकटाह

की तरफ प्रस्थान करते थे। कटाह द्वीप का स्थानीय नाम कडाह द्वीप था।[14] कथासरितसागर में कटाह को सम्पन्न एवं उन्नतिशील द्वीप बताया गया है।[15] प्रसिद्ध कहानी 'देवस्मित' में गुहासेन द्वारा ताम्रलिप्ति बंदरगाह से कटाह द्वीप तक की यात्रा का उल्लेख प्राप्त होता है।[16] यह कटाह द्वीप ही महाकटाह द्वीप के नाम से प्रसिद्ध था।

रत्न द्वीप– व्यापारियों के जलयान द्रव्य संग्रह के निमित्त अन्य द्वीपों के साथ–साथ रत्न द्वीप को भी जाते थे।[17] संभवतः यह भाग भारत और चीन के बीच एक टापू था, जहाँ रत्नों की प्राप्ति का संकेत प्राप्त होता है। तत्कालीन चीन द्वीप को प्रस्थान करने वाले भारतीय व्यापारियों के जलयान रत्न द्वीप में भी रूकते थे जो रत्नगिरि नामक पर्वत के पास स्थित था।[18]

सिंहल द्वीप– व्यापारिक जलयान ताम्रलिप्ति से सिंहल द्वीप आते–आते दिखाई देते हैं।[19] गरूड़ पुराण तथा वायु पुराण में भी इस द्वीप का नाम आया है।[20] यह द्वीप भारत के दक्षिण में स्थित है और रामेश्वर तथा सेतुबन्धु नामक पर्वत तथा जलगर्भस्थ शैलमाला द्वारा भारत के साथ मिला हुआ है। इस तरह के शैल और द्वीप श्रेणी के रहने पर भी उसके अन्दर से नाव तथा जहाज ले जाने का मार्ग है।

सुवर्ण द्वीप– प्राचीनतम भारत में सुवर्ण द्वीप का भी उल्लेख प्राप्त होता है।[21] इसे स्वर्ण प्राप्ति का स्रोत समझ कर लोग सुवर्ण भूमि भी कहा करते थे। यह द्वीप आधुनिक सुमात्रा के नाम से जाना जाता है। मलय–उप–द्वीप और चीन सागर को हिन्द महासागर से पृथक रखकर सुमात्रा येनंग की एक समानान्तर रेखा से आरम्भ होकर वण्टम की समान्तराल रेखा तक विस्तृत है। इसकी लंबाई 925 मील और चौड़ाई 90 मील के करीब है। कथासरित्सागर में भी भारतीय व्यापारियों के जलयान व्यापार के निमित्त सुवर्ण द्वीप को आते–जाते दिखाए गए हैं।[22] इस द्वीप का प्रसिद्ध नगर कालसमपुरू था जो व्यापारिक सामग्रियों के क्रय–विक्रय का केन्द्र था।[23] इसके साथ–साथ सुवर्ण द्वीप का उल्लेख

ग्रीक, लैटिन, अरबी और चीनी लेखों एवं साहित्य में भी मिलता है।

जनपद

द्वीपों की भांति कुछ अधोलिखित जनपदों के भी उल्लेख प्राप्त होते हैं जिससे हमें हरिभद्रसूरि कालीन भारत की स्थिति एवं समृद्धि आदि की जानकारी प्राप्त होती है।

अवन्ति– अवन्ति को एक जनपद के रूप में बताया गया है;[24] किन्तु इसकी स्थिति आदि पर प्रकाश नहीं डाला गया है। यह प्राचीन भारत के सोलह महाजनपदों में से एक था।[25] पौराणिक परम्परा के अनुसार इस जनपद को मध्य देश के अन्तर्गत बताया गया है।[26] रैप्सन के अनुसार उज्जैन अथवा उज्जयिनी जो कि अवन्ति की राजधानी थी तथा शिप्रा नदी के तट पर स्थिति थी, आधुनिक मध्य भारत अथवा ग्वालियर में स्थित उज्जैन हैं।[27] बौद्ध साहित्य में उज्जयिनी से माहिष्मती तक के प्रदेश को अवन्ति जनपद के अन्तर्गत माना गया है।[28] दीघनिकाय के अनुसार माहिष्मती कुछ समय तक अवन्ति की राजधानी थी।[29] इस जनपद में अत्यधिक अन्न पैदा होता था तथा वहां के लोग घनी, समृद्ध एवं खुशहाल थे।[30] जैन ग्रन्थ निशीचचूर्णी में भी अवन्ति को एक जनपद के रूप में उल्लिखित किया गया है जिसकी राजधानी उज्जयिनी थी।[31]

प्राचीन अवन्ति दो भागों में बंटा था, उत्तरी भाग जिसकी राजधानी उज्जैन थी तथा दक्षिणी भाग (दक्षिणपथ अवन्ति) जिसकी राजधानी माहिष्मती थी।[32] यह जनपद वर्तमान मालवा का वह भाग है जिसकी राजधानी उज्जयिनी थी।

उत्तरापथ– उत्तरापथ का जम्बूद्वीप के भारतवर्ष में स्थित एक विषय (जनपद) के रूप में बताया गया है।[33] उत्तरापथ का उल्लेख निशीथचूर्णी में भी आया है।[34] यह पृथूदक का उत्तरी भाग था जिसका (पृथूदक का) वर्तमान नाम पिहोवा है तथा जो सरस्वती नदी के तट पर स्थित है। यह वर्तमान मथुरा जिले का भूभाग यह है।[35] इस जनपद की

जलवायु या तो अधिक गर्म रहती थी या तो अधिक ठंड तथा वहां वर्षा खूब होती थी।[36]

करहाटक– करहाटक का उल्लेख एक जनपद के रूप में हुआ है।[37] महाभारत से ज्ञात होता है कि पाण्डव कुमार सहदेव ने करहाट को जीता था।[38] आदि पुराण में भी इस जनपद का उल्लेख है[39] जिसके दक्षिण में वेत्रवती तथा उत्तर में कोहना की स्थिति बतायी गयी है। नेमिचन्द्र शास्त्री ने इसकी पहचान सतारा जिले के कराड से की है।[40]

कलिंग– कलिंग भी एक विषय (जनपद) के रूप में उल्लिखित किया गया है।[41] अष्टाध्यायी में भी कलिंग जनपद का उल्लेख है।[42] महावंश में कलिंग और वंग देश के राजाओं के बीच वैवाहिक संबंधों का वर्णन है।[43] कलिंगराज खारवेल के हाथी गुम्फा अभिलेख से ज्ञात होता है कि उसने अंग एवं मगध से जिन प्रतिमा को लाकर यहां स्थापित की थी। कलिंग की राजधानी कंचनपुर (भुवनेश्वर) थी।[44] कनिंघम के अनुसार कलिंग जनपद की प्रथम राजधानी चिकाकोल थी जो कलिंग पाटम से 20 मील दक्षिण–पश्चिम में स्थित थी। यह जनपद 5000 ली अथवा 833 मील विस्तृत था।[45] कलिंग जनपद में तोसलि नामक एक महत्वपूर्ण स्थान था जहां तीर्थकर महावीर ने विहार किया था। यहां पर तोसलिक नामक एक क्षत्रिय राजा था जो जैन धर्म का प्रेमी था; वहां एक सुन्दर जिन प्रतिमा भी विद्यमान थी।[46]

कामरूप– कामरूप में मात्र एक जनपद के रूप में उल्लिखित किया गया है;[47] किन्तु इसकी स्थिति आदि पर प्रकाश नहीं पड़ता। कनिंघम के विचार में कामरूप असम का प्राचीन नाम है जो मध्य भारत में पुण्ड्रवर्धन (पुब्ना) से 900 ली अथवा 150 मील पूर्व में स्थित था।[48] संभवतः यह जनपद 10,000 ली अथवा 1600 मील विस्तृत भूभाग वाला था।[49] इसके उत्तर में भूटान, पूर्व में नौ गांग तथा दारंग जिला, दक्षिण में खासी की पहाड़ियां और पश्चिम में गोल्पर स्थित था।[50] इसकी राजधानी प्राग्ज्योतिषपुर थी।[51] कामरूप का वृहद् भाग एक लंबे मैदान

के रूप में है, जिसके निचले भाग से ब्रह्मपुत्र नदी (पूरब से पश्चिम की तरफ) बहती है। इस नदी के दक्षिण वाला भाग पहाड़ियों के द्वारा अधिक टूटा हुआ है।[52] इसकी पहचान आधुनिक गौहाटी से की गयी है।[53] हर्षवर्धन के समय में वहां का राजा भाष्कर वर्मा था।

काशी[54]– काशी का उल्लेख एक जनपद के रूप में हुआ है। भारत के पवित्र स्थानों में काशी अथवा वाराणसी सबसे प्रसिद्ध था। प्राचीन भारत के षोडस जनपदों में काशी एक जनपद के रूप में उल्लिखित है।[55] पाणिनि की अष्टध्यायी, पतंजलि के भाष्य तथा भागवत् पुराण में भी काशी का उल्लेख है।[56] वाराणसी को काशी नगरी अथवा काशीपुरी भी कहा गया है।[57] जातक में इस नगर को 12 योजन विस्तार वाला बताया गया है।[58]

काशी जनपद के उत्तर में कोशल जनपद, पूरब में मगध और पश्चिम में वत्स जनपद की सीमाएं थीं।[59] काशी जनपद में ही वाराणसी के पास सारनाथ में भगवान बुद्ध ने प्रथम धर्मक्रप्रवर्तन किया था।[60] आदि पुराण से इस जनपद का स्वतंत्र अस्तित्व सिद्ध होता है।[61]

कोसल–कोसल एक जनपद के रूप में उल्लिखित किया गया है।[62] यह जैन सूत्रों का एक प्राचीन जनपद था।[63] रामायण तथा महाभारत में भी इस जनपद का उल्लेख है।[64] वृहत्कल्प भाष्य से पता चलता है कि इसी जनपद में अचल गणधर का जन्म हुआ था तथा जीवन्त स्वामी की प्रतिमा भी यहीं विद्यमान थी।[65] कोसल का प्राचीन नाम विनीता था। कहा जाता है कि यहां के निवासियों ने विभिन्न प्रकार की कुशलता प्राप्त की थी, इसी कारण विनीता को कुशला नाम से जाना जाने लगा।[66] यह एक स्वतंत्र जनपद के रूप में दो भागों में विभक्त था– उत्तर कोसल जिसकी राजधानी श्रावस्ती थी तथा दक्षिण कोसल जिसकी राजधानी साकेत नगरी थी।[67] यह बौद्धकालीन षोडस महाजनपदों में से एक था।[68] यह वर्तमान फैजाबाद जिले का भूभाग है।

कोंकण[69]– कोंकण में जैन श्रमणों ने बिहार किया था। इस देश में अत्यधिक वृष्टि के कारण जैन श्रमणों को छतरी रखने का विधान था।[70] यहाँ मच्छर बहुत होते थे।[71] कोंकण देश के निवासी फल–फूल के बड़े शौकीन होते थे।[72] कोंकण पश्चिमी घाट तथा अरब सागर के बीच का भू–भाग था।[73] ह्वेनसांग के अनुसार कोंकण द्राविड़ (कोजीवरम्) से 2000 ली अथवा 330 मील उत्तर–पश्चिम में स्थित था।[74] यह जनपद 5000 ली अथवा 833 मील भू–भाग में विस्तृत था।[75] रघुवंश के चतुर्थ सर्ग में इसे उपरांत देश कहा गया है।[76] कल्याण तथा बम्बई आदि नगर इसी जनपद के अन्तर्गत थे। शक्तिसंगम तंत्र में कोंकण से पश्चिम सौराष्ट्र और पश्चिमोत्तर आमीर जनपद की स्थिति मानी गयी है।[77] आदि पुराण के अनुसार यह जनपद पश्चिमी समुद्र के तट पर तथा पश्चिमी घाट के पश्चिमी तीर पर अवस्थित था।[78] निशीथचूर्णी में भी इस जनपद का उल्लेख आया है।[79] बम्बई के पास ठाणा जिले के सोपारा नामक स्थान से इसकी पहचान की जा सकती है।

गान्धार जनपद– गान्धार जनपद की स्थिति जम्बूद्वीप के विजय क्षेत्र में बताई गयी है।[80] निशीथचूर्णी में भी इसका उल्लेख एक जनपद के रूप में किया गया है।[81] शतपथ ब्राह्मण[82] तथा छान्दोग्य उपनिषद्[83] में गान्धार का बराबर उल्लेख आता है। मज्झिम निकाय की अट्टकथा में गांधार को सीमान्त जनपद कहा गया है।[84] अंगुत्तर निकाय में इसे षोडस जनपदों में से एक बताया गया है।[85] पाणिनि की अष्टाध्यायी में भी इसका उल्लेख है।[86] ह्वेनसांग के अनुसार यह जनपद पूरब से पश्चिम में 1000 ली से अधिक तथा उत्तर से दक्षिण में 800 ली से भी अधिक विस्तार वाला था। यह जनपद अत्यधिक उपजाऊ था। यहाँ अत्यधिक गन्ना पैदा होता था तथा यहां की जलवायु गर्म थी।[87] कनिंघम के अनुसार गांधार जनपद की सीमा के पश्चिम में लंघान तथा जलालाबाद, उत्तर में श्वेत तथा तूनीर की पहाड़ियाँ, पूरब में सिन्धु तथा दक्षिण में कालाबाग की पहाड़ियाँ स्थित थीं।[88] इस जनपद के अंतर्गत रावलपिंडी तथा पेशावर

स्थित था।[89]

पुण्ड्र– पुण्ड्र को भी एक जनपद के रूप में उल्लिखित किया गया है।[90] इसकी राजधानी विन्ध्यगिरि के पास स्थित थी।[91] महाभारत में भी पुण्ड्र राजाओं का नाम आया है।[92] पुण्ड्रवर्धन का उल्लेख गुप्त काल में बुध गुप्त के दामोदर अभिलेख (482 ई0)[93] तथा दामोदर ताम्रपत्र अभिलेख (543 ई0)[94] में हुआ है। पुण्ड्र जनपद के अन्तर्गत ही पुण्ड्र वर्धन नामक नगर था जो जैन धर्म का प्रमुख केन्द्र रहा है।

वत्स– महाभारत से पता चलता है कि भीमसेन ने पूर्व दिग्विजय के समय इस जनपद को जीता था।[95] काशिराज प्रतर्दन के पुत्र का पालन गोशाला में वत्सों (बछड़ों) से हुआ था। इसी कारण इस जनपद को वत्स कहा जाने लगा।[96] काशी, कोशल, अवन्ति आदि जनपदों की भांति वत्स को भी बौद्ध कालीन षोडस महाजनपदों में गिनाया गया है। इसकी स्थिति अवन्ति के उत्तरपूर्व तथा कोशल के दक्षिण यमुना के तट से लेकर इलाहाबाद के पश्चिम तक थी।[97] इस जनपद का उल्लेख अन्य ब्राह्मण[98], जैन[99] तथा बौद्ध[100] ग्रन्थों में हुआ है।

विदेह– विदेह निवासिनी होने के कारण महावीर की माता त्रिशला 'विदेह दिन्ना'[101] (विदेह दत्ता) कही जाती थी तथा विदेह निवासिनी चेलना का पुत्र कूणिक वज्जि विदेह पुत्र कहा जाता था।[102] इसकी राजधानी मिथिला थी जिसका जैन साहित्य में अत्यधिक महत्व है। 19वें तीर्थकर मल्लिनाथ तथा 21वें तीर्थकर नमिनाथ की चरणरज से यह नगरी पवित्र हुई थी।[103] शतपथ ब्राह्मण में विदेह का उल्लेख है।[104] कालिदास ने दास ने रघुवंश में भी इसका उल्लेख किया है।[105] इसे ही उत्तर काल में तिरभुक्त या तिरभुक्ति कहा गया है जो आधुनिक तिरहुत के नाम से प्रसिद्ध है। यह जनपद गण्डकी नदी से आधुनिक चम्पारन तक विस्तृत था[106] जो मगध के पूर्वोत्तर में स्थित था। सीता–गढ़ी, जनकपुर, सीताकुण्ड, तिरहुत का उत्तरी भाग तथा चम्पारन का पश्चिमोत्तर भाग प्राचीन विदेह के अंतर्गत था।[107] मिथिला शरण पाण्डेय के अनुसार

प्राचीन विदेह जनपद की सीमा के उत्तर में नेपाल की तराई, पूर्व में कोशी नदी, दक्षिण में वैशाली जनपद (जो कि गंगा के उत्तर में स्थित था), तथा पश्चिम में सदानीरा (आधुनिक गण्डक) नदी स्थित थी।[108]

नगर

अयोध्या– अयोध्या[109] को साकेत नाम से भी जाना जाता था।[110] साकेत की स्थिति कोसल जनपद के अन्तर्गत थी।[111] इसे प्राचीन अवध भी कहा जाता था जो आधुनिक फैजाबाद से चार मील की दूरी पर स्थित है।[112] यह रामचन्द्र तथा राजा सगर की भी राजधानी बतायी गयी है।[113] स्कन्द पुराण के अनुसार अयोध्या की स्थिति एक मछली के आकार जैसी है[114] तथा यह सरयू नदी से एक योजन दक्षिण तथा तमसा से एक योजन उत्तर दिशा में स्थित था; किन्तु वर्तमान अयोध्या सरयू नदी के तट पर स्थित है। आदि पुराण में अयोध्या को दो द्वीपों में स्थित बतलाया गया–चातकी खण्ड और जम्बू द्वीप।[115]

जातकों खण्ड के पूर्व भाग में पश्चिम विदेह के गान्धिल देश की नगरी को अयोध्या कहा गया है तथा जम्बू द्वीप के अंतर्गत भरत क्षेत्र में यह नगरी तीर्थंकरों के साथ भरत चक्रवर्ती की जन्म भूमि बतायी गयी है। रामायण में इस नगरी की स्थिति सरयू नदी के तट पर बतायी गयी है। कनिंघम के अनुसार इस नगर का विस्तार बारह योजन अथवा 100 मील था जो लगभग 24 मील बागीचों (उपवनों) से घिरा हुआ था।[116] प्राचीन काल में यह धन–धान्य से परिपूर्ण एक समृद्धशाली नगर था।

अचलपुर–अचलपुर इसकी स्थिति उत्तरापथ में बतायी गयी है जो धन–धान्य से सम्पन्न एक व्यापारिक केन्द्र था।[117] इस नगर को आभीर देश में स्थित बताया जाता है।[118] कान्हा और बान नाम की दो नदियाँ अचलपुर के पास से होकर बहती थीं।[119] यह बरार में अमरावती जिले का आधुनिक इचिल पुर है।[120]

अमरपुर[121]–यह ब्रह्म देश की प्राचीन राजधानी थी। इसकी

स्थिति ऐरावत नदी के पूर्व तट पर बतायी गयी है।[122] आदि पुराण में इसका वर्णन इन्द्रपुरी के रूप में आया है।[123] विष्णु कुण्डी वंश के राजा माधव वर्मा के शिलालेख में ब्रह्म देश की राजधानी अमरावती बतायी गयी है।[124] इस नगर के प्राप्त ध्वंसावशेषों से पता चलता है कि यह एक सुन्दर स्थान था जिसके कारण इसे अमरपुर कहा जाता था।

आनन्दपुर–वी0सी0 ला के अनुसार इसका आधुनिक नाम आनन्द है जो आनन्द तालुक का प्रमुख नगर है।[125] कुछ विद्वान् इसे उत्तर गुजरात का बड़ा नगर मानते हैं।[126] ह्वेनसांग के अनुसार यह नगर वल्लभी के उत्तर–पश्चिम में स्थित था।[127] यह नगर व्यापार, वाणिज्य का भी प्रमुख केन्द्र माना जाता था। आनन्दपुर प्राचीन अनर्तपुर के नाम से भी जाना जाता था।[128] आनन्दपुर अथवा वड़नगर नाम से विख्यात था जो गुजरात के नागर ब्राह्मणों का मूल निवास स्थान था।[129] यह जैन श्रमणों का भी केन्द्र था जहां से वे मथुरा को आते जाते रहते थे।[130]

उज्जयिनी[131]– हरिभद्र के काल में यह नगर जैन श्रमणों का प्रमुख निवाास स्थान था। यह तत्कालीन भारत का समृद्धशाली नगर था जिसके बाजार मणिक्य, मोती, सुवर्ण आदि से हमेशा सजे रहते थे तथा इसमें आवागमन की सुविधा के लिए चौड़ी व विस्तृत सड़कें एवं सुन्दर मार्ग थे। यह सुन्दर खाइयों एवं जलाशयों से सुशोभित था। अन्य जैन ग्रन्थों से भी पता चलता है कि यह नगर व्यापार–वाणिज्य का प्रमुख केन्द्र था।[132] जीवन्त स्वामी प्रतिमा के दर्शन के लिए उज्जयिनी में राज सम्प्रति के समकालीन आर्य सुहस्ति पधारे थे।[133] यह दक्षिणा पथ का सबसे महत्वूपर्ण नगर था जो उत्तर अवन्ति (मालवा) राज्य का केन्द्र था।[134] कनिंघम के अनुसार यह आधुनिक उज्जैन था जो शिप्रा नदी के तट पर स्थित था।[135] अतः स्पष्ट होता है कि समराइच्च कहा में उल्लिखित इस नगर की पहचान वर्तमान उज्जैन से की जा सकती है जो मध्य प्रदेश में स्थित है।

काकन्दी–काकन्दी नगर की स्थिति जम्बू द्वीप के भारत वर्ष में

बताई गयी है।[136] भगवती सूत्र में भी काकन्दी का उल्लेख प्राप्त होता है।[137] काकन्दी काकन्द नामक साधु का निवास स्थान था (काकन्दा सा निवासी काकन्दी)।[138] जैनियों के अनुसर काकन्दी तीर्थकर सुविधि नाथ का जन्म स्थान था।[139] जैनियों के तीर्थकार सुविधिनाथ का जन्म स्थान काकन्दी मध्यकालीन भारत का काकन नामक वह स्थान है जो बिहार में मुंगेर जिले के जमुई नामक तहसील में सिकन्दराबाद पुलिस स्टेशन के अन्तर्गत विद्यमान है।[140]

कनकपुर—कनकपुर को एक नगर राज्य बताया गया है जो वहां के राजा द्वारा सुरक्षित एवं सुव्यवस्थित था।[141] जैन ग्रन्थ आवश्यक चूर्णी से पता चलता है कि इस नगर की स्थापना विजयासथु नामक राजा ने की थी।[142] प्राचीन परम्परा के अनुसार कनकपुर को राजगृह का दूसरा नाम बताया जाता है[143] जो आधुनिक बिहार में स्थित था।

कांपिल्य नगर—कांपिल्य नगर का उल्लेख कथा प्रसंग में हुआ है।[144] यद्यपि यहां इसकी भौगोलिक स्थिति पर प्रकाश नहीं डाला गया है; किन्तु अन्य साक्ष्यों से इसकी स्थिति आदि का पता चलता है। विविध तीर्थ कल्प में इस नगर की स्थिति गंगा के तट पर बताई गयी है।[145]

इस नगर का उल्लेख रामायण तथा महाभारत में भी हुआ है।[146] यह बहुत ही धनी, सम्पन्न नगर था।[147] औपपातिक सूत्र में कांपिल्यपुर अथवा कांपिल्य नगर (कंपिल–जिला फरूखाबाद) गंगा के तट पर अवस्थित बताया गया है।[148] कनिंघम ने भी इस नगर की स्थिति गंगा के तट पर बदायूँ और फरूखाबाद के बीच में बतायी है।[149] स्पष्टतः यह वर्तमान उत्तर प्रदेश में स्थित फरूखाबाद जिले का कंपिल नामक स्थान है।

कुसुमपुर[150]—मगध की प्रसिद्ध राजधानी पाटलिपुत्र को ही कुसुमपुर के नाम से जाना जाता था।[151] यह वर्तमान बिहार प्रदेश की राजधानी पटना है जिसे प्राचीन काल में कुसुमपुर, कुसुमध्वज, पुष्पपुर, पुष्पभद्र तथा पाटलिपुत्र आदि विविध नामों से जाना जाता था।[152] संभवतः कुसुमों

(पुष्पों) की बहुलता के कारण ही इसे कुसुमपुर कहा जाने लगा था। निशीथ–चूर्णी में भी इसका उल्लेख मिलता है।[153] यह नगर व्यापार–वाणिज्य का भी केन्द्र था तथा यहां का माल सुवर्णभूमि तक जाता था।[154]

कौशाम्बी–समराइच्च कहा में जम्बूद्वीप के दक्षिणाधर्म भरतक्षेत्र में इसकी स्थिति बतायी गयी है।[155] कौशाम्बी वत्स अथवा वंग जनपद की राजधानी थी। यह आधुनिक कोसम है जो यमुना नदी के तट पर इलाहाबाद के दक्षिण–पश्चिम में 30 मील की दूरी पर स्थित है।[156] यह नगर चेदिवंश के राजा उपकार वसु के तीसरे पुत्र राजकुमार कोशाम्ब के द्वारा बसाया गया था।[157] ह्वेनसांग ने सातवीं शताब्दी में कौशाम्बी की यात्रा की थी। उसके अनुसार यह जनपद 6,000 ली से भी अधिक विस्तृत क्षेत्र वाला था और इसकी राजधानी 30 ली के करीब में विस्तृत थी।[158] यह एक पवित्र नगरी थी।[159] यह गर्म जलवायु वाला उपजाऊ भाग था जहां के लोग चावल तथा गन्ना अधिक पैदा करते थे।[160] भगवान् बुद्ध वहाँ ठहरा करते थे तथा भगवान् महावीर ने यहां विहार किया था।[161]

कृतंगला–जम्बू द्वीप के विजय क्षेत्र में इस नगर की स्थिति बतायी गयी है।[162] इस नगर की पहचान ठीक–ठीक नहीं की जा सकती।

गांधार नगर–समराइच्च कहा में इस नगर की स्थिति गांधार जनपद के अन्तर्गत बतायी गयी है।[163] किन्तु अन्यत्र इसका प्रमाण नहीं मिलता है और न तो वर्तमान पहचान ही की जा सकती है।

गजपुर[164]–समराइच्च कहा के कथा प्रसंग में इस नगर का उल्लेख मात्र है। आदि पुराण में इस नगर की स्थिति विजयार्ध के दक्षिण में मानी गयी है।[165] गजपुर हस्तिनापुर का दूसरा नाम था जो कुरू जनपद की राजधानी थी।[166] गजपुर का दूसरा नाम नागपुर भी था। वासुदेव हिण्डी में इसे ब्रह्मस्थल कहा गया है।[167]

गन्ध समृद्ध नगर–वैताढ़य पर्वत पर स्थित यह विद्याधरों का एक नगर बताया गया है।[168] मोहनलाल मेहता ने इसे अपर विदेह में

स्थित गंधार जनपद का प्रधान नगर माना है।[169] नेमिचन्द्र शास्त्री के अनुसार यह मालवा में स्थित रहा होगा।[170]

चक्रपुर—यह नगर जम्बू द्वीप के अपर विदेह क्षेत्र में विद्यमान था।[171] नेमिचन्द्र शास्त्री के अनुसार इसे आधुनिक उड़ीसा का चक्रपुर कहा जा सकता है।[172]

चक्रवालपुर—यह जम्बू द्वीप के विजय क्षेत्र में विद्यमान था।[173] वासुदेव शरण अग्रवाल ने इसे वर्तमान चक्रवाल कहा है जो जिला झेलम में विद्यमान है।[174]

चम्पापुरी—समराइच्च कहा में इस नगरी का उल्लेख कई बार किया गया है[175] तथा इसे समस्त गुणों का भण्डार बताया गया है। चम्पा अंग देश की राजधानी थी जो पहले मालिनी के नाम से विख्यात थी।[176] यह चम्पा नगरी, चम्पा मालिनी, चम्पावती, चम्पापुरी और चम्पा आदि विभिन्न नामों से जानी जाती थी। महाभारत के अनुसार यह एक प्रसिद्ध तीर्थ स्थान था।[177] औपपातिक सूत्र में इस नगरी को धन—धान्य से परिपूर्ण बताया गया है।[178] चम्पा और मिथिला के बीच साठ योजन का अन्तर बताया गया है।[179] वी0सी0 ला के अनुसार यह नगर बिहार प्रदेश के वर्तमान भागलपुर से पश्चिम चार मील की दूरी पर स्थित था।[180] चम्पापुरी की पहचान भागलपुर के पास वर्तमान नाथ नगर से की जा सकती है।

जयपुर—इस नगर की स्थिति जम्बू द्वीप के अपर विदेह क्षेत्र में बतायी गयी है।[181] इसे अपरिमित गुणों का निधान तथा पृथ्वी का तिलक स्वरूप बताया गया है। यह नगर वैतरणी नदी के तट पर कटक जिले में विद्यमान है। ह्वेनसांग के समय में यह उड़ीसा की राजधानी थी।[182]

जयस्थल—समराइच्च कहा में इस नगर की स्थिति जम्बू द्वीप के विजय क्षेत्र में बतायी गयी है।[183] इसका उल्लेख अन्यत्र नहीं मिलता है और न तो ठीक—ठीक पहचान ही हो सकती है।

टंकनपुर—यह नगर जम्बूद्वीप के विजय क्षेत्र में स्थित बताया गया

है।[184] इस नगर की भी वर्तमान स्थिति का पता नहीं चलता है।

थानेश्वर[185]–समराइच्च कहा में इसका उल्लेख मात्र है तथा वर्णन के समय इसके भौगोलिक स्थिति पर ठीक–ठीक प्रकाश नहीं पड़ता। अन्य साक्ष्यों के आधार पर इस नगर की स्थिति आदि का पता चलता है। इसे स्थानेश्वर नाम से भी जाना जाता था। कहा जाता है कि यहां ईश्वर या महादेव का निवास स्थान था इसी कारण इसे स्थानेश्वर कहा जाने लगा।[186] इसका उल्लेख विनय महावग्ग[187] तथा दिव्यावदान[188] में भी हुआ है। प्राचीन भारत का प्रसिद्ध रणक्षेत्र स्थानेश्वर के दक्षिण में स्थित है जो कि अम्बाला से 30 मील दक्षिण तथा पानीपत के 40 मील उत्तर में विद्यमान है।[189] इस नगर में 1200 फीट वर्गाकार एक पुराना टूटा हुआ किला प्राप्त हुआ है।[190] सातवीं शताब्दी में थानेश्वर एक अलग स्वतन्त्र राज्य का केन्द्र था जिसे ह्वेनसांग ने सा–ता–नि–सी–फा–लो अथवा स्थानेश्वर कहा है तथा जो 7000 ली अथवा 1167 मील विस्तृत क्षेत्र वाला था।[191] यस0एन0 मजूमदार ने इसे आधुनिक पूना (स्थूना) कहा है।[192]

दंतपुर[193]–यह नगर कलिंग जनपद की राजधानी थी।[194] इन्द्रवर्मन के जिरजिंगी ताम्रपत्र अभिलेख में दंतपुर का वर्णन मिलता है। इसमें दंतपुर को देवताओं की नगरी अमरावती से भी सुन्दर बताया गया है।[195] यह महाभारत का दंतपुर या दंतकुरू है।[196] आवश्यक निर्युक्ति में दंत वक्क को दंतपुर का शासक बताया गया है।[197] यह नगर गोदावरी नदी पर स्थित वर्तमान राजमहेन्द्री (राजमुन्द्री) है।[198] नन्दलाल डे ने इसकी पहचान उड़ीसा में वर्तमान पुरो से की है।[199]

देवपुर[200]– समराइच्च कहा में इस नगर की स्थिति पर प्रकाश नहीं डाला गया है। कुछ विद्वानों ने इसे मध्य प्रदेश के रायपुर जिले में महानदी और पिपरी के संगम पर रायपुर नगर के 24 मील दक्षिण पूर्व में स्थित आधुनिक राजिम बताया है।[201] किन्तु बी0सी0 ला ने इसकी पहचान चिकाकोल में स्थित देवदी से की है।[202]

धान्यपूरक[203]– संभवतः यह आदि पुराण का धान्यपुर नगर है।[204] आदि पुराण में धान्यपुर नगर के साथ श्री पाल की कथा का सम्बन्ध बताया गया है। इस नगर के राजा विशाल की कन्या विमल सेना का विवाह श्री पाल के साथ हुआ था।[205] इस नगर की पहचान ठीक ढंग से नहीं की जा सकती।

पाटलापथ–समराइच्च कहा के कथा प्रसंग में इसका उल्लेख है।[206] यह पाटला के नाम से भी जाना जाता था जो सिन्धु नदी के मुहाने पर स्थित है।[207] यह सिन्धु नदी के निचले भाग से सींचे जाने वाले प्रदेश की राजधानी थी जिसको ग्रीक में पाटलीव कहा गया है।[208]

पाटलिपुत्र[209]–इस नगर का उल्लेख अन्य जैन ग्रन्थों में भी हुआ है।[210] यह नगर राजगृह के पास मगध की दूसरी राजधानी थी। यह आधुनिक पटना है जो बिहार प्रदेश की राजधानी है। इसे पाटलिपुत्र, कुसुमपुर, कुसुमध्वज, पुष्पपुर तथा पुष्प मय आदि विभिन्न नामों से जाना जाता था।[211] पाटलिपुत्र पहले मगध जनपद का एक गांव था जो पाटलिग्राम के नाम से जाना जाता था।[212] इसकी स्थिति गंगा नदी के दूसरी तरफ स्थित कोटिग्राम के सामने थी।[213] गौतम बुद्ध के समय मगध के दो मंत्री–सुनिध तथा वस्सकार के द्वारा यहां पाटलिपुत्र नामक नगर बसाया गया था।[214] मेगस्थनीज ने पाटलिपुत्र का अच्छा वर्णन किया है। उसके अनुसार अन्द खाई से 24 फीट की दूरी पर चारदीवालों से घिरे हुए नगर में 64 फाटक तथा 570 मीनार विद्यमान थे।[215] फाहियान के समय में यहां के लोग धनी, सम्पन्न एवं खुशहाल थे।[216] ह्वेनसांग ने इस नगर की स्थिति गंगा के दक्षिण तरफ बतायी है।[217]

ब्रह्मपुर–समराइच्च कहा में इस नगर की स्थिति उत्तरापथ में बतायी गयी है।[218] ह्वेनसांग ने ब्रह्मपुर की यात्रा की थी। उसके अनुसार ब्रह्मपुर राज्य 4000 ली अथवा 771 मील में विस्तृत था।[219] इसके अंतर्गत अलखनन्दा तथा कर्नाली नदियों के बीच का सम्पूर्ण पहाड़ी भाग रहा होगा जो आजकल गढ़वाल और कुमायूं के नाम से प्रसिद्ध है।[220]

भंभा नगर–समराइच्च कहा में इसका उल्लेख एक नगर राज्य के रूप में हुआ है जिसकी स्थिति जम्बू द्वीप के विजय क्षेत्र में बतायी गयी है।[221] नेमिचन्द्र शास्त्री ने इसकी स्थिति आधुनिक असम में बतायी है।[222] किन्तु इसकी पहचान ठीक ढंग से नहीं हो पाती।

मदनपुर–समराइच्च कहा में मदनपुर को कामरूप जनपद के अंतर्गत बतलाया गया है। यहां का राजा प्रद्युम्न था।[223] कामरूप वर्तमान असम माना गया है जिसकी पहचान गौहाटी के आस–पास वाले भाग से की गयी है। अतः मदनपुर की स्थिति भी गौहाटी के आस–पास मानी जा सकती है।

महासर[224]–इस नगर की पहचान आधुनिक बिहार के शाहाबाद जिले में आरा से 6 मील पश्चिम में वर्तमान कामसार से की जा सकती है।[225]

माकन्दी[226]–समराइच्च कहा में उल्लिखित यह नगर दक्षिण पांचाल की राजधानी थी।[227] इस नगर की स्थिति हस्तिनापुर के आस–पास रही होगी, क्योंकि महाभारत के अनुसार युधिष्ठिर ने दुर्योधन से जो पांच गांव मांगे थे, माकन्दी उनमें से एक था।[228] यह नगर व्यापार–वाणिज्य का केन्द्र था।[229]

मिथिला[230]–समराइच्च कहा में उल्लिखित इस नगर का नाम रामायण तथा महाभारत में भी आया है।[231] मिथिला प्राचीनकाल में विदेह जनपद की राजधानी थी। पुराणों में निमि के पुत्र जो जनक के नाम से विख्यात थे, इस नगरी के निर्माता थे।[232] इसे आधुनिक नैपाल की सीमा के अन्तर्गत रखा जा सकता है। विविध तीर्थ कल्प में बताया गया है कि मिथिला में अनेक कदली वन, मीठे पानी की बावड़ियाँ, कुएं, तालाब, नदियाँ आदि मौजूद थे। नगरी के चारों द्वारों पर चार बड़े बाजार थे तथा यहां के साधारण लोग भी पढ़े–लिखे एवं शास्त्रों के पंडित होते थे।[233]

रत्नपुर–समराइच्च कहा में रत्नपुर को विदेह क्षेत्र के गंधिलावती

देश का एक नगर बताया गया है।[234] नेमिचन्द्र शास्त्री ने इसे कोसल जनपद का एक नगर बताया है।[235]

रथनूपुर चक्रवालपुर–यह विद्याधरों का एक नगर–राज्य था जिसकी स्थिति वैताढय पर्वत के निकट बतायी गयी है।[236] आदि पुराण में इसे विजयार्ध की दक्षिणी श्रेणी का 22वां नगर बताया गया है।[237] इसकी वर्तमान स्थिति भारत के पूर्वी प्रदेश चाइवासा के निकट मानी जा सकती है।[238]

रथवीरपुर–यह जम्बू द्वीप के भरत क्षेत्र का एक नाम था।[239] इसकी वर्तमान स्थिति का ठीक–ठीक पता नहीं चलता है।

राजपुर–इस नगर की स्थिति विजयार्ध में बतायी गयी है।[240] यह कश्मीर के दक्षिण में स्थित राजौरी माना जा सकता है। कनिंघम के अनुसार राजपुर उत्तर में पीर पांचाल, पश्चिम में पूनच, दक्षिण में भीमवार तथा पूरब में रिहासी और अकनूर से घिरा हुआ था।[241]

लक्ष्मी निलय–समराइच्च कहा में इस नगर की स्थिति जम्बू द्वीप के विजय क्षेत्र में बतायी गयी है।[242] लक्ष्मी निलय के पास ही लक्ष्मी पर्वत विद्यमान था। किन्तु इसकी स्थिति तथा वर्तमान पहचान नहीं की जा सकती।

वर्धनापुर–यह नगर जम्बूद्वीप के उत्तरापथ में स्थित बताया गया है।[243] किन्तु अन्यत्र इसका उल्लेख नहीं है और न तो पहचान ही की जा सकती है।

बसन्तपुर[244]–सूय निर्युक्ति में इसे मगध जनपद का एक ग्राम बतलाया गया है।[245] कुछ विद्वानों ने इसे पूर्णिया जिले में स्थित बसन्तपुर ग्राम ही माना है।[246]

वाराणसी[247]–यह काशी जनपद की राजधानी थी। वरूणा और असि दो नदियों के बीच में स्थित होने के कारण ही इसे वाराणसी कहा

गया है। यह वर्तमान बनारस (वाराणसी) है जो गंगा के तट पर स्थित है। यह काशी जनपद की एक पवित्र व धार्मिक नगरी थी।[248] इसका वर्णन अन्य जैन[249] बौद्ध[250] तथा ब्राह्मण[251] ग्रन्थों में आया है। वाराणसी सातवें और बारहवें तीर्थकार भगवान सुपार्श्व तथा भगवान पार्श्वनाथ का जन्मस्थान था।[252] यह ब्राह्मण, बौद्ध तथा जैन संस्कृति का विकास क्षेत्र रहा है।

विलासपुर[253]—इस नगर की स्थिति विजयार्ध के दक्षिण में बतायी गयी है। सम्भवतः यह हिमाचल प्रदेश का विलासपुर नगर है। समराइच्च कहा में इसका वर्णन विद्याधरों के नगर के रूप में हुआ है।[254]

विशाखवर्धन[255]—यह नगर कादम्बरी अटवी के पास स्थित था। कादम्बरी अटवी की स्थिति के अनुसार यह बिहार में भागलपुर और मुंगेर के बीच में वर्तमान रहा होगा।

विशाला[256]—यह अवन्ति जनपद के अन्तर्गत एक प्रधान एवं सम्पन्न नगरी थी। समराइच्च कहा में इसे एक नगर राज्य कहा गया है।[257] यह नगर आजकल ''बद्री विशाला'' के नाम से जाना जाता है जिसे स्कन्द पुराण में 'विशालम् वद्रीम' कहा गया है।[258]

विश्वपुर[259]—समराइच्च कहा में आये हुए इस नगर की स्थिति का ठीक—ठीक पता चलता है।

वैराट नगर[260]—हरिभद्र ने इसकी स्थिति श्रावस्ती से आगे समुद्र तट पर बतायी है जो कि काल्पनिक—सा लगता है। अन्य ग्रन्थों में वैराट नगर को मत्स्य देश की राजधानी बताया गया है जो इन्द्रप्रस्थ के दक्षिण में विद्यमान था।[261] मत्स्य देश के राजा विराट की राजधानी होने के कारण भी इसे वैराट नगर कहा जाता था। यह आधुनिक जयपुर की एक तहसील का केन्द्र स्थान है जो दिल्ली से 105 मील दक्षिण पश्चिम तथा जयपुर से 41 मील उत्तर में स्थित है।[262]

शंखपुर—समराइच्च कहा में इस नगर की स्थिति उत्तरापथ में

बताई गई है।[263] सम्भवतः यह स्थान राजगृह और द्वारिका के मध्य में था, क्योंकि विविध तीर्थ कल्प के अनुसार द्वारिका से श्रीकृष्ण की और राजगृह से जरासंघ की सेनाएं युद्ध के लिए चलीं, ये दोनों सेनाएं जहां मिलीं वहां अरिष्टनेमि ने शंखध्वनि की और शंखपुर नगर बसाया।[264]

शंखवर्धन–यह नगर जम्बू द्वीप के भरत क्षेत्र में स्थित था;[265] किन्तु इसकी वर्तमान स्थिति का पता नहीं चलता है।

श्वेतविका[266]–इसे प्राचीन केकय जनपद की राजधानी बताया गया है। समराइच्च कहा में इसे एक नगर राज्य कहा गया है।[267] ताम्रलिप्ति से इसका व्यापार चलता था जो श्रावस्ती के उत्तर–पूर्व नेपाल की तराई में स्थित था।

साकेत[268]–यह नगर दक्षिण कोसल जनपद की राजधानी था। महाभाष्य में इसका उल्लेख आया है।[269] टालेमी ने इसे सागदा तथा फाहियान ने साबी कहा है।[270] साकेत को ही अयोध्या भी कहा गया है।

सुशर्म नगर[271]–यह गुजरात प्रदेश का एक नगर था। प्राचीन काल में इसे व्यापार–वाणिज्य का केन्द्र माना जाता था जिसमें बड़े–बड़े व्यापारी निवासी करते थे।[272]

श्रीपुर[273]–यह आधुनिक सिरपुर है जो वंशधारा नदी के बायें तट पर स्थित मुखलिंगम के उत्तर पश्चिम में गंजाम जिले में स्थित है।[274] यह विशाखापट्टम जिले का सिरिपुरम भी हो सकता है जो नागबाली नदी से 3 मील दक्षिण में है जिसके उत्तरी किनारे पर कलिंग का प्रसिद्ध जिला वारहार्दिन स्थित है।[275]

श्रावस्ती[276]–इस नगर का उल्लेख अन्य जैन ग्रन्थों में भी हुआ है।[277] कनिंघम ने इसे आधुनिक सहेत–महेत माना है।[278] यह उत्तर कोशल की राजधानी थी।[279] श्रावस्ती बौद्धों का केन्द्र था।[280]

हस्तिनापुर–इस नगर की स्थिति जम्बू द्वीप के विजय क्षेत्र में

बतायी गयी है।[281] यह प्राचीन कुरू देश की राजधानी थी। इसकी वर्तमान स्थिति मेरठ जिले के मेवाना तहसील में बतायी गयी है।[282] हस्तिनापुर का उल्लेख अन्य जैन[283] तथा ब्राह्मण ग्रन्थों[284] में मिलता है। आदि पुराण में इस नगर का अत्यन्त समृद्ध और स्वर्ग के समान सुन्दर उल्लेख किया गया है।[285] इस नगर को कुरूजांगल जनपद की राजधानी बताया गया है। शांति, कुन्थु, अरह और मल्लिनाथ के सुन्दर एवं मनोहर चैत्यालय इसी नगरी में विद्यमान थे तथा अम्बा देवी का प्रसिद्ध मन्दिर भी यहीं विद्यमान था।[286] अतः पौराणिक दृष्टि से इस नगर का पर्याप्त महत्व है।

क्षितिप्रतिष्ठित[287]—यह राजगृह का दूसरा नाम था। समराइच्च कहा के अनुसार यह नगर ऊँची प्राकार, खाइयों आदि से सुरक्षित या तथा नगर में साफ—सुथरे त्रिपथ, चतुष्पय आदि मार्ग थे। यहाँ व्यापार का भी केन्द्र था। निशीथ चूर्णी में भी इस नगर का उल्लेख मिलता है।[288] वर्तमान पटना का राजगिर ही प्राचीन भारत का राजगृह था। जैन ग्रन्थों में राजगृह को ही क्षितिप्रतिष्ठित चणकपुर, ऋषभपुर अथवा कुशाग्रपुर कहा गया है।[289]

पत्तन—समराइच्च कहा में हमें जनपदों एवं नगरों के साथ—साथ कुछ पत्तनों के भी उल्लेख मिलते हैं। आदि पुराण के अनुसार जो भाग समुद्र के तट पर बसा हो तथा वहां नावों द्वारा आवागमन हो उसे 'पत्तन' कहते हैं।[290] मानसार[291], समरांगण, तथा वृहत्कोष के आधार पर पत्तन को एक प्रकार का वृहत् बन्दरगाह माना जा सकता है जो किसी समुद्र या नदी के तट पर स्थित हो तथा जहाँ पर मुख्य रूप से वणिक लोग निवास करते हों।

व्यवहार सूत्र के अनुसार जहाँ नौकाओं द्वारा आवागमन होता है उसे 'पट्टन' और जहां नौकाओं के अतिरिक्त गाड़ी घोडों आदि से आवागमन हो उसे 'पत्तन' कहते हैं।[292] इस प्रकार उपरोक्त साक्ष्यों के आधार पर हम पत्तन को दो भागों में बांट सकते है—'जल पत्तन (पट्टन) तथा स्थल पत्तन'। समराइच्च कहा में उल्लिखित पत्तन का विवरण

अद्योलिखित है।

अचलपुर–समराइच्च कहा में इसे उत्तरा पथ का श्रेष्ठ व्यापारिक स्थान बताया गया है।[293] जम्बू द्वीप के उत्तरापथ में इसकी स्थिति बतलाई गई है जो ब्रह्मपुर नगर के पास था। यह प्राचीन भारत का प्रसिद्ध व्यापारिक केन्द्र था जहां के व्यापारी बड़े ही समृद्ध व धनवान होते थे। विशेष जानकारी के लिए देखिए–'अचलपुर' एक नगर को रूप में।

गज्जनक–समराइच्च कहा में इसकी स्थिति उत्तरापथ विषय में बतायी गयी है।[294] इस पत्तन की भी स्थिति उत्तरापथ जनपद में बतायी गयी है। संभवतः यह मरू देश में सत्यपुर के निकट अवस्थित था जो आधुनिक मारवाड़ जिले में वर्तमान है।

गिरिस्थल[295]–गुजरात के प्रसिद्ध पर्वत गिरिनार के आस–पास गिरिस्थल नामक पत्तन विद्यमान था। स्थल मार्गों से यहां का व्यापार होता था।

श्रीस्थल–जम्बूद्वीप के विजय क्षेत्र में इस नगर की स्थिति बतायी गयी है।[296] किन्तु अन्यत्र इसका उल्लेख नहीं मिलता है तथा न तो ठीक ढंग से इसकी पहचान ही की जा सकती है।

शंखपुर–समराइच्च कहा में इसे उत्तरापथ विषय का एक पत्तन बताया गया है जहां के राजा का नाम शंखायन था।[297] इसकी स्थिति राजगृह और द्वारिका के मध्य में बतायी जा सकती है (देखिए–शंखपुर नगर)।

बन्दरगाह

आधुनिक काल की भांति प्राचीन काल में भी व्यापार तथा आवागमन की सुविधा के लिए समुद्र के किनारे बन्दरगाह होते थे। ये बन्दरगाह बड़े जलयान तथा छोटे जहाज एवं नौकाओं के रूकने एवं वहां से प्रस्थान करने के केन्द्र स्थल होते थे। भारतीय तथा वैदेशिक

व्यापारिक जलयानों का विश्राम स्थल होने के कारण ये बन्दरगाह व्यापारिक केन्द्र भी हो गये जहां से स्थल तथा जलमार्गों द्वारा व्यापार होता था। समराइच्च कहा में उल्लिखित दो प्रसिद्ध बन्दरगाहों की जानकारी हमें अधोलिखित ढंग से होती है।

ताम्रलिप्ति–इसका उल्लेख समराइच्च कहा में कई बार किया गया है।[298] पुत्रवन सुत्त में ताम्रलिप्ति को वंग देश की राजधानी बताया गया है।[299] जगदीश चन्द्र जैन के अनुसार ताम्रलिप्ति (तामलुक) व्यापार का केन्द्र था जहां जल और स्थल दोनों मार्गों से व्यापार होता था।[300] कल्प सूत्र में ताम्रलित्तिया नामक जैन श्रमणों की शाखा का उल्लेख मिलता है जिससे पता चलता है कि यहां जैन श्रमणों का केन्द्र रहा होगा।[301] ताम्रलिप्ति बंगाल के मिदिनापुर जिले का तामलुक है जो हुगली तथा रूपनारायण नदियों के संगम से 12 मील की दूरी पर स्थित है।[302] इसकी वर्तमान स्थिति रूपनारायण नदी के पश्चिमी तट पर मानी जा सकती है। फाहियान ने इसे चम्पा से 50 योजन पूरब दिशा में समुद्र के किनारे स्थित माना है।[303] ह्वेनसांग के अनुसार ताम्रलिप्ति में दस से अधक बौद्ध मठ तथा लगभग एक हजार से अधिक बौद्ध भिक्षु विद्यमान थे।[304] इस बन्दरगाह का उल्लेख अन्य जैन,[305] बौद्ध[306] तथा ब्राह्मण[307] ग्रन्थों में मिलता है।

वैजयन्ती–समराइच्च कहा में इसकी स्थिति पूर्वी समुद्रतट पर बतायी गयी है।[308] ताम्रलिप्ति की भांति यह भी एक सुप्रसिद्ध बंदरगाह था। बड़े–बड़े विदेशी तथा स्वदेशी व्यापारिक जलयान व्यापार के निमित्त यहां आते–जाते रहते थे। बंदरगाह के साथ–साथ यह व्यापारिक केन्द्र भी बन गया था जहां भारतीय व्यापारी स्थल मार्गों से भी व्यापार के निमित्त आते जाते रहते थे। समराइच्च कहा के उल्लेख के आधार पर वैजयन्ती को वर्तमान बंगाल की खाड़ी वाला भाग कहा जा सकता है।

अरण्य

प्राचीन काल से ही पर्वत तथा नदियों की भांति अरण्यों का भी भौगोलिक एवं आर्थिक महत्व रहा है। विभिन्न प्रकार की भूमि तथा जलवायु के कारण ये अरण्य भांति–भांति प्रकार की वनस्पतियों के उद्‌गम स्थल रहे हैं जिनका विशिष्ट आर्थिक महत्व है। समराइच्च कहा में प्रयुक्त हुए कुछ निम्नलिखित वन्य प्रदेशों का उल्लेख मिलता है।

कादंबरी–समराइच्च कहा में अचलपुर और माकन्दी के बीच इस अरण्य की स्थिति बताई गयी है।[309] यह एक महाटवी के रूप में थी जो संभवतः आधुनिक बिहार के मुंगेर जिला में स्थित रही होगी। इस आटवी में कदम्ब के वृक्षों की अधिकता थी। संभवतः इसी कारण इसका नाम कादम्बरी पड़ा था। कदम्ब के साथ–साथ वहां चंदन तथा आम्र आदि विशाल वृक्षों की अधिकता थी। सघन वृक्षों व जंगली झाड़ियों के बीच वृषभ, मृग, महिष, शार्दूल, हस्ति, मृगराज जैसे भयंकर जानवर निवास करते थे। कादम्बरी चम्पा के निकट स्थित थीं जिसके निकट काली नामक एक पर्वत था तथा यहां भगवान पार्श्वनाथ भ्रमण किये थे।[310]

चन्दनवन[311]–यह मलय पर्वत के पास ही स्थित था[312] जिसकी स्थिति मैसूर के दक्षिण और श्रावणकोर के पूर्व में बतायी गयी है। चन्दन के वृक्षों की अधिकता के कारण ही इसे चन्दनवन कहा जाता था।

दंत रत्निका[313]–चम्पानगरी से ताम्रलिप्ति जाते समय रास्ते में इसकी स्थिति बताई गयी है। समराइच्च कहा में उल्लिखित इस महाटनी की पहचान ठीक ढंग से नहीं हो पाती।

नन्दनवन[314]–इस अरण्य की भी स्थिति का पता नहीं चलता है। यह परम्परागत काल्पनिक नाम जान पड़ता है।

पद्मावती[315]–विन्ध्य पर्वत मालाओं के मध्य भाग में यह अरण्य स्थित था। इस अरण्य में पहाड़ी नदियों के रूप में नून तथा महावार नदियां प्रवाहित होती थी।

प्रेतवन[316]–समराइच्च कहा में उल्लिखित इस अरण्य का नाम काल्पनिक सा लगता है।

विन्ध्याटवी[317]–विन्ध्य पर्वत के पास घने एवं विभिन्न प्रकार के वृक्षों से आच्छादित अटवी को विन्ध्यारण्य कहा गया है। आदि पुराण में इस विन्ध्याचल वन का उल्लेख है।[318] महावंश में बताया गया है कि अशोक नगर से निकल कर स्थल मार्ग द्वारा विन्ध्याटवी को पार कर एक सप्ताह में ताम्रलिप्ति पहुंचा जा सकता है।[319] महाभारत में भी विन्ध्याचल वन का उल्लेख मिलता है।[320]

सुन्सुमार[321]–विजयार्ध की उत्तर श्रेणी के नगरों में विजयपुर नामक नगर के पास ही सुंसुमार अरण्य स्थित था। सुंसुमार गिरि की पहचान वर्तमान मिर्जापुर जिले में चुनाव की पहाड़ियों से की गई है।[322] सुंसुमार अरण्य में ही सुंसुमार पर्वत की स्थिति बताई गयी है अतः सिद्ध होता है कि यह अरण्य भी मिर्जापुर में चुनाव के पास स्थित रहा होगा।

पर्वत

प्रत्येक देश अथवा राष्ट्र की सभ्यता एवं संस्कृति के विकास के साथ–साथ वहां की जलवायु, ऋतु परिवर्तन तथा सुरक्षा की दृष्टि से पर्वतों का अत्यधिक महत्व रहता है। भारत की उत्तरी तथा दक्षिणी सीमाओं पर फैली शैल श्रृंखलाओं के साथ अन्य पर्वत मालाओं से इस देश के सांस्कृतिक स्वरूप के निर्माण में प्राचीन काल से ही बराबर योगदान मिलता रहा है। समराइच्च कहा में निम्नलिखित पर्वतों का उल्लेख है।

उदयगिरि[323]–समराइच्च कहा में इसकी स्थिति नहीं बताई गयी है। मात्र वर्णन से नाम ज्ञात होता है। भुवनेश्वर स्टेशन से लगभग चार मील दूरी पर उदयगिरि और खंडगिरि नामक दो प्राचीन पहाड़ियां हैं जिन्हें काटकर सुन्दर गुफाएं बनाई गई है।[324] ये दोनों पहाड़ियां खारवेल के हाथी गुम्फा शिलालेख के लेखक को कुमार और कुमारी पहाड़ियों के

रूप में ज्ञात थी।[325] खंडगिरि पहाड़ी पुरी जिला में भुवनेश्वर से 3 मील उत्तर–पश्चिम की तरफ स्थित है।[326] इस पहाड़ी की तीन चोटियाँ हैं–उदयगिरि, नीलगिरि और खण्डगिरि। खण्डगिरि की चोटी 123 फीट ऊँची है जबकि उदयगिरि की चोटी 110 फीट ऊँची है। यहां इस पर्वत श्रेणी (उदयगिरि) के नीचे एक वैष्णव कुटी है तथा इसमें 40 गुफाएँ है।[327]

गान्धार पर्वत[328]–यह गांधार देश के अन्तर्गत एक प्रसिद्ध पहाड़ी के नाम से विख्यात था। अन्यत्र इसकी स्थिति का पता नहीं चलता है।

वैताढ़य पर्वत[329]–यह पर्वत छः खण्डों के मध्य में होने के कारण विजयार्ध के नाम से जाना जाता है। वैताढ्य पर्वत की दो श्रेणियां है (उत्तर श्रेणी और दक्षिण श्रेणी)। इन श्रेणियों में विद्याधर नगर विद्यमान थे। नेमिचन्द्र शास्त्री ने गंध समृद्ध नगर की स्थिति मालवा[330] में बतायी है जो समराइच्च कहा में वैताढ्य के पास स्थित बताया गया है। अतः यह पर्वत भी मालवा में ही होना चाहिए।

मलय पर्वत[331]–समराइच्च कहा में उल्लिखित इस पर्वत का नाम भागवत पुराण तथा मत्स्य पुराण में भी आया है।[332] वी0सी0 ला के अनुसार कावेरी के नीचे पश्चिमी घाट का फैला हुआ दक्षिणी भाग ही मलयगिरि का पश्चिमी भाग है जिसे वर्तमान ट्रावनकोर पहाड़ी के नाम से जाना जाता है।[333] डी0सी0 सरकार ने भी इसकी पहचान ट्रावनकोर की पहाड़ियों से की है।[334] चंदन की बहुल मात्रा में प्राप्ति के कारण ही इसे मलय पर्वत (मलयगिरि) कहा गया है।

मदरगिरि[335]–इसे मंदर गिरि अथवा मंदराचल के नाम से जाना जाता था। पुराणों में भी इस पर्वत का उल्लेख है।[336] वी0सी0 ला के अनुसार यह भागलपुर जिला के बंका नामक तहसील में स्थित है जो भागलपुर के 30 मील दक्षिण तथा बांसी के 3 मील उत्तर दिशा में वर्तमान है।[337] यहां भगवान बुद्ध की प्रतिमा तथा बौद्ध मंदिर के अवशेष मिले हैं।[338]

मेरू पर्वत[339]– इसकी स्थिति जम्बू द्वीप के मध्य में बतायी गयी

है।[340] मार्कण्डेय पुराण से पता चलता है कि इस पर्वत के पश्चिम में निषाध और परिपत्र, दक्षिण में कैलाश और हेमवत तथा उत्तर दिशा में श्रृंगवन एवं जरूधि स्थित है।[341] इसे सिनेरू की सबसे ऊँची चोटी मानी जा सकती है जो 7,800 ली ऊँची है।[342] यह बदरिकाश्रम के करीब है तथा संभवतः एरियन का मेरास पर्वत है।[343] इसे गढ़वाल में स्थित रूद्र हिमालय माना जा सकता है, जहां से गंगा निकलती है।[344] मेरू पर्वत की यही स्थिति सही जान पड़ती है।

रत्नागिरि[345]–समराइच्च कहा में उल्लिखित यह पर्वत गोपालपुर से चार मील उत्तर–पूर्व तथा विरूपा की एक शाखा केलुआ नामक एक छोटे से स्रोत के किनारे स्थित है।[346] भरत सिंह उपाध्याय ने इसकी स्थिति प्राचीन राजगृह के पास बतायी है।[347] कनिंघम ने तो प्राचीन बुद्धकालीन पाण्डव पर्वत को ही रत्नगिरि से मिलाया है।[348] यह पाण्डव पर्वत भी राजगृह के पास स्थित था। उपरोक्त साक्ष्यों से स्पष्ट होता है कि यह पर्वत प्राचीन राजगृह के पास ही स्थित रहा होगा।

लक्ष्मी पर्वत[349]–इसकी स्थिति आसाम के दक्षिण में थी जो लक्ष्मी निलय के नाम से प्रख्यात था। अतः आसाम के अन्तर्गत स्थित एक पहाड़ी क्षेत्र से इसकी पहचान की जा सकती है।

विन्ध्य पर्वत[350]–आदि पुराण में इसे विन्ध्याचल कहा गया है जिसके पश्चिमी छोर को पार कर भरत चक्रवर्ती ने लाट तथा सोरठ देश पर आक्रमण किया था।[351] प्राचीनकाल में यह पर्वत माला मध्यभारत के उत्तर–पश्चिम में विस्तृत था। पद्य पुराण तथा कालिदास के मेघदूत में भी इस पर्वत का उल्लेख आया है।[352] दशकुमार चरित से पता चलता है कि विन्ध्य पर्वत से मिला हुआ विन्ध्यारण्य भी था जहां घनी एवं भयंकर जंगली झाड़ियाँ एवं वृक्ष थे जिसमें जंगली जानवरों के रहने की सुविधा थी।[353] ऋक्ष, विन्ध्या और परिपत्र आदि सम्पूर्ण पर्वत श्रेणियों के भाग थे जिसे आधुनिक विन्ध्या कहते हैं।[354] आधुनिक भौगोलिक वेत्ताओं के अनुसार विन्ध्य पर्वत गुजरात से पश्चिम तथा बिहार के पूर्वी भाग में 700

मील के विस्तृत क्षेत्र है जिसे भरनेर तथा कैमूर आदि विभिन्न स्थानीय नामों से जाना जाता है।[355] यह टालेमी का ओइन्डीओन है जो नर्मदा और ताप्ती नदियों का उद्गम स्रोत है।[356] प्राचीन काल में यह पर्वत औषधियों आदि का केन्द्र था।[357]

शिलीन्ध्र पर्वत[358]—वर्णन के आधार पर अनुमान लगाया जाता है कि संभवतः यह पहाड़ी आसाम के दक्षिण में अवस्थित थी। इस पहाड़ी से लगा घने वृक्षों से आच्छादित एक जंगल था जिसमें सिंह, अजगर जैसे भयंकर जानवर निवास करते थे।

सुवेल पर्वत[359]—समराइच्च कहा में उल्लिखित इस पर्वत की स्थिति का ठीक–ठीक पता नहीं चलता है और न अन्यत्र इसका उल्लेख ही मिलता है।

सुंसुमार गिरि[360]—विजयार्ध की उत्तर श्रेणी के नगरों में विजयपुर एक नगर है। इस नगर के पास सुंसुमार नामक एक अरण्य था और इसी अरण्य में सुंसुमार नामक पर्वत विद्यमान था। वत्स जनपद के राजा उदायन के पुत्र राजकुमार बोधि इसी पर्वत पर रहते थे, जहां कोकनद नामक महल बनवाया था।[361] बौद्ध परम्परा के अनुसार यहां भर्ग राज्य की राजधानी थी और यह एक किले के रूप में प्रयुक्त होता था।[362] कुछ विद्वानों ने इसे आधुनिक चुनार को पहाड़ियाँ बताया है जो मिर्जापुर जिले में स्थित है।[363]

हिमवत (हिमालय)[364]—यह जम्बू द्वीप का प्रसिद्ध पर्वत आधुनिक हिमालय है जो भारत के उत्तर में स्थित है। हिम (बर्फ) से सदा आच्छादित रहने के कारण ही इसे हिमवत अथवा हिमालय कहा जाता है। इस पर्वत का उल्लेख अन्य जैन,[365] बौद्ध,[366] ब्राह्म ग्रन्थों[367] तथा विदेशी विवरण[368] में मिलता है। भारत के उत्तर दिशा में पूर्व से लेकर पश्चिमी समुद्र तट तक धनुष की डोरी की भांति फैला हुआ हिमालय पर्वत ही प्राचीन हिमवत है। इसे पर्वतराज तथा नगाधिराज कहा गया है।

जैन परम्परा के अनुसार यह जम्बूद्वीप का प्रथम कुलाचक है जिसपर 11 कूट हैं। इसका विस्तार 1052 $\frac{12}{19}$ योजन है, तथा इसकी ऊँचाई 100 योजन तथा गहराई 25 योजन बतलाई गई है। हिमालय तीन भागों में विभक्त है–उत्तर, मध्य और दक्षिण। उत्तर माला के बीच कैलाश पर्वत है।[369] मध्य माला नंग पर्वत से प्रारम्भ होती है जिसकी सबसे ऊँची चोटी 26,629 फुट है। मध्य माला का दूसरा अंश नेपाल, सिक्किम और भूटान राज्य के अन्तर्गत है जहाँ सर्वदा तुषार पड़ती रहती है।

नदियाँ

समराइच्च कहा में निम्नलिखित नदियों के उल्लेख प्राप्त होते है।

गंगा[370]–समराइच्च कहा के कथा प्रसंग में इसका उल्लेख आया है। गंगा नदी का सर्वप्रथम उल्लेख ऋग्वेद के नदी स्तुति में मिलता है।[371] इसका उल्लेख विभिन्न ग्रन्थों में विभिन्न नामों से हुआ है। महाभारत तथा भागवत पुराण में इसे अलखनन्दा[372], भागवत पुराण में एक अन्य स्थान पर द्युनदी[373], रघुवंश में भागीरथी तथा जाह्नवी[374] के रूप में वर्णित किया गया है। तैत्तिरीय धारण्यक के अनुसार गंगा–जमुना के बीच रहने वाले लोग सम्माननीय समझे जाते थे[375] पद्य पुराण के अनुसार गंगा नदी की सात शाखाएं थीं, यथा–वितोदका, नलिनी, सरस्वती, जम्बू नदी, सीता, गंगा और सिन्धु।[376] भागीरथी गंगा हिमालय से निकल कर गंगोत्री नामक स्थान में गिरती है। तत्पश्चात् हरिद्वार से होते हुए उसके नीचे बुलन्दशहर से दक्षिण की तरफ मुड़ती है जहां यह दक्षिण पूर्व की ओर बहती हुई इलाहाबाद में यमुना नदी से मिलती है। इलाहाबाद से राजमहल तक यह पूर्व दिशा की ओर बहती है और राजमहल से पश्चिम बंगाल में प्रवेश कर बंगाल की खाड़ी में गिरती है।[377] प्राचीन काल से लेकर वर्तमान समय तक के भारतीय जीवन के आर्थिक, राजनैतिक एवं संस्कृति के केन्द्र हरिद्वार, कानपुर, प्रयाग, वाराणसी तथा पटना आदि नगर गंगा के ही तट पर स्थित है।

सिन्धु[378]–इसका उल्लेख वृहत् संहिता तथा अष्टाध्यायी में भी हुआ है।[379] फाहियान के विवरण में इसे सिन्धु कहा गया है।[380] यह हिमालय की ढाल से बहती हुई उत्तरी–पश्चिमी सीमान्त प्रदेश से होकर पंजाब, सिन्ध तथा अंत में पश्चिमी हिंद महासागर में जाकर मिलती है।[381] प्राचीन ग्रीक विवरण के अनुसार सिन्धु की सात सहायक नदियाँ थीं, यथा–हाईड्रोटस (रावी), अकेसिन (चेनाब), हाइयेसिस (विपासा–वीज), हाइडास्प्स (वित्रास्त–झेलम), कोफीन (काबुल), पेरेनास, सेपेरवास और सियानो।[382] चन्द्र का मेहरौलीस्तम्भ लेख भी सिन्धु के सात मुहाने का वर्णन करता है।[383]

शिप्रा[384]–यह नदी मालवा के पठार से निकल कर उज्जयिनी होती हुई चम्बल में गिरती है। इसका दूसरा नाम विशाला भी है।[385] कालिदास के अनुसार यह एक ऐतिहासिक नदी है जिसके तट पर उज्जयिनी नामक प्रसिद्ध नगर बसा था।[386] वी0सी0 ला के अनुसार यह ग्वालियर राज्य की एक स्थानीय नदी है जो चम्बल (चर्मन्वती) में जाकर गिरती है।[387] स्कन्द पुराण में शिप्रा और साता नामक दो नदियों के संगम को सातासंगम कहा गया है जो तीर्थ यात्रियों के लिए एक महत्वपूर्ण स्थान था।[388] जैन ग्रन्थ आवश्यक चूर्णी में भी इसका उल्लेख मिलता है।[389]

ऋजुबालुका[390]–इस नदी की स्थिति का ठीक–ठीक पता नहीं चलता है। संभवतः यह विन्ध्यागिरि से निकलने वाली झरने की भांति कोई छोटी नदी रही होगी।

संदर्भ

1. सम0 क0 1, पृ0 42, 2, पृ0 130; 3, पृ0 162; 4, पृ0 363; 6, पृ0 576; 7, पृ0 612–713; 8, पृ0 731
2. हरिवंश पुराण, ज्ञानपीठ संस्करण, 514–5
3. वही, 516–7
4. जगदीश चन्द्र जैन– जैनागम साहित्य में भारतीय समाज, परिशिष्ट 1,

पृ0 456

5. जम्बू द्वीप प्रज्ञप्ति 1। 10
6. जगदीश चन्द्र जैन– जैनागम साहित्य में भारतीय समाज, परिशिष्ट 1, पृ0 456
7. वी0सी0 ला– इंडिया डिस्क्राइब्ड, पृ0 2
8. जगदीश चन्द्र जैन–जैनागम साहित्य में भारतीय समाज, परिशिष्ट 1, पृ0 456
9. सम0 क0 3, पृ0 540–51–543–552–555
10. निशीथचूर्णी, 2, पृ0 399
11. मार्कण्डेय पुराण, पार्जिटर द्वारा अनुदित–पृ0 319
12. सम0क0 4, पृ0 250; 5, पृ0 426; 7, पृ0 713
13. आर0सी0 मजूमदार– ''सुवर्णद्वीप'' पृ0 51
14. के0ए0 नीलकांत शास्त्री–दो चोलाज, पृ0 218
15. आर0सी0 मजूमदार–सुवर्ण द्वीप, पृ0 51
16. वही
17. सम0 क0 2, पृ0 126–दव्व संगह निमितं गया रयणदीवं। विटताई रयसगई, कथा संजुत्ती पयट्टानिपदेशमागन्तुं।''
18. सम0 क0 6, पृ0 545–वही
19. सम0 क0 4, पृ0 254; 5, पृ0 399–403–407–420
20. आर0 सी0 मजूमदार–सुवर्ण, द्वीप पृ0 51
21. सम0 क0 5, पृ0 397–398; पृ0 540–544
22. आर0 सी0 मजूमदार–सुवर्ण, द्वीप पृ0 37, 64
23. कथा सरित्सागर, तरंग, 54, पंक्ति 17
24. सम0 क0 9, पृ0 959, 'अन्नयाय समागओ अवन्ति जणवयं।'
25. वी0 सी0 ला–हिस्टारिकल ज्योग्राफी ऑफ एंसियन्ट इंडिया, पृ0 358,

362

26. मत्स्य पुराण, प्रथम खण्ड, पृ0 349, श्लोक 36
27. रैप्सन–ऐंसिन्ट इंडिया, पृ0 175
28. नेमिचन्द्र शास्त्री–आदि पुराण में प्रतिपादित भारत, पृ0 46
29. दीघनिकाय, 2, 265।।
30. अंगुत्तर निकाय 4, 252–256–262
31. निशीथ चूर्णी 1, पृ0 13, 102।।
32. ज्योग्राफिकल इन्साइक्लोपीडिया ऑफ ऐंसियन्ट एण्ड मेडिवल इंडिया, पृ0 40–41
33. सम0 क0 7, पृ0 711–'अत्थि इहैव जम्बूद्वीवे भारहेवासे उत्तरावहे विसये–राया'।
34. निशीथचूर्णी 1, पृ0 20, 52, 67, 89, 154; 2, पृ0 82, 954; 3, पृ079; 4, पृ0 27
35. मधूनारंग–एकल्चरलस्टडी आफनिशीथ चूर्णी, पृ0 406
36. मधूनारंग–एकल्चरलस्टडी आफनिशीथ चूर्णी, पृ0 406
37. सम0 क0 4, पृ0 308–इओ म.............. करहाडय विसये घन्नऊरय संत्रिवेसंमि....।
38. महाभारत–सभा पर्व, अध्याय 31।
39. आदि पुराण, 16। 154
40. नेमिचन्द्र शास्त्री–आदिपुराण में प्रतिपादित भारत, पृ0 51
41. सम0 क0 4, पृ0 318–'सा कलिंग विसये....समुप्पंत्रो, तथा पृ0 326
42. अष्टध्यायी, 4। 1। 170
43. वी0 सी0 ला–ज्योग्राफी आफ अर्ली बुद्धिज्य, पृ0 494–95
44. ओध निर्युक्ति भाष्य 30। 97
45. कनिंघम–ऐंसियन्ट ज्योग्राफी ऑफ इंडिया, पृ0 550

46. नेमिचन्द्र शास्त्री–आदि पुराण में प्रतिपादित भारत, पृ0 51
47. सम0 क0 9, पृ0 904–अत्थि कामरूव विसये मयणउरंनामनयरं।
48. ज्यालयन–ह्वेनसांग, 3, पृ0 176
49. कनिंघम–ऐंसियन्ट ज्योग्राफी आफ इंडिया, पृ0 572–73
50. वी0 सी0 ला–हिस्टारिकल ज्योग्राफी आफ ऐसियन्ट इंडिया, पृ0 268।
51. कालिका पुराण, अध्याय 38
52. वी0 सी0 एलेन–कामरूप, आसाम डिस्ट्रिक्ट गर्जेटियर्स, खण्ड 4, अध्याय 1।
53 जर्नल आफ दो रवायल एशियाटिक सोसायटी, 1900, पृ0 25
54. सम0 क0 8, पृ0 845–तयो य पउत्त पुरिसेहिंतो कासियाविसय रंठिय. ....राया।
55. सौर पुराण, अध्याय 4, पंक्ति, 5; कालिका पुराण 51, 53; 58, 35।
56. अंगुत्तर निकाय 1, 213; 4, 252, 256, 260।
57. अष्टाध्यायी, 4, 2, 116; महाभाष्य 2, 1, 1, पृ0 32; भागवत् पुराण 9, 22–23; 10, 57, 32; 10, 66, 10; 84, 55; 12, 13, 17।
58. स्कन्द पुराण अध्याय 1, 19, 23; योगिनितंत्र 1, 2; 2; 4।
59. जातक 4, 377; 6, 170
60. कैम्ब्रिज हिस्ट्री ऑफ इंडिया, 1, 316
61. दीघनिकाय 3, 141; मज्झिम निकाय, 1, 170; संयुत्त निकाय 5, 420
62. आदि पुराण 16, 151;29, 47
63. सम0 क0 4, पृ0 288–कोसलाहिवस्स, तथा 4, पृ0 339, कोसलाये–विसयम्मि; 8, पृ0 821, 831
64. जगदीशचन्द्र जैन–जैनागम साहित्य में भारतीय समाज, पृ0 468
65. रामायण, 2। 68। 13; महाभारत 11। 30। 23; 31। 12। 13।
66. वृहत्कल्प भाष्य 5, 5824।

67. जे0सी0 सिंकदार–स्टडीज इन दी भगवती, सूत्र, पु0 535
68. अंगुत्तर निकाय 1। 213; विष्णु पुराण, अध्याय 4
69. सम0 क0, 6, पृ0 501 (सा य................कोंकणरायपुत्तस्स सिझुवालस्स)
70. आचारांग चूर्णी, पृ0 366
71. सूत्र कृतांग टोका, 3। 1। 12।
72. वृहत्कल्प भाष्य वृत्ति, 1। 1239।
73. डी0 सी0 सरकार–स्टडीज इन दी ज्योग्राफी आफ ऐंसियंट एण्ड मेडिवल इण्डिया, पृ0 110
74. ज्यूलियन–ह्मेनसांग, 3, पृ0 147
75. कनिंघम–ऐंसियण्ट ज्योग्राफी आफ इण्डिया, पृ0 632–33
76. रघुवंश, 4,58 (अपरान्त महीपाल व्याजेन रघवेकरम्)
77. शक्ति संगम तंत्र 3, 7, 13 (कोंकणत्पश्चिमं तोर्त्वा समुद्रप्रान्त गोचरः हिगुलाजान्तकोदेवि शतयोजनमाश्रितः)।
78. नेमिचन्द्र शास्त्री–आदिपुराण में प्रतिपादित भारत, पृ0 56
79. निशीथचूर्णी–1, पृ0 52, 100, 101, 154; 3, पृ0 296
80. सम0 क0 1, पृ0 45–रिटठो मये गान्धार जणवयाहिवस्स समरसेणस्सनत्तुओं; 1, पृ0 48–अत्थि इहेव विजये गन्धारो नाम जणवओ; 1, पृ0 56
81. निशीथचूर्णी, 3, पृ0 144
82. शतपथ ब्राह्मण, 11, 4, 11।
83. छान्दोग्य उपनिषद 6, 14–गीता प्रेस।
84. मज्झिम निकाय, 2, पृ0 982।
85. अंगुत्तर निकाय 1, पृ0 213; 4, पृ0 252, 256, 260
86. अष्टाध्यायी 4, 1, 168
87. वाटर्स–आन युवानच्वांग 1, 198–99
88. कनिंघम–ऐंसियन्ट ज्योग्राफी आफ इण्डिया, पृ0 48; मैकक्रिण्डिल–ऐंसियन्ट

इण्डिया ऐज डिस्क्राइब्ड वाई टालेमी, पृ0 81

89. रैप्सन–ऐंसियन्ट इण्डिया, पृ0 81
90. सम0 क0 4, पृ0 275–अत्थि इहेव भरहंमि पुण्डो ताम् जणवओ।
91. जे0सी0 सिकदार–स्टडीज इन भगवती सूत्र, पृ0 537
92. महाभारत, सभा पर्व 78, 93।
93. डी0सी0 सरकार– सेलेक्ट इन्सक्रिप्सन्स, पृ0 333
94. वही, पृ0 347
95. महाभारत, सभा पर्व 30। 10।
96. महाभारत, शान्ति पर्व, 49। 79
97. यन0 यल0 डे–ज्योग्राफिकल डिक्शनरी, पृ0 100
98. ऐतरेय ब्राह्मण, 8। 14। 3।
99. उपासक दशा 2, परिशिष्ट 1, पृ0 7; निशीथचूर्णी 5, पृ0 537
100. अंगुत्तर निकाय, 1। 313
101. कल्पसूत्र, 5, 109
102. व्याख्या प्रज्ञप्ति, 7, 9, पृ0 315
103. तिलोय पण्णपत्ति, सोलापुर संस्करण–4, 544; 4, 546
104. शतपथ ब्राह्मण, 1, 4; 1, 10
105. रघुवंश, 12, 26
106. डी0सी0 सरकार–स्टडीज इन ज्योग्राफी आफ ऐंसियन्ट एण्ड मेडिवल इंडिया, पृ0 95
107. नेमिचन्द्र शास्त्री–आदि पुराण में प्रतिपादित भारत, पृ0 67
108. यम0 यस0 पाण्डेय–हिस्टारिकल ज्योग्राफी एण्ड टोपोग्राफी आफ बिहार, पृ0 87–88
109. सम0 क0 8, पृ0 731–अत्थि इहेव–अओज्झा नाम नयरी, पृ0 736, 738, 764, 766, 774

110. निशीथ चूर्णी 2, पृ0 466; 3, पृ0 193
111. सम0 क0 4, पृ0 339–'कोसलाए विसये साएए नयरे–
112. कनिंघम–ऐंसियन्ट ज्योग्राफी आफ इंडिया, पृ0 341
113. वी0 सी0 ला–हिस्टारिकल ज्योग्राफी आफ ऐंसियन्ट इंडिया, पृ0 76
114. स्कन्दपुराण 1। 64–66
115. आदि पुराण 7। 41, 12। 76
116. कनिंघम–ऐंसियन्ट ज्योग्राफी आफ इंडिया, पृ0 459–60
117. सम0 क0 6, पृ0 509
118. ज्योग्राफिकल इनसाइक्लोपीडिया आफ ऐंसियन्ट एण्ड मेडिवल इंडिया, पृ0 3
119. वही
120. इपि0 इंडि0 1, पृ0 13–जनवरी 1935
121. सम0 क0 3, पृ0 171; 6, पृ0 500
122. नेमिचन्द्र शास्त्री–हरिभद्र के प्राकृत कथा साहित्य का आलोचनात्मक–परिशीलन, पृ0 254
123. आदि पुराण, 6। 205
124. नेमिचन्द्र शास्त्री–आदि पुराण में प्रतिपादित भारत, पृ0 83
125. वी0सी0 ला–हिस्टारिकल ज्योग्राफी आफ ऐंसियन्ट इंडिया, पृ0 325
126. मधू सेन–ए कल्चरल स्टडी आफ निशीथ चूर्णी, पृ0 339
127. कनिंघम–ऐंसियन्ट ज्योग्राफी आफ इंडिया, 416
128. अलिना का ताम्र पत्र अभिलेख ई0 सन् 649 और 851 का
129. ज्योग्राफिकल इनसाइक्लोपीडिया आफ ऐंसियन्ट एण्ड मेडिवल इंडिया, पार्ट 1, पृ0 21–22
130. निशीथचूर्णी 5, पृ0 435
131. सम0 क0 6, पृ0 501–503–569–70–71; 9, पृ0 858–979

132. आवश्यक निर्युक्ति 1276; आवश्यक चूर्णी 2, पृ0 154; निशीथ चूर्णी 1, पृ0 102; 2, पृ0 261; 3, पृ0 59, 131, 145—46

133. वृहत्कल्प भाष्य 1। 3277।

134. जगदीश चन्द्र जैन—जैनागम साहित्य में भारतीय समाज, पृ0 480—81

135. कनिंघम—ऐंसियन्ट ज्योग्राफी आफ इंडिया, पृ0 412

136. सम0 क0 5, पृ0 363—(अत्थि इहेव जम्बूद्वीवे भारहे वासे कायन्दी नामनयरं)

137. भगवती सूत्र 10। 4। 404

138. बरूआ और सिन्हा—भरहुत, इन्सक्रिप्सन्स, पृ0 18

139. डी0सी0 सरकार—स्टडीज इन ज्योग्राफी आफ ऐंसियन्ट एण्ड मेडिवल इंडिया, पृ0 254

140. वही, पृ0 254—55

141. सम0 क0 8, पृ0 781

142. आवश्यक चूर्णी 2, पृ0 158

143. दी ज्योग्राफिकल इन साइक्लोपीडिया ऑफ ऐंसियन्ट एण्ड मेडिवल इंडिया, पृ0 860

144. सम0 क0 1, पृ0 47; 5, पृ0 474

145. विविधतीर्थ कल्प, पृ0 50— 'पंचाला नाम जणवओ। तत्थ गंगा नाम महानई तरंग में पक्खालिज्जमाणपामार मित्तिअं कपिलपुरं नाम नयरं।

146. रामायण—आदि काण्ड, सर्ग 33, पद्य 19; महाभारत 1। 138। 73—74

147. जातक 6, 433

148. औपपातिक सूत्र 39

149. कनिंघम—ऐंसियन्ट ज्योग्राफी आफ इंडिडया, पृ0 413

150. सम0 क0 1, पृ0 51; 4, पृ0 243; 8, पृ0 812

151. जगदीशचन्द्र जैन—जैनागम साहित्य में भारतीय समाज, पृ0 462

152. जे0सी0 सिकदार–स्टडीज इन दी भगवती सूत्र, पृ0 545
153. निशीथ चूर्णी 2, पृ0 95
154. जगदीशचन्द्र जैन–जैनागम साहित्य में भारतीय समाज, पृ0 463
155. समा0 क0 3, पृ0 162; 4, पृ0 353; 6, पृ0 576, 578, 581, 582, 584
156. कनिंघम–ऐन्सियन्ट ज्योग्राफी आफ इंडिया, पृ0 330–34
157. महाभारत 1 । 63 । 31 ।
158. वी0सी0 ला–हिस्टारिकल ज्योग्राफी आफ ऐंसियन्ट इंडिया, पृ0 117
159. विविध तीर्थ कल्प, पृ0 23; आवश्यक चूर्णी, 2, 179
160. वी0सी0 ला–हिस्टारिकल ज्योग्राफी आफ ऐंसियन्ट इंडिया, पृ0 117
161. जगदीशचन्द्र जैन–जैनागम साहित्य में भारतीय समाज, पृ0 475
162. समा0 क0 3, पृ0 173; 7, पृ0 708
163. समा0 क0 1, पृ0 48, 51
164. समा0 मा0 7, पृ0 618
165. नेमिचन्द्र शास्त्री–आदि पुराण में प्रतिपादित भारत, पृ0 86
166. जगदीश चन्द्र जैन–जैनागम साहित्य में भारतीय समाज, पृ0 469
167. वासुदेव हिण्डी, पृ0 165
168. समा0 क0 5, पृ0 411
169. मोहन लाल मेहता–प्राकृत प्रापर नेम्स, पृ0 222
170. नेमिचन्द्र शास्त्री–हरिभद्र सूरि के प्राकृत कथा साहित्य का आलोचनात्मक परिशीलन, पृ0 356
171. समा0 क0 8, पृ0 803
172. नेमिचन्द्र शास्त्री–हरिभद्र के प्राकृत कथा साहित्य का आलोचनात्मक परिशीलन, पृ0 356
173. समा0 क0 2, पृ0 110; 5, पृ0 455, 463; 8, पृ0 736

174. वासुदेव शरण अग्रवाल–पाणिनि कालीन भारत, पृ0 88
175. सम0 क0 2, पृ0 104, 130; 7, पृ0 605, 618, 623, 624, 652, 670–71
176. मत्स्य पुराण अध्याय 48
177. महाभारत, वन पर्व, 85। 14
178. वी0सी0 ला–सम जैन कैनानिकल सूत्र, पृ0 73 बाम्बे ब्रांच आफ रॉयल एशियाटिक सोसाइटी, बाम्बे, 1949
179. जगदीश चन्द्र जैन–जैनागम साहित्य में भारतीय समाज, पृ0 565
180. वी0सी0 ला–हिस्टारिकल ज्योग्राफी ऑफ ऐंसियन्ट इण्डिया, पृ0 255
181. सम0 क0 2, पृ0 75, 151
182. वी0सी0 ला–हिस्टारिकल ज्योग्राफी आफ ऐंसियन्ट इण्डिया, पृ0 185
183. सम0 क0 3, पृ0 185; 5, पृ0 388, 391
184. वही, पृ0 172
185. वही, पृ0 181
186. वी0सी0 ला–हिस्टारिकल ज्योग्राफी आफ ऐंसियन्ट इण्डिया, पृ0 152
187. महावग्ग, 12–13
188. दिव्यावदान, पृ0 22
189. वी0सी0 ला–हिस्टारिकल ज्योग्राफी आफ ऐंसियन्ट इण्डिया, पृ0 152
190. कनिंघम–ऐंसियन्ट ज्योग्राफी आफ इंडिया, पृ0 376, 701
191. वी0सी0 ला–हिस्टारिकल ज्योग्राफी आफ ऐंसियन्ट इण्डिया, पृ0 376–77
192. यस0 एन0 मजूमदार–कनिंघम–ऐंसियन्ट ज्योग्राफी आफ इण्डिया, भूमिका।
193. सम0 क0 6, पृ0 529
194. जातक 2, 367–371; 3, 376; 4, 230–232–237

195. इपि0 इंडि0 25, प्लेट 5, पृ0 285, अप्रैल 1940
196. महाभारत–उद्योग पर्व 63, 183
197. आवश्यक निर्युक्ति 1275
198. वी0सी0 ला–हिस्टारिकल ज्योग्राफी ऑफ ऐंसियन्ट इंडिया, पृ0 177
199. यन0एल0 डे–ज्योग्राफिकल डिक्शनरी, पृ0 53
200. सम0 क0 6, पृ0 541, 42, 544, 547, 550
201. दी ज्योग्राफिकल इनसाइक्लोपीडिया आफ ऐंसियन्ट एण्ड मेडिवल इंडिया, पृ0 108
202. वी0सी0 ला–हिस्टारिकल ज्योग्राफी ऑफ ऐंसियन्ट इंडिया, पृ0 178
203. सम0 क0 4, पृ0 308
204. आदि पुराण 8 । 230; 47 । 146
205. आदि पुराण 47 । 146
206. सम0 क0 7, पृ0 713
207. वी0सी0 ला–हिस्टारिकल ज्योग्राफी ऑफ ऐंसियन्ट इंडिया, पृ0 137
208. वोगल–नोट्स आन टालेमी, 1, पृ0 84
209. सम0 क0 4, पृ0 339
210. भगवती सूत्र 14 । 8 । 529; आवश्यक चूर्णी 2, पृ0 179; आवश्यक निर्युक्ति 1279 ।
211. सिकदार–स्टडीज इन दी भगवती सूत्र, पृ0 545
212. यम0एस0 पाण्डेय–हिस्टारिकल ज्योग्राफी एण्ड टोपोग्रैफी आफ बिहार, पृ0 135
213. वी0सी0 ला–हिस्टारिकल ज्योग्राफी ऑफ ऐंसियन्ट इंडिया, पृ0 295
214. दीघनिकाय, 2, 86; सुमंगल विलासिनी 2, पृ0 540
215 मैकक्रिण्डिल–ऐंसियन्ट इण्डिया ऐज डिस्क्राइब्ड वाई मेगस्थनीज एण्ड एरियन, पृ0 67

216. लीग (Legge)—फाहियान, पृ0 77—78
217. वाटर्स—आन युवांग च्वांग 2, पृ0 87
218. सम0 क0 8, पृ0 827; 9, पृ0 956
219. कनिंघम—ऐंसियन्ट ज्योग्राफी आफ इंडिया, पृ0 407
220. यन0एल0 डे—ज्योग्राफिकल डिक्शनरी आफ ऐंसियन्ट एण्ड मेडिवल इण्डिया, पृ0 40
221. सम0 क0 8, पृ0 805
222. नेमिचन्द्र शास्त्री—हरिभद्र के प्राकृत कथा साहित्य का आलोचनात्मक परिशीलन, पृ0 358
223. सम0 क0 9, पृ0 904
224. सम0 क0 6, पृ0 508, 518
225. यम0एस0 पाण्डेय—हिस्टारिकल ज्योग्राफी एण्ड टोपोग्रैफी आफ बिहार, पृ0 157
226. सम0 क0 6, पृ0 493, 500
227. जगदीश चन्द्र जैन—जैनागम साहित्य में भारतीय समाज, पृ0 470
228. महाभारत 5, 72—76
229. सम0 क0 6, पृ0 210
230. सम0 क0 8, पृ0 776—781
231. रामायण 1, 48, 10—11; महाभारत, वनपर्व, 254—8
232. भागवत पुराण 9, 13, 13
233. विविध तीर्थ कल्प, पृ0 32
234. सम0 क0 2, पृ0 120— 'इहैव विदेहे गंधिलावई विजये रयणउउरे नयरे।'
235. नेमिचन्द्र शास्त्री—आदि पुराण में प्रतिपादित भारत, पृ0 92
236. सम0 क0 5, पृ0 463

237. आदि पुराण, 19 | 46
238. नेमिचन्द्र शास्त्री–आदि पुराण में प्रतिपादित भारत, पृ0 92
239. समा0 क0 2, पृ0 125
240. समा0 क0 2, पृ0 103; 7, पृ0 632–33, 652, 660, 665, 672; 8 पृ0 813
241. कनिंघम–ऐंसियन्ट ज्योग्राफी ऑफ इंडिया, पृ0 148–49
242. समा0 क0 3, पृ0 168; 172–73–74, 184
243. समा0 क0, 7, पृ0 711
244. समा0 क0 1, पृ0 11, 33–43
245. सूय निर्युक्ति 2, 6, 190
246. डिस्ट्रिक्ट गजेटियर, पूर्णिया, 1911, पृ0 185
247. समा0 क0 8, पृ0 845
248. भगवती सूत्र 14 | 1 | 540
249. निशीथ चूर्णी 2, पृ0 417, 466; पुन्नवन सुत्त, 1 | 37; उपासकदशा, पृ0 909
250. दीघ निकाय, 2, 146; 3, 141
251. विष्णु पुराण अध्याय 34
252. उवासक निर्युक्ति 382, 384, 1302
253. समा0 क0 5, पृ0 409–412
254. वही, पृ0 412
255. समा0 क0 7, पृ0 673
256. समा0 क0 4, पृ0 289–308–312–314–318–319–326–345 |
257. वही, पृ0 345
258. ए0वी0 यल0 अवस्थी–स्टडीज इन स्कन्द पुराण, पृ0 126
259. समा0 क0 7, पृ0 667, 669, 690

260. सम0 क0 4, पृ0 285
261. महाभारत; विराट पर्व; गोपथ ब्राह्मण 1, 2, 9
262. वी0सी0 ला–हिस्टारिकल ज्योग्राफी आफ ऐंसियन्ट इंडिउया पृ0 392–93
263. सम0 क0 8, पृ0 737, 740, 742, 451
264. नेमिचन्द्र शास्त्री–हरिभद्र के प्राकृत कथा साहित्य का आलोचनात्मक परिशीलन, पृ0 360
265. सम0 क0 7, पृ0 612, 673
266. सम0 क0 5, पृ0 365–66–67, 376, 388, 398, 407, 416–17, 420; 8, पृ0 815, 831
267. वही, पृ0 365–66–67
268. सम0 क0 4, पृ0 231, 339
269. महाभाष्य 3, 3, 2, पृ0 246, 1, 2, 3, पृ0 608
270. लीग (Ligge)–ट्रेवेल्स आफ फाहियान, पृ0 54
271. सम0 क0 4, पृ0 234, 257, 268, 270, 361
272. वही, पृ0 267
273. सम0 क0 5, पृ0 398–99
274. इपि0 इण्डि0 4, पृ0 119
275. विशाख वर्मा का कोरासंद–ताम्रपत्र, इपि0 इंडि0 21, पृ0 23–24
276. सम0 क0 4, पृ0 257, 269, 271, 283–84–85–86
277. भगवती सूत्र 2 । 1 । 90; 9 । 33 । 386; 15 । 1 । 556; निशीथ चूर्णी 2, पृ0 466; 4, पृ0 103
278. कनिंघम–ऐंसियन्ट ज्योग्राफी आफ इंडिया, पृ0 469; देखिए–वी0सी0 ला–हिस्टारिकल ज्योग्राफी आफ ऐंसियन्ट इंडिया, पृ0 125
279. जे0सी0 सिकदार–स्टडीज इन भगवती सूत्र, पृ0 535

280. जगदीश चन्द्र जैन–जैनागम साहित्य में भारतीय समाज, पृ0 485
281. सम0क0 2, पृ0 127, 175
282. कनिंघम–ऐंसियन्ट ज्योग्राफी आफ इंडिया, पृ0 702
283. भगवती सूत्र 11 । 9 । 417; 11 । 1 । 428; 16 । 5 । 577
284. रामायण 2, 68, 13; मार्कण्डेय पुराण, अध्याय 57; भागवत पुराण 13, 6
285. आदि पुराण 8 । 223; 43 । 76
286. नेमिचन्द्र शास्त्री–आदि पुराण मे ंप्रतिपादित भारत, पृ0 94
287. सम0 क0 1, पृ0 9, 43; 9 पृ0 970–71
288. निशीथ चूर्णी 3, पृ0 150; 4, पृ0 229
289. जगदीश चन्द्र जैन–जैनागम साहित्य में भारतीय समाज, पृ0 461
290. पत्तनं तत्समुद्रान्तेयत्रौभिवतीर्यते–आदिपुराण 16 ।172
291. क्रय–विक्रय संयुक्तमन्धितीर समाश्रितम्। देशान्तर गतजनैर्नाजातिभिरन्वितम्। पत्तनं तत् समाख्यातं वैश्यैरर्ध्युक्तिं तु यत्।–मानसार, नवम अध्याय।
292. पत्तनं शकटैर्गम्यं घोरकैनाभिरेव च।

    नौभिरेव तु यद् गम्यं पट्टनं तत् प्रचक्षते। व्यवहार सूत्र भाग 3, पृ0 127
293. सम0 क0 6, पृ0 509–घरणेवि–उत्तरावहतिलयभूयं अयलउरं नामपट्टणं।
294. सम0 क0 4, पृ0 277–अत्थि इहेव भारहेवासे उत्तरावहे विसये जन्नणयं नाम पट्टणं।
295. वही, पृ0 277– 'गज्जणय सामिणो वीरसेणस्स समीवे।'
296. सम0 क0 3, पृ0 174
297. सम0 क0 8, पृ0 737–इओ य उत्तरावहे विसये संखउरे पट्टणों संखायणो नाम राया।'

298. सम0 क0 1, पृ0 56; 4, पृ0 241–42; 5, पृ0 367–68–69, 398, 407, 415–16, 420; 6, पृ0 596, 599; 7, पृ0 652, 671
299. पुत्रवनसुत्त 1, 37, पृ0 55
300. जगदीश चन्द्र जैन–जैनागम साहित्य में भारतीय समाज, पृ0 465–66
301. वही
302. कनिंघम–ऐंसियन्ट ज्योग्राफी आफ इंडिया, पृ0 577–78
303. वही, पृ0 732
304. वाटर्स–आन युवांग च्वांग, 2, 190
305. भगवती सूत्र 3। 1। 134
306. कथासरित्सागर–अध्याय 24; महावंश 11, 38; 19, 6
307. महाभारत–भीष्म पर्व, 9, 57; रघुवंश 4। 38
308. सम0 क0 6, पृ0 539
309. वही, पृ0 510, 515, 529, 536
310. वी0 सी0 ला–सम जैन कैनानिकलल सूत्र, पृ0 177
311. सम0 क0 5, पृ0 445; 6, 545
312. वही, पृ0 445 (मलय सानु)
313. सम0 क0 7, पृ0 656
314. सम0 क0 5, पृ0 412; 7, 680
315. सम0 क0 4, पृ0 285
316. सम0 क0 5, पृ0 401
317. सम0 क0 8, पृ0 499, 821
318. आदि पुराण 30। 92
319. महावंश 19, 6–हिन्दी संस्करण, हिन्दी साहित्य सम्मेलन, प्रयाग।
320. महाभारत–आदि पर्व 208। 7; सभा पर्व 10। 31; वन पर्व 104। 6;

विराटपर्व 6 । 17

321. सम0 क0 2, 107 (विजये सुंसुमारे रण्णे सुंसुमार गिरिम्मि)
322. घोस–अर्ली हिस्ट्र आफ कौशाम्बी, पृ0 32
323. सम0 क0 2, पृ0 136
324. जगदीश चन्द्र जैन–जैनागम साहित्य में भारतीय समाज, पृ0 467
325. वी0सी0 ला–हिस्टारिकल ज्योग्राफी आफ ऐंसियन्ट इंडिया, पृ0 194
326. वही
327. वही
328. सम0 क0 1, पृ0 49
329. सम0 क0 5, पृ0 411, 455, 460, 462, 463; 6, पृ0 500, 581–82, 495, 595; 8, पृ0 736
330. नेमिचन्द्र शास्त्री–हरिभद्र के प्राकृत कथा साहित्य का आलोचनात्मक परिशोलन, पृ0 356।
331. सम0 क0 5, पृ0 438, 441–82–43–44–45, 449, 455, 8, पृ0 821, 846
332. भागवत पुराण, 5 । 19 । 16; 1 । 8 । 32; 6 । 3 । 35; 12 । 8 । 16; मत्स्य पुराण 61 । 37, 1 । 12; देखिए–रघुवंश 4 । 46
333. वी0सी0 ला–हिस्टारिकल ज्योग्राफी आफ ऐंसियन्ट इंडिया, पृ0 206
334. ज्योग्राफिकल डिक्शनरी आफ ऐंसियन्ट एण्ड मेडिवल इंडिया, पृ0 71
335. सम0 क0 3, पृ0 198; 4, पृ0 296
336. कालिका पुराण, अध्याय 13, 23; भागवत पुराण 4, 23–24
337. वी0 सी0 ला–हिस्टारिकल ज्योग्राफी आफ ऐंसियन्ट इंडिया, पृ0 279
338. वर्ने–भागलपुर, बिहार डिस्ट्रिक्ट गजेटियर, पृ0 162–63
339. सम0 क0 5, पृ0 470
340. कूर्म पुराण, पृ0 478, श्लोक 14।

341. मार्कण्डेय पुराण, बंगवासं एडीशन, पृ0 240
342. धम्मपद 1, 107; जातक 1, 203
343. वी0 सी0 ला–हिस्टारिकल ज्योग्राफी आफ ऐंसियन्ट इंडिया, पृ0 131
344. वी0 सी0 ला–ज्योग्राफी आफ अर्ली बुद्धिज्म, पृ0 42
345. सम0 क0 6, पृ0 545; 7, पृ0 648
346. वी0 सी0 ला–हिस्टारिकल ज्योग्राफी आफ ऐंसियन्ट इंडिया, पृ0 220
347. भरत सिंह उपाध्याय–बुद्धकालीन भारतीय भूगोल, पृ0 182
348 कनिंघम–ऐंसियन्ट ज्योग्राफी आफ इंडिया, पृ0 531
349. सम0 क0 2, पृ0 125; 3, पृ0 169, 172
350. सम0 क0 2, पृ0 125; 6, पृ0 501; 7, पृ0 671; 8, पृ0 798–799, 801
351. आदि पुराण 29 । 88
352. पद्य पुराण–उत्तर काण्ड, श्लोक 35–38; मेघदूत–पूर्वमेघ, 19
353. दशकुमार चरित, पृ0 18
354. ला–ज्योग्राफिकल एसेज, 107
355. वी0सी0 ला–हिस्टारिकल ज्योग्राफी आफ ऐंसियन्ट इंडिया, पृ0 355
356. टालेमीज ऐंसियन्ट इंडिया, पृ0 77
357. सम0 क0 8, पृ0 801
358. सम0 क0 2, पृ0 125; 4, पृ0 300, 6, पृ0 516
359. सम0 क0 4, पृ0 310
360. सम0 क0 2, पृ0 107 (विजये सुंसुमार रण्णे सुंसुमार गिरिम्म), 108
361. बी0सी0 ला–हिस्टारिकल ज्योग्राफी आफ ऐंसियन्ट इंडिया, पृ0 152
362. मज्झिम निकाय, 1, 332–8; 2, 91–97
363. घोष–अर्ली हिस्ट्री आफ कौशाम्बी, पृ0 32; तथा भरत सिंह उपाध्याय–बुद्धकालीन भारतीय भूगोल, पृ0 336

364. सम0 क0 6, पृ0 502 (हिमवन्त पव्वय गयस्स दरिह रूग्गयं)

365. जम्बूद्वीप प्रज्ञप्ति, 1, 9; आदिपुराण 29 | 64

366. मलालशेखर–डिक्शनरी ऑफ पाली प्रापर नेप्स, 1, 1325

367. ऋग्वेद 10 | 121 | 4; अथर्ववेद 12 | 1 | 2; मारकण्डेय पुराण, 54, 24, 57, 59

368. टालेमीज ऐंसियन्ट इंडिया, पृ0 19

369. नेमिचन्द्र शास्त्री–आदि पुराण में प्रतिपादित भारत, पृ0 111

370. सम0 क0 2, पृ0 156; 3, पृ0 198; 4, पृ0 234

371. ऋग्वेद 10 | 75 | 5

372. महाभारत–आदि पर्व, 170, 22; भागवत पुराण 4, 6, 24; 11, 29, 42

373. भागवत पुराण 3, 5, 1; 10, 75, 8

374. रघुवंश 7 | 36; 8 | 95; 10 | 26

375. तैत्तिरीय आरण्यक 2 | 20

376. पद्यपुराण, स्वर्ग काण्ड, अध्याय 2, श्लोक 68

377. यन0 एल0 डे0–ज्योग्राफिकल डिक्शनरी, पृ0 79;
देखिए–बी0सी0 ला–हिस्टारिकल ज्योग्राफी आफ ऐंसियन्ट इंडिया, पृ0 89

378. सम0 क0 2, पृ0 148

379. वृहद् संहिता 14, 19; अष्टाध्यायी–4 | 3 | 32–33; 4 | 3 | 94

380. लीग (Legge)–फाहियान, पृ0 26

381. बी0सी0 ला–हिस्टारिकल ज्योग्राफी आफ ऐंसियन्ट इंडिया, पृ0 127

382. जे0 सी0 सिकदार–स्टडीज इन भगवती सूत्र, पृ0 551–52

383. चन्द्र का मेहरौली स्तम्भ–'तीर्त्वा सप्तमुखानिकृकृकृसिन्धोः'
देखिए–डी0सी0 सरकार–सेलेक्ट इन्सक्रिप्सन्स, पृ0 275

384. सम0 क0 4, पृ0 318–19

385. मेघदूत–पूर्वमेघ 27–29

386. रघुवंश–6। 3 मेघदूत–पूर्व मेघ 27, 29, 31

387. वी0सी0 ला–हिस्टारिकल ज्योग्राफी आफ ऐंसियन्ट इंडिया, पृ0 387–88

388. स्कन्द पुराण, अध्याय 56

389. आवश्यक चूर्णी, पृ0 544

390. सम0 क0 6, पृ0 544; देखिए–जैन धर्म का मौलिक इतिहास, पृ0 397–399

3

प्राचीन भारतीय इतिहास के प्रमुख काल

1. पुरातात्विक स्रोत

प्राचीन भारतीयों द्वारा लिखित क्रमबद्ध इतिहास के ग्रन्थ यद्यपि आजकल उपलब्ध नहीं है, पर ऐसी बहुत सी सामग्री हमें अवश्य प्राप्त है, जिसका उपयोग कर भारत का प्राचीन इतिहास तैयार किया जा सकता है।

प्राचीन भारत के अध्ययन के लिए पुरातात्विक सामग्री का विशेष महत्व है। उसके तीन प्रमुख कारण है। पहला यह कि भारतीय ग्रंथों का रचना–काल ठीक से ज्ञात नहीं है, इसलिए उनसे किसी काल विशेष की सामाजिक एवं आर्थिक स्थिति का ज्ञान नहीं होता। दूसरे, साहित्यिक साधनों में लेखक का दृष्टिकोण भी बहुधा सही चित्र प्रस्तुत करने में बाधक हो जाता है। उदाहरण के लिए चीनी यात्रियों ने भारतीय समाज का वर्णन केवल बौद्ध दृष्टिकोण से ही किया, इसलिए उनके वर्णन पूर्ण रूप से ठीक नहीं है। तीसरे, ग्रंथों की प्रतिलिपि करने वालों ने अपनी इच्छानुसार अनेक प्राचीन प्रकरणों को छोड़ दिये और नए प्रकरण जोड़ दिए। पुरातात्विक सामग्री में इस प्रकार की हेर–फेर करने की बहुत कम

संभावना थी, इसलिए पुरातात्विक स्रोत अधिक विश्वसनीय है।[1]

अभिलेख : पुरातात्विक स्रोतों के अंतर्गत सबसे अधिक महत्वपूर्ण स्रोत अभिलेख है। प्राचीन भारत के अधिकतर अभिलेख पत्थर या धातु की चादरों पर खुदे मिले हैं, अतः उनमें साहित्य की भांति हेर–फेर करना संभव नहीं था। यद्यपि सभी अभिलेखों पर उनकी तिथि अंकित नहीं है, फिर भी अक्षरों की बनावट के आधार पर उनका काल मोटे रूप में निर्धारित हो जाता है। सबसे प्राचीन अभिलेख अशोक के हैं। केवल भूतपूर्व निजाम के राज्य में स्थित मास्की नामक स्थान और गुज्जर्रा (मध्य प्रदेश) से प्राप्त अभिलेखों में अशोक के नाम का स्पष्ट उल्लेख है। अशोक के अन्य अभिलेखों में उसे देवताओं का प्रिय, प्रियदर्शी राजा कहा गया है। इन अभिलेखों से अशोक के धर्म और राजत्व के आदर्श पर पर्याप्त प्रकाश पड़ता है। अशोक के अधिकतर अभिलेख 'ब्राह्मी लिपि' में हैं जिससे भारत की हिंदी, पंजाबी, बंगाली, गुजराती और मराठी, तमिल, तेलगु, कन्नड़ आदि सभी भाषाओं की लिपियों का विकास हुआ था। केवल उत्तर–पश्चिमी भारत में मिले कुछ अभिलेख 'खरोष्ठी लिपि' में है। खरोष्ठी लिपि फारसी लिपि की भांति दाईं से बाईं ओर को लिखी जाती थी। ब्राह्मी लिपि को सबसे पहले 1837 ई0 में प्रिंसेप नामक विद्वान ने पढ़ा था। इनके अतिरिक्त अशोक के ही कुछ अभिलेख अरामाइक लिपि में है।

अशोक के बाद के अभिलेखों को हम दो वर्गों में बांट सकते है– सरकारी अभिलेख और निजी अभिलेख। सरकारी अभिलेख या तो राजकवियों की लिखी हुई प्रशस्तियाँ है या भूमि–अनुदान–पत्र। प्रशस्तियों का प्रसिद्ध उदाहरण समुद्र गुप्त का प्रयाग अभिलेख है जो अशोक–स्तम्भ पर उत्कीर्ण है। इस प्रशस्ति में समुद्र गुप्त की विजयों और नीतियों का पूरा विवेचन मिलता है। इसी प्रकार राजा भोज की ग्वालियर प्रशस्ति में इस शासक की उपलब्धियों का विवेचन है। इस प्रकार के अभिलेखों के अन्य उदाहरण कलिंगराज खारवेल का हाथीगुंफा अभिलेख, गौतमी बेलश्री का नासिक अभिलेख, रूद्रदामा का गिरनार शिलालेख, स्कंद गुप्त

का भीतरी स्तंभ लेख और जूनागढ़ शिलालेख, बंगाल के शासक विजयसेन का देवपाड़ा अभिलेख और चालुक्य नरेश पुलकेशी द्वितीय का ऐहोल अभिलेख है।

भूमि–अनुदान–पत्र अधिकतर तांबे की चादरों पर उत्कीर्ण है। इन अनुदान–पत्रों में भूमिखंडों की सीमाओं के उल्लेख के साथ–साथ उस अवसर का वर्णन है जब वह भूमिखंड दान में दिया गया। इन अनुदान–पत्रों में शासकों की उपलब्धियों का भी वर्णन मिलता है। परंतु इन प्रशस्तियों और अनुदान–पत्रों में राजकवियों ने कुछ अतिश्योक्ति भी की है। अतः उनके वर्णन को इतिहासकार को पूर्णतया सत्य नहीं मान लेना चाहिए। बड़ी संख्या में पूर्व मध्यकालीन भूमि–अनुदान पत्र मिलने से यह निष्कर्ष निकाला गया कि भारत में पूर्व मध्यकाल (लगभग 600–1200 ई0) में सामंतीय अर्थव्यवस्था स्थापित हो गई थी।

जो अभिलेख चट्टानों या स्तंभों पर खुदे हैं उनके प्राप्ति–स्थानों से उस शासक के राज्य की सीमाओं का भी अनुमान लगाया जाता है, जैसे कि अशोक के अभिलेखों के प्राप्ति–स्थानों से उसके राज्य विस्तार पर प्रकाश पड़ता है।

निजी अभिलेख बहुधा मंदिरों में या मूर्तियों पर उत्कीर्ण है। इन पर दो तिथियाँ खुदी हैं उनसे इन मंदिरों के निर्माण या मूर्ति–प्रतिष्ठापन का समय ज्ञात होता है। इस प्रकार इन अभिलेखों से मूर्ति–कला और वास्तु–कला के विकास पर प्रकाश पड़ता है और तत्कालीन धार्मिक दशा की जानकारी प्राप्त होती है। इन अभिलेखों से भाषाओं के विकास पर भी प्रकाश पड़ता है। उदाहरण स्वरूप गुप्त काल से पहले के अधिकतर अभिलेख प्राकृत भाषा में है और उनमें ब्राह्मणेत्तर धार्मिक संप्रदायों, जैसे कि बौद्ध धर्म और जैन धर्म का उल्लेख है। गुप्त एवं गुप्तोत्तर काल के अधिकतर अभिलेख संस्कृत में हैं और उनमें विशेष रूप से ब्राह्मण धर्म का उल्लेख है।

निजी अभिलेखों से तत्कालीन राजनीतिक दशा का भी ज्ञान होता है क्योंकि उनमें तत्कालीन शासकों का भी बहुधा उल्लेख होता है। उनमें कुछ उच्च पदाधिकारियों के पदों, तत्कालीन करों आदि का भी उल्लेख होता है।

कुछ अभिलेखों से उन तथ्यों की पुष्टि होती है जिनका उल्लेख हमें साहित्य में मिलता है, जैसे कि हमें पतंजलि के महाभाष्य से ज्ञात होता है कि पुष्यमित्र शुंग ने अश्वमेघ यज्ञ किए थे। उसी के वंशज धनदेव के अयोध्या अभिलेख से इस तथ्य की पुष्टि होती है। कुछ अभिलेखों से हमें नए तथ्य मालूम होते हैं, जैसे कि समुद्र गुप्त के प्रयागस्तंभ अभिलेख और खारवेल के हाथीगुंफा अभिलेख से हमें इन शासकों की उपलब्धियों का ज्ञान होता है। रूद्रदामा का जूनागढ़ शिलालेख यह बतलाता है कि उसका राज्य विस्तार क्या था। सातवाहन राजाओं का तो पूरा इतिहास ही उनके अभिलेखों के आधार पर लिखा गया है। साहित्य से इन शासकों की उपलब्धियों पर बहुत कम प्रकाश पड़ता है। इसी प्रकार दक्षिण भारत के पल्लव, चालुक्य, राष्ट्रकूट, पांड्य और चोल वंशों का इतिहास लिखने में इन शासकों के अभिलेख बहुत उपयोगी सिद्ध होते हैं।

विदेशों से प्राप्त कुछ अभिलेखों से भी भारतीय इतिहास पर पर्याप्त प्रकाश पड़ा है। एशिया माइनर में बोगजकोई नामक स्थान पर लगभग ईसा पूर्व 1400 का संधिपत्र अभिलेख मिला है। इनमें मित्र, वरूण, इंद्र और नासत्य आदि वैदिक देवताओं के नाम दिए हैं। इससे ज्ञात होता है कि वैदिक आर्यों के वंशज एशिया माइनर में भी रहते थे। इसी प्रकार मिस्र में तेलू अल–अमनों में मिट्टी की कुछ तख्तियाँ मिली है जिनपर बेबीलोनिया के कुछ शासकों के नाम खुदे हैं जो (नाम) ईरान और भारत के आर्य शासकों के नामों जैसे है। पर्सिपोलिस और बेहिस्तून अभिलेखों से पता चलता है कि ईरानी सम्राट दारा प्रथम ने सिंधु नदी की घाटी पर अधिकार कर लिया था।

उपर्युक्त विवेचन से स्पष्ट है कि प्राचीन भारत का राजनीतिक इतिहास लिखने में भारतीय और विदेशी अभिलेख बहुत उपयोगी सिद्ध हुए है। प्राचीन भारत की सामाजिक, धार्मिक एवं आर्थिक दशा का अध्ययन करने के लिए भी जो साहित्यिक साक्ष्य उपलब्ध है उनकी पुष्टि अभिलेखों से हुई है।

सिक्के : पुरातात्विक सामग्री में सिक्कों का स्थान भी कुछ कम महत्वपूर्ण नहीं है। भारत के प्राचीनतम सिक्कों पर अनेक प्रकार के चिन्ह उत्कीर्ण है। उनपर किसी प्रकार के लेख नहीं है। ये सिक्के 'आहत सिक्के' कहलाते है। इनपर जो चिन्ह बने हैं उनका ठीक–ठीक अर्थ ज्ञात नहीं है। इन सिक्कों को राजाओं के अतिरिक्त संभवतः व्यापारियों, व्यापारिक श्रेणियों और नगर–निगमों ने चालू किया था। इनसे इतिहासकारों को विशेष सहायता नहीं मिली है किंतु जब उत्तर–पश्चिमी भारत पर बैक्ट्रिया के हिंद–यूनानी शासकों ने अधिकार कर लिया और सिक्का–लेखों वाले अपने सिक्के चलाए तो भारतीय शासक भी सिक्का–लेख वाले सिक्के चलाने लगे। इन सिक्कों पर सिक्का–लेख के अतिरिक्त बहुधा सिक्के को चालू करने वाले शाासक की आकृति भी होती थी। ये सिक्के प्राचीन भारत का राजनीतिक इतिहास लिखने में बहुत उपयोगी सिद्ध हुए हैं। उदाहरण के लिए यूनान और रोम के इतिहासकारों ने केवल चार या पांच हिंद–यूनानी शासकों का उल्लेख किया है किन्तु इनके सिक्कों के आधार पर इनके राज्यकाल का पूरा इतिहास लिखना संभव हो सका है। यूनानी शासकों के बाद जिन शक और पह्लव और कुषाण शासकों ने उत्तर–पश्चिमी भारत में शासन किया उन्होंने भी यूनानियों के अनुरूप सिक्के चलाए। इसके बाद भारतीय राजतंत्र और गणतंत्र राज्यों के शासकों ने भी ऐसे ही सिक्के चलाए। पांचाल के मित्र शासकों और मालव तथा यौधेय आदि गणराज्यों का पूरा इतिहास उनके सिक्कों के आधार पर ही लिखा गया है। गुप्त सम्राटों का इतिहास अधिकर उनके अभिलेखों के आधार पर लिखा गया है, किंतु उनके सिक्कों से भी उनकी

उपलब्धियों पर पर्याप्त प्रकाश पड़ा है। गुप्त साम्राज्य के पतन के बाद के भारत के इतिहास को जानने के लिए तत्कालीन सिक्के बहुत कम उपयोगी सिद्ध हुए हैं क्योंकि हर्ष जैसे प्रसिद्ध शासक के तथा चालुक्य, राष्ट्रकूट प्रतीहार और पालवंश के शासकों के बहुत कम सिक्के मिले हैं।

सिक्के यदि बड़ी संख्या में एक स्थान पर मिले तो यह अनुमान लगाया जाता है कि सिक्को का प्राप्ति–स्थान उस शासक के राज्य का भाग था। यदि सिक्कों पर कोई तिथि उत्कीर्ण हो तो उसका राज्यकाल पता चल जाता है। सिक्कों के पृष्ठ भाग पर जिस देवता की आकृति बनी हो उससे शासक के धार्मिक विचार जाने जाते हैं। सिक्कों में जब सोने की अपेक्षा खोट की मात्रा अधिक होती है तो यह अनुमान लगाया जाता है कि उस समय उस राज्य की आर्थिक दशा अच्छी नहीं थी। गुप्त राजाओं के सिक्कों से हमें उनके काल की कुछ प्रमुख घटनाओं की जानकारी मिलती है। उदाहरण के तौर पर समुद्र गुप्त के कुछ सिक्कों पर यूप बना है और 'अश्वमेघ पराक्रम' शब्द खुदे हैं। इससे इस बात की पुष्टि होती है कि उसने अश्वमेध यज्ञ किया था। चंद्रगुप्त के चांदी के सिक्कों से यह अनुमान लगाया गया है कि उसने शकों को पराजित किया होगा क्योंकि उस समय चांदी के सिक्के केवल पश्चिमी भारत में ही चलते थे। गुप्तकालीन सिक्के बहुत कलात्मक है। इन सिक्कों में तत्कालीन जनता की साहित्य और कला में रूचि की झलक स्पष्ट दृष्टिगोचर होती है।[2]

यद्यपि मुद्राओं में सांस्कृतिक, राजनीतिक तथा सामाजिक महत्व की अनेक सूचनाएं मिलती हैं किन्तु यह नकारा नहीं जा सकता कि मुद्रा प्रणाली का आगमन मानव की आर्थिक प्रगति का एक महत्वपूर्ण चरण है और मुद्राशास्त्र का प्रयोग मुख्यतः आर्थिक इतिहास के गठन के लिए होना चाहिए, जो दुर्भाग्य से भारत में हो नहीं रहा। सिक्कों का भिन्न–भिन्न धातुओं में पाया जाना, धातुओं की मात्रा का निर्धारण, सिक्कों के भार–मानक का निर्धारण, सिक्कों की प्रधानता एवं अनुपस्थिति–

ये सभी प्राचीन भारत के आर्थिक इतिहास लेखन को नई दिशा प्रदान कर सकते हैं और इस दिशा में डॉ0 कोशांबी ने आहत मुद्राओं का जो अध्ययन प्रस्तुत किया है वह विशेष महत्व देखता है।

स्मारक और भवन : प्राचीन काल के महलों और मंदिरों की शैली से वास्तुकला के विकास पर पर्याप्त प्रकाश पड़ा है। उदाहरण के लिए उत्तर भारत के मंदिरों की कुछ अपनी विशेषताएं है। उनकी कला की शैली 'नागर शैली' कहलाती है। दक्षिण भारत के मंदिरों की कला 'द्रविड़ शैली' कहलाती है। दक्षिणापथ के मंदिरों के निर्माण में नागर और द्राविड़ दोनों शैलियों का प्रभाव पड़ा, अतः वह 'वेसर शैली' कहलाती है। इस प्रकार स्मारकों और भवनों से वास्तुकला के विकास के अध्ययन में बहुत सहायता मिलती है। मंदिरों, स्तूपों और विहारों से तत्कालीन धार्मिक विश्वासों का पता चलता है। दक्षिण–पूर्वी एशिया और मध्य एशिया में जो मंदिरों और स्तूपों के अवशेष मिले हैं उनसे भारतीय संस्कृति के प्रसार पर महत्वपूर्ण प्रकाश पड़ा है। जावा का स्मारक 'बोरो बुदूर' इस बात का प्रमाण है कि नवीं शताब्दी में वहां महायान बौद्ध धर्म बहुत लोकप्रिय हो गया था। इस प्रकार कला के माध्यम से हम भारत और विदेशों के सांस्कृतिक संबंधों का अध्ययन करते हैं।[3]

मूर्तियां : इसी प्रकार प्राचीन काल में कुषाणों, गुप्त शासकों और गुप्तोत्तर काल में जो मूर्तियाँ बनाई गई उनसे जनसाधारण की धार्मिक आस्थाओं और मूर्तिकला के विकास पर बहुत प्रकाश पड़ा है। कुषाण काल की मूर्तिकला में विदेशी प्रभाव अधिक है। गुप्त काल की मूर्तिकला में अंतरात्मा तथा मुखाकृति में जो सामंजस्य है वह अन्य किसी काल की कला में नहीं मिलता। गुप्तोत्तर काल की कला में सांकेतिकता अधिक है जिसे कला में निपुण व्यक्ति ही समझ सकते थे। उसमें वह स्वाभाविकता नहीं है जो गुप्त काल की मूर्तिकला में मिलती है। प्राचीन भारत की मूर्तिकला से जनसाधारण के जीवन पर भी पर्याप्त प्रकाश पड़ा है। भारहुत, बोधगया, सांची और अमरावती की मूर्तिकला में जनसाधारण के

जीवन की अति सजीव झांकी मिलती है।

चित्रकला : इसी प्रकार अजंता के चित्रों में मनोभावों की सुदूर अभिव्यक्ति मिलती है। चित्रकला ने 'माता और शिशु' या 'मरणासन्न राजकुमारी' जैसे चित्रों में ऐसे मनोभावों का चित्रण किया है जो शाश्वत हैं और जो किसी देश या काल विशेष की बपौती नहीं है। उनसे गुप्त काल की कलात्मक उन्नति का पूर्ण आभास मिलता है। जीवन और कला का अन्योन्याश्रय संबंध है। चित्रकला से हमें तत्कालीन जीवन की झलक देखने को मिलती है।

अवशेष : बस्तियों के स्थलों के उत्खनन से जो अवशेष मिले हैं उउनसे प्रागितिहास और आद्य इतिहास पर बहुत प्रकाश पड़ा है।[4] आदि मानव ने किस प्रकार उपलब्ध प्राकृतिक साधनों का उपयोग करके अपने जीवन को सुखमय बनाने का प्रयत्न किया, इसकी जानकारी हमें उसकी बस्तियों से प्राप्त पत्थर और हड्डी के औजारों, मिट्टी के बर्तनों, मकानों के खंडहरों से ही होती है। उदाहरण के लिए पाकिस्तान में सोहन नदी की घाटी में पुरापाषाण युग से मिले पत्थर के खुरदरे औजारों से अनुमान लगाया गया है कि भारत में आदि मानव ईसा से 4 लाख वर्ष पूर्व रहता था। ईसा से 10 हजार से 6 हजार वर्ष पूर्व के काल में मानव के जीवन में बड़े क्रांतिकारी परिवर्तन हुए। वह खेती करने लगा, पशु पालने लगा, मिट्टी के बर्तन बनाने लगा, पत्थर के चिकने औजार बनाने लगा और कपड़ा बुनना सीख गया। इस नवपाषाण युग की जानकारी हमें उसके अवशेषों से ही हुई है। किस प्रकार जंगली फसलों से उसने खेती करना सीखा, वह अधिक पशुओं को पैदा करने लगा, उसने अधिक भूमि पर अधिकार कर लिया और उसकी जनसंख्या में वृद्धि हुई–इस विकास–प्रक्रिया की पूरी जानकारी हमें नवपाषाण युग के अवशेषों से ही हुई है।[5] जहां एक स्थान पर मनुष्यों की बस्तियों के कई स्तर निकलते हैं वहां उनसे सभ्यता के विकास–क्रम पर प्रकाश पड़ता है, जैसे कि कई स्थानों पर नीचे के स्तरों में हड़प्पा से पूर्व की संस्कृतियों के अवशेष मिले हैं और ऊपर के

स्तर पर हड़प्पा संस्कृति के। जिन–जिन स्थानों पर एक ही आकृति के मृद्भांड मिले हैं उन्हें इतिहासकार एक संस्कृति के अंतर्गत रखते हैं। मृदभांडों से संस्कृति के विकास–क्रम पर भी पर्याप्त प्रकाश पड़ा है, जैसे कि गंगा–यमुना दोआब में सबसे नीचे की सतह पर गेरूए रंग के मृद्भाण्ड मिले हैं। उनके ऊपर की सतहों में मृद्भाण्डों का क्रम यह है कि पहले काले और लाल मृद्भांड और फिर चित्रित भूरे रंग के मृद्भाण्ड मिले हैं।

अवशेषों में जो मुहरें मिली हैं उनसे भी प्राचीन भारत की इतिहास लिखने में बहुत सहायता मिली है। मोहन–जोदड़ों में 500 से अधिक मुहरें मिली थी। उन्हीं के आधार पर हड़प्पा संस्कृति के निवासियों के धार्मिक विश्वासों का अनुमान लगाया गया है। इसी प्रकार बसाड़ (प्राचीन वैशाली) में जो 274 मिट्टी की मुहरें मिली थी उनसे चौथी शताब्दी ईस्वीं में एक ऐसी श्रेणी का पता लगा जिसके साहूकार, व्यापारी और माल ढोने वाले सभी प्रकार के सदस्य थे। इस श्रेणी का कार्य वैशाली तक ही सीमित नहीं था। इसके सदस्य उत्तर भारत के अनेक नगरों के निवासी थे। संभवतः कुछ शिव और विष्णु के मंदिर भी अपनी संपत्ति का प्रबंध इसी श्रेणी के द्वारा कराते थे। इन मुहरों से यह निष्कर्ष निकलता है कि गुप्तकालीन आर्थिक व्यवस्था में श्रेणियों का बहुत महत्व था।[6]

अब पुरातत्ववेत्ता वैदिक साहित्य, महाभारत और रामायण में उल्लिखित स्थानों का उत्खनन करके उनकी भौतिक संस्कृति का चित्र प्रस्तुत करने का प्रयत्न कर रहे हैं। उदाहरण के लिए हस्तिनापुर की खुदाई के आधार पर डॉ0 वी0बी0 खान का मत है कि महाभारत में वर्णित कौरव–पांडवों का युद्ध लगभग ई0पू0 900 में हुआ। केवल साहित्यिक साक्ष्य से हमें प्राचीन भारत के जीवन का सही चित्र नहीं मिलता क्योंकि ग्रंथों के लिखे जाने का निश्चित समय हमें ज्ञात नहीं है। फिर साहित्यिक साक्ष्य में लेखक की कल्पना का पुट भी अवश्य रहता है। यह लेखक के अपने विचारों को प्रकट करता है, घटना को अपने यथार्थ रूप में नहीं।

इस प्रकार साहित्यिक साक्ष्य यद्यपि घटना का पूरा विवरण देता है, फिर भी वह लेखक के विचारों से प्रभावित अवश्य होता है। इसके अतिरिक्त कोई भी ग्रंथ विशेष रूप से देश के उस भाग की दिशा का वर्णन करता है जिसमें उसकी रचना हुई। पुरातात्विक साक्ष्य का साहित्यिक साक्ष्य के साथ तर्कसंगत संश्लेषण करके आधुनिक इतिहासकार सही चित्र प्रस्तुत करने का प्रयत्न कर रहा है। पुरातात्विक साक्ष्य से साहित्यिक साक्ष्य की पुष्टि नहीं होती, यह साक्ष्य उन कालों की घटनाओं पर भी प्रकाश डालता है जिनके विषय में हमें साहित्यिक साक्ष्य से कोई जानकारी नहीं मिलती और जिन्हें हम 'अंधकार युग' कहते थे–जैसे मौर्य काल की समाप्ति से लेकर गुप्तकाल के आरंभ से पूर्व का काल। पुरातात्विक साक्ष्य से संस्कृतियों के क्रमिक विकास पर भी पर्याप्त प्रकाश पड़ा है।

पुरातात्विक साक्ष्यों ने मानव की आर्थिक प्रगति के एक अन्य चरण पर भी महत्वपूर्ण प्रकाश डाला है। यह चरण भारत में लौह युग के आगमन से संबद्ध है। लोहे के प्रयोग का आरंभ एक महत्वपूर्ण तकनीकी उपलब्धि थी। लोहे के अवशेष भारत में बलूचिस्तान, उत्तर–पश्चिमी भारत, गंगा, यमुना के दोआब, पूर्वी भारत, मध्य भारत (मालवा और बरार) तथा दक्षिणी भारत में मिले है। इन छह केंद्रों में मध्य भारत का केंद्र सबसे प्राचीन प्रतीत होता है। पुरातात्विक साक्ष्य के आधार पर दिलीप कुमार चक्रवर्ती का मत है कि भारत में लोहे का प्रयोग ई0पू0 1100 में हुआ। साहित्यिक साक्ष्य से यह तिथि ई0पू0 700 के लगभग प्रतीत होती है। उनका विचार है कि मध्य और दक्षिण भारत में लोहे को पिघलाने की प्रक्रिया स्वतंत्र रूप से प्रारंभ हुई। भारत इसके लिए संभवतः हित्ती (हिट्टाइट) लोगों का ऋणी नहीं है। इन निष्कर्षों से भारत के विभिन्न क्षेत्रों में आर्थिक और सामाजिक विकास की प्रक्रिया को समझने में बहुत सहायता मिली है। इसका प्रमुख कारण यह है कि लोहे के प्रयोग से कृषि में क्रांतिकारी परिवर्तन हुए और जिन लोगों ने पहले लोहे के औजार और हथियारों का प्रयोग आरंभ किया वे लोहे का प्रयोग न करने वाले लोगों

से अधिक शक्तिशाली हो गए और समाज में उनका प्रधान स्थान हो गया।[7]

इस प्रकार पुरातात्विक साक्ष्य की सहायता से हम प्राचीन भारत के इतिहास को पहले की अपेक्षा अधिक तर्कसंगत ढंग से समझ सके हैं क्योंकि पुरातात्विक साक्ष्य से हम लेखक के काल्पनिक पुट को अलग कर सके है।

2. साहित्यिक स्रोत

प्राचीन भारतीयों में ऐतिहासिक बुद्धि पर्याप्त मात्रा में विद्यमान थी, इसकी पुष्टि इस बात से होती है कि वैदिक ऋषियों और बौद्ध, जैन आचार्यों की सूचियाँ विद्यमान है। किंतु प्राचीन भारतीयों की इतिहास–विषयक संकल्पना आधुनिक इतिहसकारों की संकल्पना से भिन्न होने के कारण हमें प्राचीन भारतीय साहित्य में कोई शुद्ध ऐतिहासिक ग्रंथ नहीं मिलते। वैसे युवान च्वांग ने लिखा है कि भारत के प्रत्येक प्रदेश में राजकीय अधिकारी प्रमुख घटनाओं को लिखते थे। महाकाव्यों और पुराणों में हमें राजवंशों की सूचियाँ मिलती है किंतु उनमें भी प्राचीन राजाओं के नाम कहाँ तक ऐतिहासिक हैं, यह कहना कठिन है।

प्राचीन भारतीय साहित्य को हम दो वर्गों में विभाजित कर सकते हैं : धार्मिक साहित्य और धर्मेत्तर साहित्य। धार्मिक साहित्य का हम तीन भागों में विवेचन करेंगे–ब्राह्मण साहित्य, बौद्ध साहित्य और जैन साहित्य। 'ब्राह्मण साहित्य' में सबसे प्राचीन ग्रंथ ऋग्वेद है। इस ग्रंथ से प्राचीन आर्यों के धार्मिक, सामाजिक एवं आर्थिक जीवन पर कुछ अधिक और राजनीतिक जीवन पर कुछ कम प्रकाश पड़ता है। उत्तरवैदिक काल (लगभग 1000 ई0पू0 से 600 ई0पू0) के आर्यों के जीवन का अध्ययन करने के लिए इतिहासकार यजुर्वेद, सामवेद व अथर्ववेद संहिताओं का उपयोग करते हैं। इन तीनों संहिताओं में यजुर्वेद और सामवेद के अधिकतर मंत्र ऋग्वेद से ही लिए गए है, इसलिए अथर्ववेद का ही विशेष

महत्व है। अथर्ववेद में हमें उस समय के समाज का चित्र मिलता है जब आर्यों ने अनार्यों के अनेक धार्मिक विश्वासों को अपना लिया था। सभी वेदों के अलग–अलग ब्राह्मण ग्रंथ है। ये गद्य में हैं और कर्मकांड की पद्धति का उल्लेख करते हैं किंतु इनसे हमें उत्तर वैदिक काल के आर्यों के विस्तार और उनके धार्मिक विश्वासों की जानकारी मिलती है : उपनिषद् भी इसी काल की रचनाएं हैं। इनसे हमें आर्यों के प्राचीनतम दार्शनिक विचारों का ज्ञान होता है, जैसे कि सृष्टि की रचना किसने की? जीव क्या है? मृत्यु के उपरांत जीव का क्या होता है? आदि। उपनिषदों की सर्वश्रेष्ठ शिक्षा यह है कि जीवन का उद्देश्य मनुष्य की आत्मा का विश्व की आत्मा से मिलना है। उसी से मनुष्य को वास्तविक सुख मिल सकता है। इसकी 'पराविद्या' या 'अध्यात्मविद्या' कहा गया है। उपनिषदों में ईश, केन, कठ, प्रश्न, मुण्डक, माण्डूक्य, ऐतरेय, तैत्तिरीय, श्वेताश्वर, छान्दोग्य वृहदारण्यक, मैत्रायगी और कौषीतकी महत्वपूर्ण है।'

वैदिक काल के अंत में वेदों का अर्थ ठीक प्रकार से समझने के लिए वेदांगों की रचना हुई। वेदों में छह अंग हैं–शिक्षा, कल्प, व्याकरण, निरूक्त, छंद और ज्योतिष।[8] वैदिक स्वरों का शुद्ध उच्चारण करने के लिए 'शिक्षा शास्त्र' का निर्माण हुआ। ऐसे सूत्र जिनमें विधि और नियमों का प्रतिपादन किया गया है, 'कल्पसूत्र' कहलाते है। कल्पसूत्रों के तीन भाग है : श्रौत सूत्र, गृह्य सूत्र और धर्म सूत्र। श्रौत सूत्र में यज्ञ–संबंधी नियमों का उल्लेख है। गृह्य सूत्रों में मनुष्यों के लौकिक तथा पारलौकिक कर्तव्यों का विवेचन है। धर्म सूत्रों में धार्मिक, सामाजिक एवं राजनीतिक कर्तव्यों का उल्लेख है। व्याकरण–ग्रंथों में सबसे महत्वपूर्ण पाणिनिकृत अष्टाध्यायी है। ई0पू0 दूसरी शती में पतंजलि ने अष्टाध्यायी पर महाभाष्य नामक टीक लिखी जिसने हमें पुष्यमित्र शुंग के विषय में कुछ जानकारी मिलती है। यास्क ने निरूक्त (ई0पू0 पांचवीं शताब्दी) की रचना की। इसमें वैदिक शब्दों की व्युत्पत्ति का विवेचन है। वेदों में अनेक छंदों का प्रयोग मिलता है। इससे स्पष्ट है कि वैदिक काल में ही छंदशास्त्र का

बहुत विकास हो चुका था। ज्योतिष शास्त्र की भी प्राचीनकाल में बहुत उन्नति हुई।

सूत्र साहित्य के बाद स्मृतियों की रचना हुई। सबसे प्राचीन स्मृति मनु की है। इसका रचनाकाल ई0पू0 200 से 200 ई0 के बीच माना जाता है। याज्ञवल्क्य (100 ई0 से 300 ई0) कृत स्मृति एक अन्य महत्वपूर्ण ग्रंथ है। नारद (300 ई0 से 400 ई0) और पाराशर (300 ई0 से 500 ई0) की स्मृतियों से गुप्तकाल के सामाजिक व धार्मिक जीवन पर पर्याप्त प्रकाश पड़ा है। बृहस्पति (300 ई0 से 500 ई0) और कात्यायन (400 ई0 से 600 ई0) की स्मृतियाँ भी गुप्तकाल की ही रचनाएँ है।

महाकाव्यों में रामायण और महाभारत सबसे अधिक महत्वपूर्ण है। पहली या दूसरी शताब्दी में रामायण में केवल बारह हजार श्लोक थे। अपने वर्तमान रूप में रामायण संभवतः दूसरी शती ईस्वी के अंत में विद्यमान थी। महाभारत का रचनाकाल ई0पू0 400 से 400 ई0 के बीच माना जाता है। तब भी इन महाकाव्यों से उत्तर–वैदिक काल में आर्यों के जीवन के विषय में कुछ जानकारी मिलती है। वाल्मीकि रामायण में वर्णित व्यवसायों और भोजन के आधार पर देवराज चानना इस निष्कर्ष पर पहुंचे थे कि इस ग्रंथ में दो विभिन्न सांस्कृतिक स्तरों पर रहने वाले दो प्रमुख मानवीय वर्णों का वर्णन है। कृषि पर आधारित लोग वनों को साफ करके उन्हें कृषि योग्य बना रहे थे। इसी प्रकार महाभारत और मनुस्मृति का तुलनात्मक अध्ययन करके बी0 एस0 सुक्थंकर इस निष्कर्ष पर पहुंचे कि जिन भृगुवंश के लोगों ने मनुस्मृति की रचना की थी, उन्होंने भारत वंश की कथा के इतनी लोकप्रिय होने के कारण धर्म के मूल सिद्धांतों को प्रतिपादित करने वाले आख्यानों को इस कथा में जोड़कर इसे एक धर्मशास्त्र बना दिया क्योंकि उउस समय वैदिक साहित्य में प्रतिपादित सिद्धांतों को ठीक प्रकार से समझना जनसाधारण के लिए कठिन हो गया था।[9]

मुख्य पुराण अठारह है। इनमें मार्कण्डेय, ब्राह्मण्ड, वायु, विष्णु, भागवत और मत्स्य संभवतः प्राचीन पुराण हैं, शेष बाद की रचनाएं है। मत्स्य, वायु और विष्णु पुराणों में प्राचीन राजवंशों का वर्णन है। इन राजवंशों का जो वर्णन इन पुराणों में मिलता है वह एक–दूसरे से भिन्न है और वह कहीं–कहीं अन्य साधनों से प्राप्त साक्ष्य से मेल नहीं खाता। किंतु महाभारत युद्ध के पश्चात् जिन राजवंशों ने ईसा की छठी शताब्दी तक राज्य किया उनके विषय में जानकारी प्राप्त करने का एकमात्र साधन पुराण ही है। प्राचीन भारत का सांस्कृतिक इतिहास लिखने के लिए भी पुराण बहुत उपयोगी है। रोमिला थापर की हाल की रचनाओं ने पौराणिक प्रमाणों की उपयोगिता पर नवीन प्रकाश डाला है। उन्होंने वंशावलियों की तिथिक्रमता और ऐतिहासिक उपादेयता को सामाजिक–आर्थिक दृष्टिकोण से देखा है और कबीलों के संगठन, उनके उउपनिवेशन, आर्थिक आधार आदि को उजागर किया है। पुराण अपने वर्तमान रूप में संभवतः ईसा की तीसरी और चौथी शताब्दी में लिखे गए।

ब्राह्मण साहित्य से प्राचीन भारत के सामाजिक तथा सांस्कृतिक इतिहास पर पर्याप्त प्रकाश पड़ता है किंतु इससे राजनीतिक इतिहास की विशेष जानकारी नहीं मिलती।

बौद्ध साहित्य : भारतीय इतिहास के साधन के रूप में बौद्ध साहित्य का विशेष महत्व है। सबसे प्राचीन बौद्ध ग्रंथ त्रिपिटक है। इनके नाम है–सुत्तपिटक, विनयपिटक और अभिधम्मपिटक। गौतम बुद्ध के निर्वाण प्राप्त करने के बाद इनकी रचना हुई। सुत्तपिटक में बुद्ध के धार्मिक विचारों और वचनों का संग्रह है। विनयपिटक में बौद्ध संघ के नियमों का उल्लेख है और अभिधम्मपिटक में बौद्ध दर्शन का विवेचन है। त्रिपिटक में ईसा से पूर्व की शताब्दियों में भारत के सामाजिक व धार्मिक जीवन पर पर्याप्त प्रकाश पड़ता है। जातकों में बुद्ध के पूर्वजन्मों की काल्पनिक कथाएँ हैं। ईसा पूर्व पहली शताब्दी में जातकों की रचना आरंभ हो चुकी थी, यह तथ्य भारहुत और सांची के स्तूप की वेष्टनी पर उत्कीर्ण दृश्यों से

स्पष्ट है। परंतु जातकों में भी गद्यांशों की अपेक्षा पद्यांश अधिक प्राचीन है। गद्यांश भी संभवतः अपने वर्तमान रूप में ईसा की दूसरी शताब्दी में विद्यमान थे। लंका के इतिवृत्त महावंश और दीपवंश भी भारत के प्राचीन इतिहास पर बहुत प्रकाश डालते हैं। परंतु इन दोनों ही ग्रंथों में कपोलकल्पित और अतिरंजित सामग्री बहुत है। दीपवंश की रचना संभवतः चौथी और महावंश की पांचवीं शताब्दी में हुई। मिलिन्द पन्ह में यूनानी राजा मिनांडउर और बौद्ध भिक्षु नागसेन का दार्शनिक वार्तालाप है। इसमें ईसा की पहली दो शताब्दियों के उत्तर–पश्चिमी भारत के जीवन की झलक भी देखने को मिलती है। दिव्यावदान में अनेक राजाओं की कथाएं हैं। इसमें अनेक अंश चौथी शती ई0 तक जोड़े गए। आर्य– मंजु–श्री–मूल–कल्प में बौद्ध दृष्टिकोण से गुप्त सम्राटों का वर्णन मिलता है। बौद्ध साहित्य से भारत और विदेशों के सांस्कृतिक संबंधों पर बहुत प्रकाश पड़ा है। प्रारंभिक बौद्ध धार्मिक साहित्य से हमें प्राचीन भारत के सामाजिक तथा सांस्कृतिक जीवन की जानकारी तो मिलती ही है, छठी शती ई0पू0 की राजनीतिक दशा का भी पर्याप्त वर्णन उपलब्ध होता है। अंगुत्तर निकाय में जिन सोलह महाजनपदों का वर्णन मिलता है, वह कल्पना पर आधारित नहीं है। ये सोलह जनपद उस समय वस्तुतः विद्यमान थे।

जैन साहित्य : जैन आगमों में सबसे महत्वपूर्ण बारह अंग है। आचारांग सूत्र में जैन भिक्षुओं के आचार नियमों का उल्लेख है। भगवती सूत्र से महावीर के जीवन पर कुछ प्रकाश पड़ता है। नायधम्मकहा में महावीर की शिक्षाओं का संग्रह है। उवासगवसाओं में उपासकों के जीवन–संबंधी नियम दिए गए है। अंतगडदसाओ और अणुतरोववाइद्वसाओ में प्रसिद्ध भिक्षुओं की जीवनकथाएं है। विवागसुयमसुत में कर्मफल का विवेचन है। इन बाहर अंगों में प्रत्येक का उपांग भी है। इन पर अनेक भाष्य लिखे गए जो निर्युक्ति, चूर्णि, टीका कहलाते हैं। जैन आगमों का वर्तमान रूप एक सभा में निश्चित किया गया था जो 513 या 526 ई0 में वलभी से हुई थी। भगवती सूत्र में सोलह महाजनपदों का भी उल्लेख

है। भद्रबाहुचरित्र से चन्द्रगुप्त मौर्य के राज्यकाल की घटनाओं पर कुछ प्रकाश पड़ता है। ऐतिहासिक दृष्टि से वसुदेव हिण्डी, बहत्कल्प सूत्र भाष्य, आवश्यक चूर्णि, कालिकापुराण, कथा कोश महत्वपूर्ण जैन ग्रंथ है। परंतु सबसे महत्वपूर्ण हेमचंद्र कृत परिशिष्ट पर्व है जिसकी रचना ईसा की बारहवीं शताब्दी में हुई।

पूर्व मध्यकाल (लगभग 600 से 1200 ई0) में अनेक जैन कथाकोशों और पुराणों की रचना हुई, जैसे हरिभद्र सूरि (705 से 775 ई0) ने समरादित्यकथा, धूर्ताख्यान और कथाकोश, उद्योतन सूरि (778 ई0) ने कुवलयमाला, सिद्धर्षिसूरि (605 ई0) ने उपभितिभव प्रपंच कथा, जिनेश्वर सूरि ने कथाकोषप्रकरण और नवीं शताब्दी ईसवीं में जिनसेन ने आदि पुराण और गुणभद्र ने उत्तर पुराण को रचना की। इस जैन साहित्य से तत्कालीन भारतीय समाज की सामाजिक और धार्मिक दशा पर पर्याप्त प्रकाश पड़ता है।

धर्मेत्तर भारतीय साहित्य : धार्मिक साहित्य के लेखकों का मुख्य उद्देश्य अपने धर्म के सिद्धांतों का उपदेश देना था, इसलिए उससे राजनीतिक गतिविधियों पर बहुत कम प्रकाश पड़ता है। धर्मेत्तर साहित्य में पाणिनि की अष्टाध्यायी का उल्लेख हम कर चुके हैं। इससे हमें मौर्य काल से पूर्व के भारत की राजनीतिक, सामाजिक व धार्मिक दशा की कुछ जानकारी मिलती है। विशाखदत्त के मुद्राराक्षस, सोमदेव के कथासरित्सागर और क्षेमेन्द्र की वृहत्कथामंजरी से मौर्यकाल की कुछ घटनाओं पर प्रकाश पड़ता है। किंतु कौटिल्य के अर्थशास्त्र के कुछ अध्यायों से मौर्य शासन के आदर्श और पद्धति का पता चलता है। अतिरिक्त व्यय को पूरा करने के उद्देश्य से कृषि का उत्पादन बढ़ाने के लिए सरकार ने स्वयं उस भूमि में खेती कराई जहां पहले खेती नहीं होती थी। उसने सिंचाई के साधनों में वृद्धि की और यातायात के साधनों का विकास करके व्यापार की उन्नति की। सरकार ने सिक्कों का प्रचलन बढ़ाकर भी व्यापार को प्रोत्साहन दिया। उद्योगों और व्यापार पर सरकार का पूर्ण

नियंत्रण था। कामंदक के नीतिसार (लगभग 400 से 600 ई0) से गुप्तकालीन राज्यतंत्र पर कुछ प्रकाश पड़ता है। कामंदक की विचारधारा पर कौटिल्य के अतिरिक्त महाभारत और स्मृतियों की परंपरा का भी प्रभाव स्पष्ट दृष्टिगोचर होता है। सोमदेव सूरि का नीतिवाक्यामृत (दसवीं शती ई0 का अंत) अर्थशास्त्र की कोटि का ही ग्रंथ है। यह ग्रंथ कौटिल्य के अर्थशास्त्र की अपेक्षा छोटा है किंतु इसकी रचनाशैली अधिक आकर्षक है। इसके अध्ययन में मधुर काव्य के समान आनंद प्राप्त होता है।

पतंजलि के महाभाष्य और कालिदास मालविकाग्निमित्र नामक नाटक से शुंग वंश के इतिहास पर प्रकाश पड़ता है। कालिदास के रघुवंश में (जिसकी रचना कदाचित् चौथी शती ई0 में हुई) संभवतः समुद्र गुप्त की दिग्विजय की झलक मिलती है। सोमदेव के कथासरित्सागर और क्षेमेन्द्रकृत बृहत्कथामंजरी में राजा विक्रमादित्य की कुछ परंपराओं का उल्लेख है, परंतु यह कहना कठिन है कि उनमें ऐतिहासिक तथ्य कितने है और लेखक की कल्पना कितनी। शूद्रक के मृच्छकटिकम नाटक और दण्डी के वंशकुमार चरित में भी तत्कालीन समाज का सुंदर चित्रण मिलता है।

गुप्तकाल के बाद का इतिहास जानने के दो प्रमुख साधन राजकवियों द्वारा लिखित अपने संरक्षकों के जीवनचरित और स्थानीय इतिवृत्त है। जीवनचरितों में सबसे प्रसिद्ध बाणभट्टकृत हर्षचरित है जिसमें उसने हर्ष की उपलब्धियों का वर्णन किया है। वाक्पति ने गौड़वहों में कन्नौज के शासक यशोवर्मा की और बिल्हण ने विक्रमांकदेव चरित में कल्याणी के परवर्ती चालुक्य नरेश विक्रमादित्य की उपलब्धियों का वर्णन किया है। इनके अतिरिक्त सन्ध्याकरनन्दी ने रामचरित में बंगाल के शासक रामपाल की जीवनकथा लिखी है। इसी प्रकार जयसिंह ने कुमारपाल चरित में और हेमचंद्र ने द्वयाश्रय काव्य में गुजरात के शासक कुमारपाल का, पदम्गुप्त ने नव साहुसांकचरित में परमार वंश का और जयानक ने पृथ्वीराज विजय में पृथ्वीराज चौहान की उपलब्धियों का

उल्लेख किया है। इन जीवनचरितों से तत्कालीन राजनीतिक दशा पर पर्याप्त प्रकाश पड़ता है। परंतु इन ग्रंथों में कुछ अतिश्योक्ति पाई जाती है। इन्हें भी हम शुद्ध ऐतिहासिक ग्रंथ नहीं कहा सकते।

अधिकतर इतिहासकारों का मत है कि उपलब्ध संगम साहित्य की रचना ईसा की पहली दो शताब्दियों में हुई। इस तमिल साहित्य से दक्षिण भारत के तत्कालीन सामाजिक तथा आर्थिक जीवन पर पर्याप्त प्रकाश पड़ता है।[10] दक्षिण भारत में भी राजकवियों ने अपने संरक्षकों की उपलब्धियों का वर्णन करने के लिए कुछ जीवनचरित लिखे। इस प्रकार का एक ग्रंथ नन्दिकलम्बकम है जिसमें पल्लव राजा नंदि वर्मा तृतीय की उपलब्धियों का वर्णन हैं। कलिंगतुपरणि में चोल राजा कुलोतुंग प्रथम के कलिंग पर आक्रमण करने का वर्णन है। ओट्टकूतन न ामक लेखक ने तीन चोल शासकों–विक्रम चोल, कुलोतुंग द्वितीय और राजराज द्वितीय की उपलब्धियों का तीन अलग–अलग ग्रंथों में वर्णन किया। परंतु इन सभी लेखकों के वर्णन पूर्णतया ऐतिहासिक नहीं है।

प्राचीन भारतीय साहित्य में शुद्ध ऐतिहासिक ग्रंथ केवल कल्हणकृत राजतरंगिणी है। कल्हण ने कश्मीर के इतिहास के विषय में सभी उपलब्ध सामग्री का संग्रह करके 1149–50 ई0 में इस ग्रंथ की रचना की। उसने यह ग्रंथ लिखते समय कश्मीर के शासकों के लिखित आदेशों और प्राचीन लेखकों के शासकों के जीवनचरितों का अध्ययन करके यथासंभव सही चित्र प्रस्तुत करने का प्रयत्न किया। किंतु सातवीं शती ईसवी से पूर्व के कश्मीर के इतिहास से संबद्ध उसका वर्णन पूर्णतया विश्वसनीय नहीं है। सातवीं शताब्दी ईसवीं के बाद के कश्मीर के शासकों की उपलब्धियों का वर्णन करने में कल्हण ने पर्याप्त सतर्कता बरती है। उसने सभी शासकों के गुणदोषों का निष्पक्ष रूप से विवेचन किया है।

गुजरात में अनेक इतिवृत्त लिखे गए। इन इतिवृत्तों में सबसे प्रसिद्ध रासमाला, सोमेश्वर कृत कीर्ति कौमुदी, अरिसिंह का सुकृत संकीर्तन, मेरूतुंग का प्रबंध चिंतामणि, राजशेखर का प्रबंध कोश, जयसिंह

के हम्मीर मद मर्दन और वस्तुपाल एवं तेजपाल प्रशस्ति, उदय प्रभु की सुकृत कीर्ति कल्लोलिनी और बालचन्द्र का वसंतविलास है। इनमें अनेक ऐतिहासिक तथ्य भरे पड़े है। कुमारपाल के दो जीवन चरितों का उल्लेख हम पहले ही कर चुके है। इस ग्रंथों से गुजरात में चौलुक्य शासकों के राज्यकाल के इतिहास पर बहुत प्रभाव पड़ा है।

सिंध में भी इसी तरह के इतिवृत्त उपलब्ध है। इन्हीं इतिवृत्तों के आधार पर तेरहवीं शताब्दी के आरंभ में अरब लोगों ने अरबी सिंध का इतिहास लिखा जिसका फारसी अनुवाद 'चचनामा' नामक पुस्तक में उपलब्ध है।

नेपाल के इतिवृत्तों में केवल वहां के शासकों के नामों और उनके राज्यकाल का उल्लेख है। इन वंशावलियों में पहली शती ईसा से पूर्व के शासकों के नाम अनैतिहासिक प्रतीत होते हैं किंतु उसके बाद के नाम ऐतिहासिक है। इन इतिवृत्तों में जिन शासकों के नाम का उल्लेख है वे अभिलेखों से सामंजस्य स्थापित करने पर पूर्णतया ठीक नहीं प्रतीत होते। इसलिए इन वंशावलियों को हम पूर्णतया ऐतिहासिक नहीं मान सकते।

गुजरात, सिंध और नेपाल के किसी लेखक ने अपने प्रदेश के इतिवृत्तों का उपयोग करके उस प्रकार का ऐतिहासिक ग्रंथ नहीं लिखा जैसा कि कल्हण ने राजतरंगिणी में लिखा था। इसीलिए प्राचीन भारत का यही अकेला ऐतिहासिक ग्रंथ उपलब्ध है।

प्राचीन भारतीय साहित्य प्राचीन भारत का राजनीतिक इतिहास लिखने में बहुत उपयोगी सिद्ध नहीं हुआ है किंतु इससे तत्कालीन सांस्कृतिक जीवन पर पर्याप्त प्रकाश पड़ता है। इस साहित्य की तीन बड़ी कमियाँ है। एक तो ग्रंथ विशेष की रचना की तिथि निश्चित नहीं है। दूसरे, किसी भी ग्रंथ से प्रायः उसी प्रदेश की जानकारी मिलती है जिसमें उसकी रचना हुई थी। तीसरे, इन ग्रंथों की प्रतियाँ लिखने वाले विद्वानों ने बहुधा अपनी इच्छानुसार उनके पाठ में हेर–फेर कर दिया

जिससे यह पता नहीं लगता कि मूल पाठ क्या था। इतिहासकारों को साहित्यिक कृतियों का प्रयोग करते समय एक अत्यंत गम्भीर कठिनाई का सामना करना पड़ता है। अधिकांश ग्रंथों में–चाहे वे ब्राह्मण ग्रंथ हो अथवा बौद्ध, जैन साहित्य हो अथवा संगम साहित्य, सभी में स्तरीकरण की समस्या को भुलाया नहीं जा सकता। उदाहरणार्थ, ऋग्वेद के प्रथम एवं दशम मंडल, उसी ग्रंथ के अन्य खंडों की अपेक्षा परवर्तीकालीन माने गए हैं। रामायण एवं महाभारत जैसे विशद महाकाव्यों में तो यह समस्या और भी अधिक गंभीर हो जाती है क्योंकि इन ग्रंथों की रचना सदियों तक चलती रही, अतः इन ग्रंथों को शब्दशः किसी एक विशेष काल से संबद्ध नहीं माना जा सकता। इसी प्रकार बौद्ध साहित्य के जातकों में कुछ अंश एक काल के प्रतीत होते है तो अन्य किसी और काल के। वैज्ञानिक अध्ययन से भी यह तथ्य विशेष रूप से सामने आया है कि एकरूप प्रतीत होने वाले कौटिलीय अर्थशास्त्र जैसे ग्रंथों में भी विभिन्न स्तर है।[11] इन कमियों के बावजूद जब ऊपर वर्णित कोसांबी की इतिहासविषयक परिकल्पना को ध्यान में रखते हैं तो प्राचीन भारत में संबद्ध साहित्यक स्रोतों की उपयोगिता स्पष्ट रूप से दृष्टिगोचर होती है। यद्यपि उनसे राजाओं की वंशावलियों के निर्माण में सहायता नहीं मिली है किंतु 'जनजीवन' पर पर्याप्त प्रकाश पड़ा है।

3. विदेशियों के वृतांत

विदेशियों के वृत्तांत भी साहित्यिक साक्ष्य है। विदेशी लेखकों की धर्मेतर घटनाओं में विशेष रूचि थी, अतः उनके वर्णनों से राजनीतिक और सामाजिक दशा पर अधिक प्रकाश पड़ता है। इन लेखकों का समय भी प्रायः निश्चित है, इसलिए उनके वर्णन भारतीय लेखकों के वर्णनों की अपेक्षा अधिक उपयोगी सिद्ध हुए है। परंतु युनानी लेखक भारतीय परिस्थितियों तथा भाषा से अनभिज्ञ थे, अतः उनके सभी वर्णन पूर्णतया सही नहीं है। इसी प्रकार चीनी यात्रियों के वर्णन की पूर्णतया ठीक नहीं है क्योंकि वे प्रत्येक घटना का वर्णन बौद्ध दृष्टिकोण से करते थे।

अलबरूनी ने भी प्रायः उपलब्ध भारतीय साहित्य के आधार पर लिखा, अपने अनुभव के आधार पर नहीं।

इन सब कमियों के बावजूद यदि हम अन्य साधनों में प्राप्त साक्ष्य से विदेशियों के वर्णनों का मिलान करके उनका उपयोग करें तो वह प्राचीन भारत का इतिहास लिखने में बहुत सहायक हो सकता है।

विदेशियों के वृत्तांतों का विवेचन हम तीन वर्गों में करेंगे : (1) यूनान और रोम के लेखक, (2) चीन के लेखक और (3) अरब के लेखक।

यूनान और रोम के लेखक : यूनान और रोम के लेखकों में सबसे प्राचीन हिरोडोटस और टीसियस के वृत्तांत है। संभवतः इन दोनों लेखकों ने भारत के विषय में अपना ज्ञान ईरान में प्राप्त किया था। हिरोडोटस के वर्णन में कुछ उपयोगी तथ्य मिलते हैं किंतु उसमें भी अनेक कल्पित कहानियाँ है। टीसियस के वर्णन में अधिकतर कल्पित कहानियाँ हैं जो पूर्णतया अविश्वसनीय हैं। इन दोनों लेखकों की अपेक्षा उन यूनानी लेखकों के वर्णन अधिक महत्वपूर्ण है जो सिकंदर के साथ भारत आये थे। उदाहरण के लिए नियार्कस, आनेसिक्रिटस और अरिस्टोबुलस के वर्णन। उनसे भी अधिक महत्वपूर्ण वर्णन मैगस्थनीज का है। मैगस्थनीज की लिखी पुस्तक 'इंडिका' अब उपलब्ध नहीं है। यूनान और रोम के लेखकों ने इंडिका के आधार पर अपने वर्णन लिखे हैं। इन लेखकों के वर्णन बहुत उपयोगी हैं क्योंकि उन्होनें उन तथ्यों को लिखा है जिन्हें भारतीय लेखक कोई महत्व नहीं देते थे। इनसे प्राचीन भारत का सामाजिक तथा राजनीतिक इतिहास लिखने में बहुत सहायता मिली है। उदाहरण के लिए सिकंदर के आक्रमण की तिथि पर ही मौर्य शासकों की तिथियाँ निश्चित की गई हैं। इन लेखकों के वर्णन में भी कुछ कमियाँ हैं। वे भारतीय भाषाएं नहीं जानते थे और भारतीय संस्थाओं और रीति–रिवजों की उन्हें जानकारी नहीं थी। जो तथ्य उन्होंने अपनी आंखों से देखे थे वे प्रायः पूर्णतया विश्वसनीय हैं। किंतु जो वर्णन उन्होंने सुनी हुई बातों के आधार पर लिखा है या अनुमान से लिखा है, वह विश्वसनीय नहीं है,

जैसे मैगस्थनीज ने लिखा है कि भारत में दास प्रथा नहीं है या भारत में सात जातियाँ हैं। हम अन्य साक्ष्यों के आधार पर निश्चयपूर्वक कह सकते हैं कि ये दोनों बातें ठीक नहीं है। इन लेखकों के वर्णन चंद्रगुप्त के समय की राजनीतिक घटनाओं पर कम, सामाजिक रीति–रिवाजों और शासन प्रबंध पर अधिक प्रकाश डालते हैं।

यूनानी लेखकों के ग्रंथों में पेरिप्लस ऑफ दि एरिथियन सी का उल्लेख करना आवश्यक है। इस पुस्तक के यूनानी लेखक का नाम हमें ज्ञात नहीं है। उसके विषय में इतना पता है कि वह यूनान का रहने वाला था किंतु मिस्र में जाकर रहने लगा था। उसने 80 ई0 के लगभग भारतीय समुद्रतट की यात्रा की। उसने अपने वर्णन में भारतीय बंदरगाहों के नाम तथा इनसे आयात और निर्यात की जाने वाली वस्तुओं के नाम लिखे हैं। टॉलमी ने दूसरी शती ईस्वीं में भारत का भौगोलिक वर्णन लिखा। उउसने अन्य लेखकों के वर्णन के आधार पर अपना वर्णन लिखा था, अतः उसके वर्णन में अनेक भूलें हैं। परंतु फिर भी उसके वर्णन से हमें अनेक महत्वपूर्ण बातें मालूम होती हैं। प्लिनी ने अपना वर्णन पहली शती ईस्वीं में लिखा। भारतीय पशुओं, पौधों और खनिज पदार्थों के बारे में उसका भी वर्णन बहुत उपयोगी है। इन लेखकों को दूरस्थ देशों के विषय में जानकारी प्राप्त करने की जो लगन थी वह प्रशंसनीय है।

चीनी यात्रियों के वृतांत : चीनी यात्रियों में सबसे अधिक महत्वपूर्ण फाह्यान युवान च्वांग और ई–चिंग के वर्णन है। इनके वर्णन चीनी भाषा में अभी तक उपलब्ध हैं और उनका अंग्रेजी भाषा में अनुवाद भी कर दिया गया है। फाह्यान पांचवीं शती ईसवी में भारत आया था और 14 वर्ष भारत में रहा। उउसने विशेष रूप से भारत में बौद्ध धर्म की स्थिति के विषय में लिखा। उसे भारत की तत्कालीन राजनीतिक स्थिति से कोई सरोकार नहीं था। युवान च्वांग हर्ष के राज्यकाल में भारत आया था और वह 16 वर्ष भारत में रहा। उसने धार्मिक अवस्था के साथ–साथ तत्कालीन राजनीतिक दशा का भी वर्णन किया है। भारतीयों के

रीति–रिवाजों और शिक्षा–पद्धति पर भी युवान च्वांग के वर्णन से पर्याप्त प्रकाश पड़ता है। सातवीं शताब्दी के अंत में ई–चिंग भारत आया था। वह बहुत समय तक विक्रमशील और नालंदा के विश्वविद्यालयों में रहा। उसने बौद्ध शिक्षा संस्थाओं और भारतीयों की वेशभूषा, खानपान आदि के विषय में भी लिखा है।[12]

यह हमारा दुर्भाग्य है कि सभी चीनी यात्री बौद्ध भिक्षु थे, इसलिए उनका दृष्टिकोण पूर्णतया धार्मिक था। फाह्यान और ई–चिंग ने तो धर्मेत्तर दशा का बहुत ही कम वर्णन किया है। उन्होंने अपने वर्णन में उन राजाओं के नाम भी नहीं लिखे जो उस समय भारत में राज्य कर रहे थे। युवान च्वांग ने हर्ष, भाष्करवर्मन आदि के विषय में लिखा है। परंतु इन सभी चीनी यात्रियों की बौद्ध धर्म में अटूट श्रद्धा थी, अतः वे निष्पक्ष रूप से भारत का वर्णन लिखने में असफल रहे। युवान च्वांग ने लिखा है कि हर्ष महायान बौद्ध धर्म का अनुयायी था और अन्य धर्मों का आदर नहीं करता था। परंतु अन्य साधनों से हमें ज्ञात होता है कि युवान च्वांग ने बुद्ध की प्रतिमा के साथ–साथ सूर्य और शिव की प्रतिमाओं का भी पूजन किया था। इस प्रकार की भूल का मुख्य कारण यही था कि चीनी यात्री प्रत्येक बात को बौद्ध दृष्टिकोण से देखते थे और वे विशेष रूप से भारतीय बौद्धों के ही संपर्क में आए।

संदर्भ

1. उपाध्याय, वासुदेव शरण : प्राचीन भारतीय स्तूप, गुहा एवं मन्दिर, पटना, 1972, पृ0 75
2. उपाध्याय, वासुदेव : भारतीय सिक्के, भारत दर्पण ग्रन्थमाला सं0 2 इलाहाबाद 1948, पृ0 164
3. मिश्र, आर0एन0 : प्राचीन भारतीय समाज, अर्थव्यवस्था एवं धर्म, भोपाल, 1991, पृ0 147
4. सिंह, भगवान : हड़प्पा सभ्यता और वैदिक साहित्य, नई दिल्ली, 1991, पृ0 125

5. राय, यू0एन0 : प्राचीन भारत में नगर तथा नगरीय जीवन, वाराणसी, 1966, पृ0 164
6. गोयल, श्रीराम : गुप्त कालीन अभिलेख, कुसुमांजली प्रकाशन, मेरठ, 1984, पृ0 43
7. मिश्र, सच्चिदानंद : प्राचीन भारत में ग्राम एवं ग्राम्य जीवन, गोरखपुर, 1984, पृ0 187
8. उपाध्याय, वी0 : वैदिक साहित्य और संस्कृति, पृ0 235
9. काणे, पी0वी0 : हिस्ट्री ऑफ धर्मशास्त्र, भाग 2, भाग 3, पूना, 1941, 1946, 1953
10. तमिल संगम साहित्य के विस्तृत विवेचन के लिए आगे अध्याय 10 देखिए
11. गैरोला, वाचस्पति : कौटिलीय अर्थशास्त्रम्, चौखम्भा विद्या भवन, वाराणसी, 2006
12. वाजपेयी, कृष्णदत्त : प्राचीन भारत का विदेशों से सम्बन्ध, कमल प्रकाशन, इन्दौर, 1973, पृ0 56

4

प्रागैतिहासिक समाज की पृष्ठभूमि

स्वर्णयुग

एक समय यह धारणा प्रायः प्रचलित थी कि ईश्वर ने नर, वानर आदि जातियों की समकालिक किन्तु पृथक–पृथक विकसित रूपों में सृष्टि की। मनुष्य की दैहिक और मानसिक दशा आदिकाल में भी वैसी ही थी जैसी आज। इतिहास केवल मनुष्य के संगठन, कर्म और संस्कारों में भेद करता रहा है। इस दृष्टि के अनुसार मानव–स्वभाव के अपरिवर्तित रहते हुए उसकी सामाजिक परम्पराओं का परिवर्तन ही इतिहास है। अन्य अशेष प्राणि जातियों के ऊपर मनुष्य की श्रेष्ठता और प्रभुता भी इस धारणा में निर्विवाद है। ऐतरेयोपनिषद् में पुरूष को लोकपाल कहा गया है। यह भी प्रायः माना जाता रहा है कि मनुष्य का आदिकाल एक स्वर्णयुग था, जबकि मनुष्यों और देवताओं में अन्तर कम था। इतिहास की गति ने मनुष्य को क्रमशः कलुषित कर दिया। इस दृष्टि से मानव इतिहास को नैतिक पतन और सुख के ह्रास की कथा कहा जा सकता है। अपने देश में प्रचलित चार युगों की धारणा इस प्रसंग में उदाहरणीय है। महाभारत में कहा गया है कि कृतयुग में न राज्य था न राजा, न दण्ड न दाण्डिक।[1] धर्म से ही प्रजा में परस्पर रक्षा होती थी। कालान्तर में धर्म के क्षीण होने

पर समाज के दण्डमूलक पुनः संघटन की आवश्यकता हुई। इसी प्रकार की कल्पना अन्य अनेक जातियों में उपलब्ध होती है। आधुनिक विचारकों में लॉक एवं रूसो के द्वारा 'प्राकृत स्थिति' की कल्पना भी अंशतः सदृश है।

सृष्टि और इतिहास सम्बन्धी इन प्राचीन प्रचलित धारणाओं को आज अयथार्थ मानना अनिवार्य है। यद्यपि इन कल्पनाओं में प्रकारान्तर से सत्य की छाया सर्वथा दुरालक्ष्य नहीं है, तथापि उस प्रकार का प्रतीकात्मक अर्थ इतिहास के क्षेत्र का अतिक्रमण करता है। वर्तमान ऐतिहासिक धारणा पिछली शताब्दी में आविष्कृत विकासवाद पर आश्रित है। जीवशास्त्रियों के अनुसार मनुष्य और पशुओं के बीच कोई अपूरणीय खाई नहीं है बल्कि विभिन्न जीवयोनियों में एक निश्चित विकास का क्रम देखा जा सकता है, जिसके एक ओर उथले जल के कथचित् उद्भुत प्राणी हैं और दूसरी ओर मनुष्य। एक ही प्राण की धारा नाना पशुओं और पौधों में प्रवाहित और विकसित हुई है। काल के सुदीर्घ आयाम में जीव ने नाना शारीरिक संस्थानों के साथ विभिन्न प्राकृतिक परिस्थितियों में विभिन्न प्रयोग किये। अन्त में तृतीयक युग में वानर परिवार के परिष्कार के द्वारा मनुष्य का उद्भव हुआ। जबड़ों का घटना तथा मुखाकृति में परिवर्तन, अंगुलियों और विशेषतः अंगूठे में दक्षता का उन्मेष, जिह्वा और आंखों में नये स्वर और एकाग्रता, इन नवोदित गुणों ने मनुष्य को पिछले प्राणियों से पृथक किया। हाथों का कौशल और वाणी का प्रयोग मनुष्य की सर्वोपरि विशेषताएं हैं जिनके द्वारा वह भौतिक संस्कृति का निर्माण तथा सामाजिक परम्परा की प्रतिष्ठा कर सका। अभाग्यवश वाणी पर आश्रित मनुष्य का विशाल मानस–साम्राज्य लिपि आदि स्थिर प्रतीकों में अभिव्यक्त हुए बिना जानकारी में नहीं आता। साक्षरता ही प्रागितिहास और इतिहास के बीच विभाजक रेखा है। अतएव प्रागैतिहासिक क्षेत्र में मनुष्य का वाङमय और मनोमय जगत् अधिकांशतः अज्ञात रह जाता है, यद्यपि लिपि के अतिरिक्त अन्य प्रकार के कुछ प्रतीकों से उसका किंचित् आभास होता है।

प्रागैतिहासिक मनुष्य का परिचय मुख्यतः उसके हाथों की अवशिष्ट कृतियों से ही हो पाता है। इस प्रागैतिहासिक मानव को 'निर्माता मनुष्य' (Homo Faber) कहना निश्चित ही न्यायसंगत है। विभिन्न भूभागों में उपलब्ध नाना प्रकार के प्रागैतिहासिक प्रास्तरिक उपकरणों का कुछ अनुमान किया जा सकता है। किन्तु वस्तुतः प्रागैतिहासिक समाज और संस्कृति का ज्ञान पुरातत्व से लेशमात्र ही हो सकता है। पुरातत्व को इस दिशा में नृतत्व–विद्या की सामग्री से पूरित करना चाहिए।

नृतत्व–वेत्ताओं ने अविकसित भूभागों के आदिम निवासियों का सामाजिक वृत्तान्त सूक्ष्म पर्यवेक्षण के साथ प्रस्तुत किया है। उनके विविध विवरण के आधार पर मनुष्य के प्राचीन जीवन और समाज की कल्पना नाना प्रकार से की गई है। तस्मानिया के पुराने निवासी पूर्व–पाषाणयुगीन संस्कृति का प्रतिनिधित्व करते थे। अमेरीका के मूल निवासी कदाचित् उत्तर–पाषाण युग की संस्कृति में चिरकाल तक रहे। भारतीय आदिम जातियाँ सभ्यता से अतिदूर होने के कारण अपने मूल रूप में सुरक्षित नहीं है। वस्तुतः आधुनिक समय तक अवशिष्ट आदिम समाजों में कितना अंश अविकल तथा आदिम है, इसका निर्णय बहुबा दुष्कर समझना चाहिए। इतना निश्चित है कि बहुतेरी आदिम जातियों में वैज्ञानिक और ताक्षणिक ज्ञान न्यूनाधिक रूप से सदृश स्तर का होने पर भी उनके सामाजिक जीवन में बहुत वैशिष्ट्य प्रकट होता है; अर्थात् एक ही पाषाण युग में विद्यमान नाना जातियां भाषा संगठन, रीति–रिवाज और धर्म की दृष्टि से अत्यनत विभिन्न थीं। सांस्कृतिक विकास का एक परिणाम इन विभेदों को कम करना हुआ है। प्रायः यह धारणा प्रचलित है कि आदिम समाज में जीवन सीधा–साधा, अजटिल, अग्रन्थिल था। किन्तु यह निरपवाद सत्य नहीं प्रतीत होता। रिश्तेदारी और बिरादरी को ही लीजिए। अनेक आदिम समाजों में इनका बहुत जटिल व्यवस्थापन देखा जाता है। धार्मिक विचारों और कर्मकाण्ड में भी अत्यन्त वैचित्र्य दृष्टिगोचर होता है। भौतिक और आर्थिक दृष्टि से उसके सरल और अविकसित होते हुए भी प्राचीन

समाज में एक प्रकार की रूढ़ियां और जटिलताएं निश्चय से थीं। इस कारण इस प्राचीन युग का पुरातत्वीय चित्रण जिस प्रकार के व्यापक सादृश्य की धारणा उपस्थित करता है उसे अंशतः भ्रामक समझना चाहिए।[2]

प्राचीनकाल में धर्म के विकास पर नाना मत प्रकट किए गए है। धर्म की उत्पत्ति प्राकृतिक मानने पर उसका इतिहास भ्रान्ति का, अथवा दर्शन, विज्ञान और नीति के अविभक्त पूर्व रूप का इतिहास हो जाता है। यह सही है कि प्राचीन समय में धर्म में नाना बौद्धिक और व्यावहारिक तत्व एकत्र संगृहित थे जिनमें से अनेक उत्तरकाल में स्वतन्त्र रूप से विकसित होकर, विज्ञान, दर्शन, सामाजिक नीति, कानून आदि के रूप में परिणत हुए हैं। किन्तु धर्म का मर्मभूत तत्व इन सबसे सम्बद्ध होते हुए भी विलक्षण है। धर्म अतिप्राकृतिक (Supernatural) जीवन का अनुसंधान है। प्राकृतिक जीवन निश्चित सीमाओं में बंधा है। मनुष्य अमरता का प्रार्थी है और असीम, अपरतन्त्र जीवन में ही उसे वास्तविक सुख प्राप्त हो सकता है। यह मनुष्य का स्वभावगत अनिवार्य लक्ष्य है जिसकी प्राप्ति लौकिक, प्राकृतिक उपायों से संभव नहीं हैं। प्रकृति के आवरण के पीछे एक शाश्वत चेतन तत्व है जिसकी कृपा मनुष्य को वास्तविक लक्ष्य तक ले जा सकती है। यही कृपा विशेष अधिकारी महापुरूषों के निर्मल मनोदर्पण में धार्मिक स्फूर्ति का कारण बनती है। यही दिव्य प्रेरणा, इल्हाम, श्रुति अथवा सम्बोधि का मूल उद्गम है। यहीं से धर्मचक्र का प्रवर्तन होता है।

मनुष्य जीवन एक अनिवार्य द्वैत में ग्रस्त है। तम और प्रकाश के समान उसमें सत्य और मिथ्या के सम्मिश्रण से अनुभव का इन्द्रधनुष विस्तारित हुआ है। इसीलिए पारमार्थिक स्फूर्ति और प्रेरणा भी मनुष्य के इतिहास में कहीं अपने विशुद्ध रूप में उपलब्ध नहीं होती। अलौकिक ज्ञान और अनुभूति की क्षीण ज्योति प्राप्त करने पर मनुष्य बहुधा उससे लौकिक भोग सम्पादित करना चाहता है एवं धर्म की मान्यता होने पर दूसरों की श्रद्धा का दुरूपयोग धर्माधिकारियों को प्रलोभित करता है।

धर्म प्रायः मिथ्याडम्बर, अन्ध विश्वास, स्वार्थ पोषण एवं प्रवचन का सहायक बन उठता है। थोड़ी सी सच्ची लगन यदि बहुत से झूठ में लुप्त सी हो जाय तो क्या अचरज। यही कारण है कि आधुनिक काल में सत्य के प्रति वैज्ञानिक निष्ठा तथा मनुष्य के प्रति विश्वजनीन सहानुभूति के जागरण से अनेक विचारकों ने धर्म के चिरप्रचलित अधिकांश रूप को देखकर तीव्र उद्वेग का अनुभव किया तथा उसके इतिहास को एक प्राकृतिक तथा स्वार्थ प्रधान संस्था का इतिहास माना। वस्तुतः मनुष्य के स्वगत दोषों से अपविद्ध होते हुए भी धर्म का सूत्र मूलतः तत्व संलग्न है। वही एक सुनहरी डोरी है जो अन्ततः मनुष्य को अपने लक्ष्य तक ले जा सकती है। फादर स्मिथ ने विस्तृत अन्वेषण के बाद यह प्रदर्शित किया कि प्राचीनतम काल में सभी मनुष्य सीधा–साधा पारिवारिक जीवन व्यतीत करते हुए एक ईश्वर में विश्वास करते थे। पीछे आर्थिक जटिलताओं के आविर्भाव के कारण तथा विशेषतः उन्नत आखेट के युग में सम्पत्तिगत वैषम्य एवं कबीलों के और उनके नेताओं के उउदय के साथ नाना और नाना स्तरीय देवताओं की कल्पना का विकास प्रोत्साहि हुआ। अल्तमिरा की गुफा में चित्रित बाइसन (Bison) इस युग का मूर्त प्रतीक है। कभी उसके जीवन्त आलेख्य के सहारे कोई पुरोहित समस्त बाइसन (Bison) जाति के वशीकरण का प्रयास करते रहे होंगे। तब से अधिकांश मनुष्य जाति किसी न किसी रूप में ऐसे ही पुरोहितों का अनुसरण करती रही है जो अपनी ज्ञानशक्ति अथवा विज्ञान शक्ति के सहारे बाह्य प्रकृति की विजय में, अधिकाधिक सफलता प्राप्त करते हैं। पर वास्तव में मनुष्य को अपनी आन्तरिक प्रकृति को जीतना है। वही शाश्वत शान्ति का मार्ग है और वही धर्म का मार्ग।

प्रागैतिहास इतिहास की कतिपय सहस्राब्दियों को एक सही परिप्रेक्ष्य में रख देता है। मनुष्य की सभ्यताओं के मूल में उसकी शतधा भिन्न प्रकृति है जो केवल आर्थिक एवं वैज्ञानिक विकास से आदर्श नहीं बन जाती। प्रागैतिहासिक संस्कृतियों में अनेकविध जीवनचर्याएं और

उनके उपयुक्त संगठन निर्मित हुए है। उन सब में ऐहिक सुख की मात्रा सभ्य समाजों की तुलना में हेय थी, यह कह सकना पर्याप्त साहस की अपेक्षा रखता है। सभ्यता का मूल तत्व प्रगतिशीलता कहा गया है, किन्तु प्रगति का निर्धारण लक्ष्य–सापेक्ष है। ऐहिक सुख को लक्ष्य मानने पर अनिवार्य कठिनाइयां उत्पन्न होती है। प्राणि–विकास में सुख का स्थान आनुषंगिक रहा है, न कि मुख्य। मनुष्य मुख्यतः सुखापेक्षी प्राणी न होकर आत्मापेक्षी है। स्वभाव क्या है, यही जिज्ञासा मनुष्य के लिए प्रगति की मुख्य प्रेरणा है। इसकी पूर्ति के लिए प्रागैतिहासिक समाज में अधिक स्थान था या ऐतिहासिक समाज में यह मीमांस्य है।

आरम्भ में मनुष्य कबीलों में रहते थे। एक–एक कबीले का एक–एक भौगोलिक प्रदेश और एक–एक भाषा होती थी। वे कबीले पहिले जंगलों, तब नगरों, फिर राज्यों और तदनन्तर राष्ट्रों के रूप में विकसित हुए। जिन कबीलों ने सर्वप्रथम जंगलों को साफ करके उन्हें कृषि योग्य बनाया, वे उसके स्वामी कहे गये। जो उनके बाद आये उन्हें दास कहा गया। कृषि के बाद मनुष्य की पशुपालन की ओर प्रवृत्ति हुई और इस प्रकार उसने अन्य मानव–यूथों को अपनी ओर आकर्षित किया। उन्होंने मिलकर अपना एक शक्तिशाली संगठन बनाया और आत्मरक्षा के लिए नये यंत्रों तथा औजारों का आविष्कार कर सभ्यता को जन्म दिया।

इस प्रकार मनुष्य ने अपने आखेट युगीन वन्य जीवन से क्रमशः कृषि, पशुपालन और फिर यांत्रिक जीवन में प्रवेश किया। फिर समाज में सद्भाव की प्रवृत्ति के कारण उसने आग, पानी और भूमि की उपयोगिता की खोज करके अपना आर्थिक विकास किया। वह यही तक सीमित नहीं रहा। उसने अपने लिए अनगढ़, अशोभनीय वर्तनों तथा व्यवहारोपयोगी उपकरणों की किस्मों में सुधार किया। साथ ही कृषि तथा पशुपालन के पुराने साधनों को भी उन्नत किया।

बुद्धि–प्रवण होने के कारण अपने उत्तरोत्तर जीवन–क्रम के इतिहास में मनुष्य ने जो कुछ खोजा, उपलब्ध किया और आविष्कार तथा निर्माण

किया, यही उसकी सभ्यता है। मनुष्य में इस सभ्यता का उदय तब हुआ जब वह अपने आदिम वन्य जीवन से उभरकर समाज–सापेक्ष्य हुआ और सोचने–विचारने के योग्य बना। व्यक्ति की इस सामूहिक विचार–चेतना ने 'सभा' को जन्म दिया और इस सभा में बैठने की समझ रखने के कारण उसे 'सभ्य' कहा गया।[3]

इस प्रकार धीरे–धीरे जंगलों तथा पर्वतों में बिखरे मानव–यूथ या कबीले अपने–अपने समुदायों के रूप में विकसित हुए और मैदानी क्षेत्रों की ओर बढ़े। वहाँ उनका पारस्परिक सम्मिश्रण हुआ और उन्होंने जीवन के लिए अधिक सुखकर कला–कौशलों का निर्माण तथा उनका आदान–प्रदान किया। उन्होंने एक भाषा और अपने नैतिक आदर्शों का निर्माण कर अपने सांस्कृतिक जीवन में पर्दापण किया। इस प्रकार अपने आर्थिक तथा सामाजिक विकास–क्रम में मनुष्य ने सुरूचि, सद्भाव, आदर्श, अनुराग और सौन्दर्य की जिस अभिरूचि का निरन्तर परिष्कार तथा प्रसार किया उसकी वही परिष्कृत अभिरूचि की जननी बनी।

इस प्रकार सभ्यता और संस्कृति का साथ–साथ निर्माण कर मनुष्य ने अपने अस्तित्व के इतिहास का निर्माण किया।

इस पृथ्वी पर मानववंश का पता लगाने के एकमात्र साधन हैं प्रागैतिहासिक मानव के अवशिष्ट अस्थि–कंकाल और उसके द्वारा निर्मित विभिन्न उपकरण। ये अस्थि–पंजर और उपकरण ही प्राक् इतिहास की प्रमुख प्रमाण–सामग्री हैं। इसी सामग्री के आधार पर विद्वानों ने विभिन्न प्रजातियों के मूल और विभिन्न देशों की प्रागैतिहासिक (Pre-historic) तथा पुरा–ऐतिहासिक (Proto-historic) परिस्थितियों का पता लगाया। विभिन्न देशों में बिखरे हुए मानववंशों से सम्बद्ध इस प्रमाण–सामग्री के तुलनात्मक अध्ययन से विद्वानों को इस निष्कर्ष तक पहुंचने में सहायता मिली कि मूल मानववंश का प्रसार विश्व के किस भू–खण्ड में हुआ।

विभिन्न भू–भागों में बसे वर्तमान राष्ट्रों के प्राचीन अस्तित्व के

अनेक प्रमाण उपलब्ध हुए हैं। भारत में भी समय–समय पर उत्खनन कार्य हुए और वहां से उपलब्ध सामग्री के आधार पर अनेक सन्दिग्ध तथा अपूर्ण तथ्यों के स्थिरीकरण में महत्वपूर्ण सहायता मिली और नयी जिज्ञासाओं के समाधान के प्रति उत्कण्ठा जगी।[4]

आज से लगभग आधी शती पूर्व पुरातत्वविद् एवं नृतत्वज्ञ विद्वान सर हर्बर्ट रिज्ले ने लिखा था कि 'भारत में आदिम मनुष्य–जीवन के उतार–चढ़ावों का दिग्दर्शन कराने वाले, गुफाओं, समाधियों, चट्टानों, टीलों तथा हड्डियों के कोई भी अवशेष नहीं मिले है। भारत में न तो झीलों के तटवर्ती निवास या आधुनिक गवेषणा द्वारा यूनान के भूमिगर्भ से निकाले गये किलेनुमा नगर ही उपलब्ध हुए हैं और न हाथ से निर्मित हड्डियों तथा पाषाण आदि के हथियार ही प्राप्त हुए (दि पीपुल्स ऑफ इंडिया)। इस कथन द्वारा रिज्ले ने भारत के पुरातन अस्तित्व के प्रति सन्देह प्रकट किया।

इस सम्बंध में अब तक जो तथ्य प्रकाश में आये हैं उनसे यह बात तो निश्चित हो चुकी है कि भारत और शेष एशिया का पुरा–इतिहास (Pro-history) अलग–अलग नहीं था। उपलब्ध सामग्री के आधार पर निर्विवाद रूप से यह कहा जा सकता है कि समस्त मानव प्रजातियों के विस्तार में मेसोपोटामिया तथा भारत और चीन तथा मंचूरिया, इन दो विशाल भू–भागों का महत्वपूर्ण योगदान रहा है।

भारत में प्रागैतिहासिक और पुरा–ऐतिहासिक महत्व के बहुसंख्यक पत्थरों के औजार उत्तर प्रदेश, मध्य प्रदेश, आंध्र, मैसूर, गुजरात और सिन्ध से प्राप्त हुए हैं। इस दृष्टि से मैसूर के व्रह्मगिरि–स्थान की खुदाइयों से प्राप्त सामग्री का विशेष महत्व है। इस सामग्री को पुरातन पाषाणयुगीन कहा गया है, जो कि सिन्धु–संस्कृति से कहीं अधिक प्राचीन है। सिन्धु तथा सोहन नदी (पंजाब) के उत्तालों से जो हाथ की कुल्हाड़ियाँ और औजार मिले हैं उनसे नव पाषण युग पर प्रकाश पड़ता है।

इन उपलब्ध उपकरणों के आधार पर विद्वानों का अभिमत है कि मानव का मूल निवास पहले तो भारत के मध्य–एशिया भाग में था और बाद में उसका फैलाव उत्तर तथा पश्चिम भारत में हुआ। भारत की प्रागैतिहासिक संस्कृति की आदिम परिस्थितियों का पता एकमात्र इसी आधार पर किया जा सकता है। इस सांस्कृतिक आधार की सम्पुष्टि के लिए सिन्धु सभ्यता के क्षेत्रों से प्राप्त लगभग पचास अस्थिपंजर तथा अन्य उपकरण हैं। इस सामग्री के विश्लेषण एवं अध्ययन पर विद्वानों ने मोहेनजोदड़ो तथा हड़प्पा के विस्तृत क्षेत्र को पुरा–आस्ट्रेलिया, भू–मध्य–सागरीय और आर्मीनी (अल्वाइन) आदि विभिन्न प्रजातियों के सांस्कृतिक तत्वों का सम्मिश्रणस्थल बताया है।[5]

पूर्व–पाषण से लेकर सिन्धु–सभ्यता के युग तक भारत में विभिन्न मानववंशों की परिचायक जो विपुल सामग्री उपलब्ध हुई है उसके अध्ययन–अनुशीलन और तुलनात्मक परीक्षण से ऐसे सुस्थिर एवं पुष्ट आधार प्रकाश में आये हैं, जिनके द्वारा भारत भूमि की पुरातन गरिमा प्रख्यात हुई है और अनेक देश यहां की अनूठी सभ्यता तथा संस्कृति से प्रभावित हुए हैं। इस सामग्री का विधिवत् अध्ययन पाषाण युग से आरम्भ होता है।

मानव सभ्यता का उदय

पाषाणयुगीन सभ्यता–संस्कृति का विकास

भारतीय जन–जीवन के अस्तित्व का आरम्भ सुदूर अतीत के पाषण युग से होता है। इस युग की प्रायः समस्त उपलब्ध सामग्री पाषण तक ही सीमित है। इसी आधार पर विद्वानों ने इस युग को पाषाण की संज्ञा दी है। इस युग की उपलब्ध सामग्री में समय की पूर्वोपरता है, अतः मनुष्य के विकासक्रम के आधार पर इस युग को 'पूर्व', 'मध्य' और 'उत्तर' तीन भागों में विभाजित किया गया है।

पूर्व–पाषाणयुगीन मनुष्य का जीवन प्रकृति पर आधारित था। कृषि

तथा पशुपालन आदि से वह सर्वथा अपरिचित था। इस युग का आदिम मानव मुख्यतः फल, फूल, कन्द–मूल, पशु–पक्षी, पहाड़, घाटी, नदी–नद और जंगल आदि प्राकृतिक उपादानों तथा प्राकृतिक धन पर निर्भर रहा। उसके सामाजिक तथा आर्थिक जीवन का निर्माण इन्हीं उपादानों पर अवलम्बित था। प्रकृति द्वारा प्रदत्त सामग्री से ही उसने अपनी आवश्यकताओं की पूर्ति की। यदि आदिम मनुष्य को इन प्राकृतिक साधनों से वंचित किया जाय तो उसका जीवित रहना असम्भव था। पाषाणयुगीन मानव इन्हीं परिस्थितियों में जीवन–निर्वाह करता था। अनेक कठिनाइयों से उभर कर वह किसी प्रकार जीवित था। सर्वप्रथम उसको आत्मरक्षा की चिन्ता हुई। प्रकृति के प्रकोपों और वन्य पशुओं के आक्रमणों से रक्षा पाने के लिए सर्वप्रथम उसने अपने आवास की व्यवस्था की। उसने सरिताओं के कगारों और पर्वतों की गुफाओं में शरण ली, क्योंकि ये स्थान सुरक्षित होने के अतिरिक्त खान–पान की दृष्टि से भी सुलभ थे। आवास की व्यवस्था करने के बाद उसे औजारों तथा हथियारों की आवश्यकता प्रतीत हुई। पग–पग पर भीषण वन्य पशुओं का डर होता था। छोटे आकार के पशुओं को तो वह भालों तथा लट्ठों से आहत कर सकता था, किन्तु बड़े हिंसक पशुओं का सामना करने के लिए उसे कारगर हथियारों की आवश्यकता थी। संकटमय स्थितियों से निपटने के लिए उउसने पहले तो पत्थरों को संवार–तराश कर उन्हीं से हथियारों का काम लिया कुछ समय पश्चात् उसने हड्डियों के हथियारों का भी निर्माण किया। ये हथियार आरम्भ में यद्यपि बड़े असुविधाजनक थे; किन्तु धीरे–धीरे उसने उनके प्रयोग में लकड़ी का संयोग कर उन्हें अधिक सुविधाजनक तथा कारगर बनाया। कुल्हाड़ीनुमा सुधरे हथियारों के अतिरिक्त उसने ऐसे भी कई नये औजार बनाये, जिनसे वस्तुओं को तोड़ने, छीलने, खोदने और जोड़ने में सहायता ली जा सकती थी। इस प्रकार की अधिकतर सामग्री तो काल के अन्तराल में विनष्ट हो गयी, किन्तु कुछ सामग्री शिवालिक की पहाड़ियों, उत्तरी–पश्चिमी पंजाब, पूंछ और जम्मू आदि स्थानों से प्राप्त हुई है। विद्वानों ने इस सामग्री को पांच लाख वर्ष प्राचीन रहा है।[6]

आत्मरक्षा और उदर–पूर्ति की आवश्यकताओं के हल हो जाने के बाद शीत–आतप–वर्षा आदि विभिन्न ऋतुजन्य विषमताओं से बचने तथा तन को ढंकने के लिए साधन भी उसने ढूंढ निकाले। जैसा कि पहले कहा गया है, प्राकृतिक और पशुध नहीं आदिम मनुष्य की आर्थिक आवश्यकताओं की पूर्ति करने में सहायक हुए। पेड़ों की पत्तियों तथा छालों को जोड़कर तथा मृतक पशुओं की खाल से शरीर को ढांपकर उसने अपनी रक्षा की।[7]

ऐसा प्रतीत होता है कि स्वभावतः अति क्रूर, बर्बर और निष्ठुर प्रवृत्ति के कारण आदिम मनुष्य में धार्मिक आस्था का जागरण नहीं हो पाया था। उपलब्ध सामग्री से स्पष्ट है कि पूर्व–पाषणयुगीन मनुष्य देवी–देवताओं की पूजा तथा आराधना में विश्वास नहीं करते थे। इस वास्तविकता को भी अस्वीकार नहीं किया जा सकता है कि उसे प्राकृतिक तत्वों तथा प्रकोपों का भय था। फिर भी उसके भीतर एक ऐसी अदृष्ट शक्ति का अस्तित्व प्रसुप्त रूप में विद्यमान था, जो कि इन सब कारणों के मूल में निहित थी। उत्तर–पाषाणकालीन मनुष्य में विकसित धार्मिक निष्ठा के आधार पर यह अनुमान लगाना सर्वथा कल्पित नहीं हो सकता है कि पूर्व–पाषाणयुगीन मनुष्य के अन्तरस्थ में अदृष्ट विश्वास अडिग रूप में विद्यमान थे।

आदि मानव से सम्बन्धित अन्य क्रिया–कलापों की परिचायक जो सामग्री उपलब्ध नहीं होती, उसकी अनिवार्य आवश्यकताओं तथा परिस्थितियों को दृष्टि में रखकर उसके सम्बन्ध में अनेक प्रकार की सम्भावनाओं से इन्कार नहीं किया जा सकता है। उसके सम्बन्ध में यह अनुमान लगाना सहज प्रतीत होता है कि उसकी आत्मरक्षा की प्रवृत्ति ने उसमें संगठन की भावना जागृत की। भयावह वन्य पशुओं का सामना करने के लिए उसे अन्य मनुष्यों की सहायता की अपेक्षा हुई होगी। उसने धीरे–धीरे अपने अनुभवों से यह भी जान लिया होगा कि कौन–सी ऋतु तथा समय आखेट के लिए उपयुक्त है। आखेटों तथा आक्रमणों के समय घायल या

क्षत–विक्षत हो जाने पर उपचार के लिए उसने वन्य औषधियों का ज्ञान हो जाने के साथ–साथ उसे फल–फूलों तथा विभिन्न वनस्पतियों की उपयोगिता की जानकारी भी अवश्य की हुई होगी। इस प्रकार अपनी आदिम अवस्था में ही मनुष्य ने ज्योतिर्विज्ञान, औषधि विज्ञान और वनस्पति विज्ञान की भविष्योन्नति का आधार खोज लिया था।

प्रागैतिहासिक युग की उपलब्ध विपुल एवं विभिन्न सामग्री के अध्ययन–अनुशीलन के आधार पर विद्वानों ने ऐसे प्रमाण खोज निकाले, जिनसे यह सिद्ध किया कि 'पूर्व' और 'उत्तर' पाषण युग के बीच एक लम्बा अन्तराल है। कुछ विद्वानों ने इस मध्यान्तर को संक्रान्तिकाल भी कहा है संक्रान्ति के इस अन्तराल को विद्वानों ने माइक्रोलिथिक युग (Microlithic-Age) और प्रोटो ओलिथिक युग (Proto-olithic-Age) के अन्तर्गत रखा है।

भारत में मध्य–पाषाणयुगीन उपकरण उत्तर में जमालगढ़ी (पेशावर जिला अन्तर्गत) और पश्चिम में कराची से लेकर पूर्व में सरायकला (बिहार) के विस्तृत भू–भाग से प्राप्त हुए हैं। यद्यपि इस युग के उपकरणों की परम्परा सुदूर भविष्य अर्थात् बौद्धयुग तक प्रवर्तित होती रही, किन्तु उसका आरम्भ पूर्व–पाषण–काल के तत्काल बाद में हुआ। इसलिए उसकी समय–सीमाओं के निर्धारण में विद्वानों का वैमत्य रहा है।

भारत में ब्रह्मगिरि (मैसूर) के रोप्पा गांव के निकट, पंजाब में उचाली और साबरमती घाटी की खुदाइयों से प्राप्त पशुओं की हड्डियों और मानव अस्थि–पंजरों को मध्य–पाषाण–युग के अन्तर्गत रखा गया है। इसी प्रकार सिन्धु (सक्कर, रोहरी) के उत्खननों से भी मध्य–पाषाणयुगीन मानव के अस्तित्व का पता चला है।

भारत में उपलब्ध इन विभिन्न उपकरणों के आधार पर यह निष्कर्ष निकाला गया है कि इस युग में मनुष्य नदी–घाटियों तथा पर्वत–कन्दराओं से निकलकर छोटी–छोटी पहाड़ियों में फैल गया था। इस अवस्था में चलकर उसे विभिन्न पशुओं की नस्लों का ज्ञान हो गया था। अनेक

खुदाइयों में मानव अस्थि–पिंजरों के निकट कुत्ते के अस्थि–पिंजर भी प्राप्त हुए हैं। वह कृषि–कर्म से अनभिज्ञ था। अभी भी उसकी आजीविका का मुख्य साधन आखेट ही था। इस युग में उसने पहले की अपेक्षा अपने शस्त्रास्त्रों के निर्माण तथा प्रयोग में अश्वमेव कुछ प्रगति कर ली थी। उत्खननों से प्राप्त मानव अस्थि–पिंजरों के अध्ययन से यह भी निष्कर्ष निकाला गया है कि पूर्व–पाषाणयुगीन मनुष्य की अपेक्षा मध्य–पाषाणयुगीन मनुष्य ने शवों को दफनाने की प्रथा को वरण कर लिया था। इस शव–दाह की प्रक्रिया से यह अनुमान होता है कि लोकोत्तर जीवन के प्रति उसका विश्वास होने लगा था।

भारत में विभिन्न प्रागैतिहासिक युगीन स्थानों की खुदाइयों से जो बहुविध विपुल सामग्री उपलब्ध हुई है उसके अध्ययन–परीक्षण से विद्वानों ने यह निष्कर्ष निकाला है कि उसमें एक लम्बा व्यवधान के आधार पर उसकी पूर्वापरता निश्चित की गयी है। फिर भी उसको सुनिश्चित समय–सीमाओं के भीतर रखना अत्यन्त दुष्कर कार्य है। समय–समय पर की गयी खुदाइयों में काश्नीर, सिंधु प्रदेश, उत्तर प्रदेश, बंगाल, बिहार, असम, मध्य प्रदेश, हैदराबाद, मैसूर और बेलारी जिले से उपलब्ध सामग्री द्वारा यह प्रमाणित किया गया है कि उत्तर–पाषाण–काल की सभ्यता भारत की ओर–छोर तक व्याप्त थी। इस युग की उल्लेखनीय उपलब्धियों में पालिश किये गये विशेष प्रकार के सुधरे हुए हथियार और औजार हैं। इनके अतिरिक्त ब्रह्मगिरि (मैसूर) के उत्खननों में कुछ मृण्पात्र भी उपलब्ध हुए हैं। मध्य–पाषाण–काल की अपेक्षा उत्तर–पाषाण–काल के शवों को दफनाने की प्रक्रिया में भी पर्याप्त परिवर्तन हो गया था, जिससे कि इस युग के मनुष्यों की धर्म–कर्म की अभिरूचि का परिचय मिलता है। इस युग की समय–सीमाओं को विद्वानों ने 1000–300 ई0 पू0 में निर्धारित किया है।

पूर्ववर्ती दोनों युगों की अपेक्षा उत्तर–पाषाणयुगीन सभ्यता अनेक दृष्टियों से उन्नतावस्था में पहुंच चुकी थी। इस युग की विशेष उल्लेखनीय बात यह है कि लोगों में कृषि–कार्य के प्रति अनुराग उत्पन्न

हो गया था। इससे पूर्व मनुष्य की आजीविका के साधन कन्द, मूल फल और पशु थे। किन्तु इस युग के मनुष्यों द्वारा कृषि–कार्य के लिए किन–किन साधनों का उपयोग होता था–इसका कोई सुनिश्चित प्रमाण अभी तक उपलब्ध नहीं हो सका है; फिर भी इतना निश्चित है कि अनाज काटने के लिए हंसिया का आविष्कार हो चुका था। उसकी घिसाई के लिए पाषाण–खण्डों का उपयोग किया जाता था।[8]

कृषि के प्रति इस युग के जनानुराग ने उसे पशुपालन के प्रति भी प्रेरित किया। इससे पूर्व मनुष्य के लिए पशुओं की उपयोगिता केवल आहारमात्र के लिए थी। मध्य पाषाणयुगीन मनुष्य ने कुत्ते को अपने सहचर के रूप में अपना लिया था। इसलिए कि आखेट के समय वह उसके लिए उपयोगी सिद्ध हुआ था। किन्तु अन्य पशुओं के उपयोग के प्रति उत्तर–पाषाणकालीन मनुष्य ने ही सर्वप्रथम पशुओं का उपयोग किया। पशुओं से वह भारवहन का काम लेता था। कुछ पशुओं से उसे दुग्ध भी मिलता था। इस युग में मनुष्य की जिन पशुओं के प्रति अधिक निकटता हो चुकी थी, उनमें गाय, बैल, भैंस, भेड़, बकरी, कुत्ता और घोड़ा विशेष रूप से उल्लेखनीय है। इन पशुओं द्वारा वह विभिन्न कार्य–सम्पादन करने लगा था।

इससे पूर्व मनुष्य के उपयोग की अधिकतर सामग्री पाषाण–निर्मित थी, किन्तु इस युग में उसने मिट्टी के बर्तनों का निर्माण तथा उपयोग करना आरम्भ कर दिया था। यह मृण्मय सामग्री दैनिक जीवन के उपयोग में आने वाले छोटे–छोटे पात्रों के रूप में अनाज आदि रखने के लिए विशाल भाण्डों के रूप में निर्मित होने लगी थी। इस मृण्मय सामग्री के परीक्षण से ज्ञात होता है कि उसका निर्माण केवल हाथों द्वारा किया गया था। मृत्पात्र बनाने में चाक तथा अन्य किसी औजार का प्रयोग नहीं किया गया था।

सभ्यता के उत्तरोत्तर विकास ने उत्तर–पाषाणयुगीन मनुष्य ने नये निर्माण कार्यों की प्रेरणा एवं जिज्ञासा उत्पन्न की। पहले वह अपने शरीर

की रक्षा के लिए वृक्ष–छालों, पत्तों तथा चर्म को उपयोग में लाता था; किन्तु अब वह बुने हुए वस्त्रों की उपयोगिता समझने लगा था। इस भावना से उसने कताई–बुनाई की कला को जन्म दिया। उसने पेड़–पौधों के रेशें (और सम्भवतः कपास की रूई) से वस्त्रों का निर्माण प्रारम्भ किया। वनस्पति तथा मृत्तिका पाषाण के चूर्ण से बने रंगों से कपड़ों को रंगकर उन्हें चित्ताकर्षक बनाया।

प्रगतिशील तथा समुन्नत जीवन की ओर अग्रसर होते हुए उसने अपने आवास की परिस्थितियों में भी सुधार किया। अब तक वह नदियों के कगारों, पर्वत–कन्दराओं में ही निवास करता था। अब उसने सुविधाजनक खुले स्थानों पर घास–फूस, पेड़–पौधों और मिट्टी–पत्थर की सहायता से अपने रहने के लिए छोटी–छोटी झोपड़ियों का निर्माण किया। अपने शस्त्रास्त्रों की दिशा में भी उसने परिवर्तन किया। यद्यपि अभी उसके शस्त्रास्त्रों के साधन लकड़ी, हड्डी तथा पाषाण के पुराने ही उपकरण थे; किन्तु उनकी रूप–रेखा में अब पर्याप्त सुधार हो चुका था। वे अधिक सुव्यवस्थित, सुडोल और उपयोगी होने के साथ–साथ सुसज्जित, सुविधाजनक और देखने में सुन्दर थे।

उत्तर–पाषाणयुगीन मनुष्य की उन्नतिशील बुद्धिमता की विशेष उल्लेखनीय उपलब्धि अग्नि का आविष्कार था। अग्नि के आविष्कार ने उत्तर–पाषाणयुगीन मनुष्य–जीवन की चहुंमुखी उन्नति के द्वार खोल दिये। आग के प्राप्त हो जाने के बाद उसने अपनी सुरक्षा तथा सुविधा के अनेक उपाय ढूंढ निकाले। उसके द्वारा एक ओर तो उसने शीतकाल के कष्टों से मुक्ति पायी और दूसरी ओर उसने अग्नि द्वारा वन्य पशुओं से अपने को बचाया। प्रारम्भ में वह कच्चे मांस से ही उदर–पूर्ति करता था; किन्तु अब मांस पकाने, भोजन बनाने तथा मृत्तिका भाण्डों को तपाने के लिए उसने आग का उपयोग किया।[9]

इस प्रकार मनुष्य ने परिस्थितियों और वातावरण को अपने अनुकूल बनाते हुए निरन्तर नये आविष्कारों तथा जीवनोपयोगी सुविधाओं

का निर्माण कर सभ्यता और संस्कृति का उत्तरोत्तर विकास किया। इससे पूर्व वह सहयोग तथा संगठन की भावना से अपरिचित था। अकेले ही वह परिस्थितियों तथा बाधाओं से निबटता रहा। मध्य–पाषाण–युग में उसने सहयोग तथा संगठन की उपयोगिता को अनुभव किया और उत्तर–पाषाण–युग में उसने सहयोग तथा संगठन में आबद्ध हो चुका था। इस जन–सहयोग ने सामाजिक जीवन की नींव डाली। इसी से जन–जीवन में पारस्परिक कार्य–विभाजन की नयी आर्थिक व्यवस्था का जन्म हुआ, जिसके फलस्वरूप परम्परागत उद्योग–व्यवसायों का वर्गीकरण हुआ। जिनकी जिस व्यवसाय में अधिक अभिरूचि तथा दक्षता थी, उन्हें उसका सवामित्व प्रदान किया गया। समाज में निरंतर बढ़ती हुई इस औद्योगिक एवं व्यावसायिक प्रगति ने नये आर्थिक संगठन का निर्माण किया। उससे पारस्परिक प्रतियोगिता की भावना जगी और उसने मनुष्य को अधिकाधिक श्रम अर्जित करने के लिए प्रेरित किया। श्रम की इस समाजीकरण पद्धति ने 'परिवार–संस्था' को जन्म दिया। 'समाज–संस्था' के संचालक को 'नेता' और 'परिवार–संस्था' के संचालक को 'पिता' की मान्यता प्राप्त हुई।

इस प्रकार उत्तर–पाषाण–युग की व्यवस्थित जीवन–पद्धति ने समाज में अनुशासन, प्रेम, सहानुभूति तथा पारस्परिक सहयोग को बढ़ावा देकर एक विकासशील सांस्कृतिक पृष्ठभूमि का निर्माण किया। इसके साथ ही भौतिक जीवन में स्वार्थ–स्वहित की भावना को बढ़ाया। अन्न तथा पशुओं की उपयोगिता ने मनुष्य में संचय की प्रवृत्ति को जन्म दिया जिसके फलस्वरूप 'सम्पत्ति' की लिप्सा का उदय हुआ। उससे समाज में धनिक तथा निर्धन का विभेद उत्पन्न हुआ। इस आर्थिक असमानता ने वर्ग–संघर्ष की नींव डाली। यद्यपि यह वर्ग–संघर्ष अधिकारों की अधिकाधिक स्वायत्तता को उभारता गया, फिर भी उनसे उसकी प्रगति में किसी प्रकार का व्यवधान उपस्थित नहीं हुआ।[10]

इस प्रकार आदिम मनुष्य के पाषाण–युग तक के जीवन–क्रम पर

विचार करते हुए पहली बात जो सामने आती है, वह यह है कि जोखिम और साहस के बल पर अपनी जिज्ञासाओं की पूर्ति के लिए वह निरन्तर आगे बढ़कर नये–नये अनुभवें को समेटता गया। अपनी आदिम व्यवस्था में तो वह केवल प्रकृति पर ही अवलम्बित था। प्राकृत धर्मो से अभ्यस्त होकर उसने धीरे–धीरे उनकी अनुकूलता तथा प्रतिकूलता का रहस्य हृदयंगम किया। ऋतुओं, जलवायु, आकाश–मण्डल और वनस्पतियों के निरन्तर साहचर्य के कारण आदिम मनुष्य ने उनके प्रभावों तथा प्रतिक्रियाओं का ज्ञान प्राप्त किया। सभ्यता के इस नवोन्मेष ने मनुष्य को खगोलविद्या, जलवायु विज्ञान, ज्योतिर्विज्ञान और आयुर्वेद विज्ञान की खोज के लिए प्रेरित एवं उत्साहित किया; कृषि, पशुपालन तथा अन्य प्राकृत सम्पादा के उपयोग से कृषिशास्त्र, पशुविद्या और वनस्पतिशास्त्र के आधुनिक विकास–क्रम की भूमिका की आधारशिला रखी।

प्राकृतिक धर्मों पर अवलम्बित होने के कारण आदिम मनुष्य जन्मतः ही एक अदृष्ट भय का दास बना हुआ था। इस अदृश्य भय ने उसमें अनेक प्रकार के अंधविश्वासों को जन्म दिया। उनके निवारण के लिए उसने एक ऐसी शक्ति पर विश्वास किया, जो उसकी अधि–व्याधियों तथा प्राकृतिक प्रकोपों का उपशमन करने में सक्षम थीं। उसके शव–दाह के संस्कार ने कदाचित् उसमें मरणोपरान्त लोकोत्तर जीवन की जिज्ञासा को जगाया। शवों की सुरक्षा के लिए निर्मित समाधियों, मृत्तिका पात्रों पर रखी हुई भस्म और शवों को दफनाने के दिशाज्ञान से एक ओर तो यह विदित होता है कि आदिम मनुष्य ने मृत व्यक्तियों की स्मृति में स्मारक निर्माण किये। दूसरे, इसके साथ यह भी स्पष्ट हो जाता है कि उसके अन्तःकरण में धर्म का भी स्फुरण हो गया था। मृत व्यक्ति के प्रति उसके श्रद्धाभाव का एकमात्र कारण यही हो सकता है कि उसे लोकोत्तर जीवन का आभास हो चुका था।[11]

धातुयुगीन समाज की सभ्यता

आदिम मनुष्य अपनी निरन्तर प्रगति से पाषाणयुगीन सभ्यता से

धातुयुगीन सभ्यता में प्रविष्ट हुआ। अग्नि के आविष्कार ने मनुष्य को इस उन्नत धातु युग की दिशा में अग्रसर किया। अपनी पाषाणयुगीन सभ्यता को धातुयुगीन सभ्यता में परिवर्तित करके एक ओर तो उसने अपने हथियारों तथा औजारों को अधिक कारगर तथा वैज्ञानिक बनाया और दूसरी ओर आर्थिक प्रगति की दिशा में नये रचनात्मक कार्य किये। इस धातुप्रधान युग में सर्वप्रथम ताम्र का, फिर कांस्य का और उसके बाद लौह का उपयोग हुआ। ताम्र–युग तथा कांस्य–युग की सभ्यता का अधिक प्रभाव उत्तर भारत में ही था। लौह–युग की सभ्यता प्रधानतया दक्षिण भारत तक ही सीमित रही।

धातुयुगीन सभ्यता ने तत्कालीन सामाजिक जीवन का अधिक सुव्यवस्थित एवं सुगठित विकास किया। लौह–युग वास्तव में प्रागैतिहासिक भारत के पुनरूत्थान का युग है। लोहे की उपलब्धि ने मानव–सभ्यता के नये युग के द्वार खोले।

भारत में धातुयुगीन सभ्यता की जो सामग्री गंगा–यमुना के दो–आब से प्राप्त हुई उसका विशेष महत्व है। इस सामग्री में कुल्हाड़ियाँ, तलवारें, कटारें, हार्पूस और छल्ले आदि वस्तुएं प्रमुख है। इस सामग्री के अनुसन्धायक विद्वानों का अभिमत है कि सिन्धु–सभ्यता से प्राप्त सामग्री से वह सर्वथा भिन्न है। यह सामग्री लगभग ईरान, काकेशस प्रदेश और डेन्यूब घाटी से उपलब्ध सामग्री जैसी है; जिसका समय 1300 ई0 पू0 निर्धारित किया गया है। किन्तु भारत मे जो सामग्री प्राप्त हुई है उसका समय 300–100 ई0 पू0 के मध्य का है।[12]

इतिहासकारों तथा पुरातत्ववेत्ताओं को एक नगरविहीन सभ्यता और अविकसित अर्धकृषक संस्कृति के रूप में आदिम आर्य कबीलों से सर्वप्रथम, परिचय हुआ। इस सभ्यता में कांसे तथा तामे की वस्तुओं का प्रचुर उपयोग, अन्नोत्पादन के प्रमाण, दुधारू, पशु, घोड़े, रथ, गाड़ियाँ, हल, ऊन, कताई–बिनाई और एक ऐसा कबीला, जिसमें पैतृक मुखिया का अस्तित्व था, सर्वप्रथम प्रकाश में आया। वह मुखियाप्रधान कबीला

प्रकृतिपूरक और बलि में विश्वास रखता था।

संदर्भ

1. भट्टाचार्य, सुखमय : महाभारत कालीन समाज, लोक भारती, इलाहाबाद, 1966, पृ054
2. गुप्त, परमेश्वरीलाल : प्राचीन भारत के प्रमुख अभिलेख, भाग 1–2, वाराणसी, पृ0 134
3. गुप्ता, देवेन्द्र कुमार : प्राचीन भारतीय समाज एवं अर्थव्यवस्था, न्यू भारतीय बुक कॉर्पोरेशन, दिल्ली, 2004, पृ0 167
4. डे, एन0एल0 : ज्योग्राकिल डिक्शनरी ऑफ एशियन्ट एण्ड गिडिबल इण्डिया, लन्दन, 1927, पृ0 21
5. विद्यालंकार, जयचन्द्र : भारतीय इतिहास की रूपरेखा, 2 भाग, इलाहाबाद, 1933, पृ0 121
6. इलियट, एचएम0: हिस्ट्री आफ इंडिया एज टोल्ड बाई इट्स ऑन हिस्टोरियन्स (जिल्द 8), लन्दन, 1866–67; अलीगढ़, जि0 2, 1952; किताब महल इलाहाबाद (नया संस्करण), पृ0 233
7. कोशाम्बी, डी0 डी0 : द कल्चर एण्ड सिविलिजेशन ऑफ ऐंश्येण्ट इण्डिया, लंदन, 1964, पृ0 134
8. चट्टोपाध्याय, देवीप्रसाद : प्राचीन भारत में विज्ञान और समाज, नई दिल्ली, 2001, पृ0 113
9. महा (डॉ0) सत्यप्रकाश : वैज्ञानिक विकास की भारतीय परम्परा, पटना, 1919
10. शर्मा, आर0एस0 : प्रारम्भिक भारत का सामाजिक और आर्थिक इतिहास, दिल्ली, 1992, पृ0 147
11. हॉर्नले, ए0 एफ0 आर0 : स्टडीज ऑफ मेडिसिन इन ऐंश्यण्ट इण्डिया, क्लारेण्डन प्रेस, ऑक्सफोर्ड, 1907, पृ0 134
12. शर्मा, आर0एस0 : प्राचीन भारत में भौतिक प्रगति एवं सामाजिक संरचनाएँ, नई दिल्ली, 1993, पृ0 23

5

ईसा पूर्व तृतीय शताब्दी में भारतीय समाज

सिन्धु एवं उसकी सहायक नदियों की निम्नतर घाटी, जो प्राचीन पूर्व में उच्चतर सभ्यता का तृतीय केन्द्र है, ऐसी बाढ़ से बनी समतल भूमि होने के कारण मिस्र और बेबिलोनिया के समान है, जिस पर वर्षा का न्यूनता के कारण व्यवस्थित कृषि मुख्यतः प्राकृतिक अथवा कृत्रिम सिंचाई पर निर्भर करती है। प्रागैतिहासिक समय में बेबिलोनिया के साथ यह साम्य और भी निकटतर रहा होगा क्योंकि सिंध उस समय वास्तव में मेसोपोटामिया था, जो पश्चिम में सिंधु के अतिरिक्त पूरब में प्रसिद्ध मिहरन (सरस्वती) के द्वारा सींचा जाता था। परंतु, मेसोपोटामिया की अपेक्षा यहाँ प्राकृतिक सिंचाई का क्षेत्र अत्यधिक बड़ा है, जो ठीक दक्षिणी पंजाब के आर–पार और तलहटी तक फैला हुआ है। सतलुज, रावी, चिनाव और झेलम के विस्तृत मैदान, असीरिया के उच्च समतल भू–भाग के विपरीत वास्तविक सिंध के समतल के विशुद्ध विस्तार का निर्माण करते हैं और आकार में यह प्रांत आजकल इराक से बहुत भिन्न है। यह आधुनिक सुमेर की तरह न तो मुख्यतः वनस्पति विहीन धरती है और न प्रागैतिहासिक सुमेर और आधुनिक दक्षिणी इराक की तरह दलदल ही है।

जहाँ भी बांधों के कारण बाढ़ का पानी अब प्रवेश नहीं कर पाता है वहां भी निम्न समतल उपभूमि जल से पोषित वृक्षों और झाड़ियों के नियमित वन से ढंके हुए हैं। यद्यपि उपभूमि का स्तर प्रागैतिहासिक समय से ऊपर उठ गया है क्योंकि आजकल यह पृथ्वी की पुरानी सतह से 10 या 15 फीट ऊपर है, तथापि समतल की ओर नदी के तल के सापेक्ष स्तर संभवतः अपरिवर्तित रह गए हैं। खास मोहनजोदड़ो[1] नगर बाढ़ क्षेत्र में था। यद्यपि आजकल की बाढ़ों की अपेक्षा वे बाढ़ें प्रायः कम विध्वंसक थीं, तथापि पुरानी बाढ़ें सिंचाई की उन्हीं सुविधाओं को सूचित करती हैं, जैसी आजकल विद्यमान हैं। इसके अतिरिक्त, आजकल की अपेक्षा प्रचुर वर्षा के संकेत मिलते हैं। प्रागैतिहासिक प्रलेख प्रारंभिक सुमेरीय कला के अर्ध वन्य प्राणियों के प्रतिकूल बाघों, हाथियों और गेंडों जैसे वन्य प्राणि–वर्ण को प्रदर्शित है।

1922 ई0 में सिन्धु–सभ्यता के अवशेषों ने विश्व–सभ्यता का इतिहास को एक और नया अध्याय अर्पित किया। उसके द्वारा भारत की उच्च मेधा और उसके चरमोन्नत ज्ञान–विज्ञान की विपुल विरासत से विश्व का सर्वप्रथम परिचय हुआ। इस सभ्यता को प्रकाश में आये अभी केवल अर्धशताब्दी हुई। इस महान् सभ्यता के परिचायक दो विलुप्त नगरों हड़प्पा और मोहेनजोदड़ों का पता लग जाने के अनन्तर विश्व के इतिहासज्ञ विद्वानों को भारतीय इतिहास पर नये सिरे से विचार करने के लिए बाध्य होना पड़ा। गत 1920 ई0 में पुरातत्वज्ञ श्री माधोस्वरूप वत्स और श्री दयाराम साहनी ने हड़प्पा नगर का उत्खनन किया। यह नगर सम्प्रति पाकिस्तान के मुलतान जिले में है। उसके दो वर्ष बाद 1922 ई0 में तीसरे पुरातत्वज्ञ विद्वान डॉ0 राखालदास बनर्जी ने मोहेनजोदड़ो नामक दूसरे नगर की खुदाई की। इस नाम के ढूह सिन्धु (पाकिस्तान) के लरकाना जिले में अवस्थित है। इन दोनों नगरों की दूरी लगभग 400 मील है। इन उत्साहवर्द्धक उपलब्धियों से प्रेरित होकर 1925 ई0 में श्री अर्नेस्ट मैके ने मोहनजोदड़ो से 80 मील दक्षिण–पश्चिम

में इसी सभ्यता के एक अन्य केन्द्र चान्हूदड़ो में खुदाई की। इतने विस्तृत क्षेत्र में फैली इस महान् सभ्यता के परिचायक उक्त तीन केन्द्रों के प्रकाश में आ जाने के बाद विद्वानों ने उसका विस्तार शिमला की पहाड़ियों से लेकर काठियावाड़ तक सिद्ध किया। "सिन्धु–घाटी–सभ्यता पश्चिम में उत्तरी बलूचिस्तान और सतलज नदी के किनारे–किनारे उत्तर में हिमालय की निचली पहाड़ियों तक और पूर्व में बहावलपुर में सरस्वती नदी के किनारे–किनारे तक फैली थी" (मुकर्जी : भारत की संस्कृति और कला, पृ0 43)। इस क्षेत्र के अन्तर्गत उत्तर–पश्चिम सीमाप्रान्त, पंजाब, सिंध, राजपूताना और गंगा घाटी का विस्तृत भू–भाग सम्मिलित था। इस भू–खण्ड के निवासियों द्वारा निर्मित सभ्यता के दो भव्य केन्द्र हड़प्पा और मोहेनजोदड़ो सम्भवतः राजधानियाँ थीं, जिनका शासन दो विभिन्न शासकों के हाथ में था।

इस सभ्यता के अनुसन्धायक अन्य पुरातत्वज्ञ, इतिहासविद् और नृतत्वज्ञ विद्वानों में डॉ0 डी0एन0 मजुमदार, सर अरियल स्टीन, एच0 हारग्रीब्ज, पिगट, ह्वीलर, अमलानन्द घोष और ब्रजवासीलाल का नाम विशेष रूप से उल्लेखनीय है।

सिन्धु–घाटी की सभ्यता के प्रकाश में आ जाने के बाद एक ओर तो ऋग्वैदिक सभ्यता की पूर्वापरता पर विद्वानों ने नये सिरे से विचार किया और दूसरी ओर मानव प्रजाति के इतिहास को नया आलोक मिला। हड़प्पा, मोहनजोदड़ों और चान्हूदड़ो नगरों की खुदाइयों से प्राप्त लगभग पचास अस्थि–पंजरों की तुलनात्मक परीक्षा करने पर विद्वानों ने यह निष्कर्ष निकाला कि उनका सम्बन्ध भारत में आने वाली चार विभिन्न आदिम जातियों से है। उनके नाम थे–प्रोटो–आस्ट्रेलायड, भूमध्यसागरीय, मंगोलियन और आल्पाइन। इस रूप में यद्यपि सिन्धु–सभ्यता के निर्माण में इन चारों आदिम जातियों का योगदान रहा, किन्तु उनमें प्रधानता भूमध्य सागरीय जातियों की थी। शेष तीन जातियों की सभ्यताओं को अपने अन्तराल में समाहित कर इस आभिजात्य जाति ने भारत भूमि पर अपनी

अत्यन्त उन्नत, सम्पन्न एवं सुसंस्कृत विरासत को संस्थापित किया।

विद्वानों का अभिमत है कि मोहनजोदड़ो से प्राप्त पानी के निकास के साधनों, बांधों के निर्माण कार्यों, मिट्टी के बर्तनों, कांसे की वस्तुओं और पकायी गयी ईंटों के उपकरणों का उत्तर–पश्चिम भूमध्यसागरीय सभ्यता की उपलब्ध सामग्री से सादृश्य है। सिन्धु–घाटी की सभ्यता का मूल उद्गम द्रविड़ था और उनका प्रजातीय प्रसार सम्भवतः भूमध्यसागर से हुआ था।

इस सिन्धु–सभ्यता का प्रसार अरब सागर से लेकर शिमला की पहाड़ियों तक व्यापत था। हड़प्पा और मोहेनजोदड़ो उसके दो प्रधान केन्द्र थे। कई दृष्टियों में यह सभ्यता ईरानी तथा सुमेरी सभ्यताओं से उच्चतर थी। सुमेर के साथ सिन्धुवासियों के व्यापारिक सम्बन्ध होने के कारण यद्यपि सिन्धु सभ्यता पर मेसोपोटामिया की सभ्यता का प्रभाव पड़ा, किन्तु अपने मूल रूप में उसकी अखण्डता सतत सुरक्षित बनी रही।

भारत में इस इतनी अत्युन्नत सभ्यता का उदय एकाएक नहीं हुआ। वस्तुतः वह प्रागैतिहासिक धातुयुगीन सभ्यता का ही विकसित रूप थी। इस सभ्यता का नागरिक जीवन के अभ्युत्थान में विशेष योगदान रहा। उपलब्ध सामग्री से विदित होता है कि विशाल नगर, ईट–पत्थरों द्वारा निर्मित भवन एवं दुर्ग, चौड़ी पक्की सड़कें, नालियाँ, सुन्दर स्नानागार, सुन्दर अलंकृत मृत्पात्र, पशुअंकित मुद्राएं सिन्धुवासियों की परम्परागत उन्नति के परिचायक थे। उनकी इन समुन्नतियों के मूल में निश्चित ही उनके सुविचारित, सुविज्ञ एवं सुनिश्चित कार्यक्रम निहित थे। हड़प्पा, मोहनजोदड़ों, चान्हूदड़ो और लोहमजूदड़ो अन्य देशों के प्रमुख नगरों की भांति नदियों के तट पर स्थित थे। यद्यपि नगर निर्माण की उनकी वैज्ञानिक सूझ ने उनको अनेक प्रकार से लाभान्वित किया होगा, फिर भी यह निश्चित है कि इन नदियों के कारण तटवर्ती नगरों को बार–बार व्यापक क्षति पहुंची होगी। मोहनजोदड़ो नगर दो बार बना और

दो ही बार पुनः स्थापित हुआ। मोहनजोदड़ो तथा हड़प्पा के ध्वंसावशेषों की कई तहें प्राप्त हुई हैं, जिनका समय भिन्न–भिन्न निर्धारित किया गया है। इस दृष्टि से उनकी क्षति का प्रमुख कारण नदियों की बाढ़ें हो सकती है।

सिन्धुवासियों में सुव्यवस्थित जीवन के परिचायक उनके उक्त नगर थे। नगरों का फैलाव विस्तृत था। उनकी सुरक्षा के लिए चहारदीवारी या परकोटे बनाये गये थे। उन नगरों में सुसज्जित विशाल भवन, समकोण पर काटते सुविधाजनक मार्ग थे। प्रत्येक मार्ग तथा गलियों में ईंटों की बनी नालियाँ थीं। नगरों के भीतरी सुरक्षा द्वार, विभिन्न व्यवसायों के लिए अलग–अलग उप–नगरों की व्यवस्था–आदि उनके निर्माताओं के नगर–निर्माण ज्ञान के परिचायक थे। इन सुविचारित योजनाओं के मूल में निश्चित ही निपुण इंजीनियरों का हाथ रहा होगा। इन नगरों की सड़कों और नालियों के सम्बन्ध में उनके खोजकर्ता विद्वानों का अभिमत है कि वे आधुनिक पेरिस तथा लन्दन नगरों की तुलना में अधिक उन्नत थी।

हड़प्पा और मोहनजोदड़ों के दोनों नगर प्रांतीय–नगरों, दुर्गरक्षित गांवों और संभवतः सीमांतवर्ती सैनिक अड्डों और कारखानों जैसे अपेक्षाकृत कतिपय छोटे स्थलों[2] के बीच में स्थित एकमात्र ''साम्राज्य'' में युग्म राजधानियों की तरह खड़े हैं। कारखानों के क्षेत्रफल में 60,000 वर्ग फुट से लेकर 700,000 वर्ग फुट (1.25 से 15.5 एकड़) तक का अंतर है। परंतु, एक शतक पूर्व हड़प्पा[3] में दीवाल से घिरे क्षेत्र की सीमा हर ओर आधा मील देखी जा सकती थी। मोहनजोदड़ो का वृत्त किसी भी हालत में निम्न कोटि का नहीं रहा होगा। परंतु, हम उस स्रोत का रूप निर्धारण नहीं कर सकते जिसकी चारों तरफ गांव के नगर के रूप में परिवर्तन के लिए अपेक्षित अतिरिक्त संपत्ति एवं पूंजी पूंजीभूत होती थीं। केवल 1947 ई0 से हमने जाना है कि प्रत्येक राजधानी पक्की ईंटों के ठोस अंतरंग प्रकार से रक्षित एक उत्तुंग दुर्ग से संरक्षित[4] थी। हड़प्पा का दुर्ग

460X215 गज में फैला था। एक विशाल धान्यागार इससे संबद्ध था, जिसका समग्र क्षेत्रफल 168X135 वर्गफुट था और इसमें प्रत्येक छः प्रकोष्ठों वाले दो संविभाग थे। 1950 ई0 में मोहनजोदड़ो में इसी के तुल्य एक धान्यागार का पता लगा। यह धान्यागार दुर्ग के घेरे के भीतर था।

यह स्पष्ट है कि एक शासक इन दुर्गों में रहता था और इससे संबद्ध धान्यागार इसकी आर्थिक शक्ति को दृढ़ता के साथ अभिव्यक्त करते हैं। सुमेरीय नगर देवता अथवा दिव्य फराऊनों के समान वह नगर के अधीनस्थ प्रदेशों द्वारा उत्पादित वास्तविक धन को संकेंद्रित करता था। पर, क्या यह काल्पनिक ईश्वर था, अथवा वास्तविक दिव्य राजा[5] एक बौद्ध स्तूप और आधुनिक कब्रों ने क्रमशः एक मंदिर अथवा प्रासाद को प्रकाश में लाने की संभावना से पूर्ण दुर्गों के पूर्ण उत्खनन में व्याघात उपस्थित कर दिया है। मोहनजोदड़ो के दुर्ग में प्रकाश में आया हुआ भव्यतम भवन एक सार्वजनिक स्नानागार है। परंतु, अब तक अनिर्णीत स्वरूप वाले इस स्रोत की क्षमता का अनुमान खुद भग्नावशेषों द्वारा अभिप्रमाणित शासन–पद्धति से किया जा सकता है।

सुचिंतित योजना के आधार पर सावधानी के साथ नगरों की स्थापना हुई थी और पुनर्निर्माण की अनेक, प्रावस्थाओं तक दृढ़ता के साथ योजना का अन्वयन किया जाता था, जिसके फलस्वरूप सड़कों की चौड़ाई सर्वदा स्थिरता के साथ अक्षुण्ण रखी जाती थी। नगरों में विस्तृत सोपानबद्ध प्रणालियों की व्यवस्था थी, ये प्रणालियां गर्तों में गिरती थीं और इन गर्तों की समय–समय पर, संभवतः सार्वजनिक पदाधिकारियों द्वारा, सफाई होने पर ही ये कार्योपयोगी हो सकती थीं।

खास नागरिक जनता के बीच वास्तुकला संबंधी अवशेष लगभग वर्ग विभाजन में परिणामित होने वाले धनगत वैषम्य को प्रदर्शित करते है। हड़प्पा[6] में ठीक दुर्ग के नीचे दो कमरे वाले एक दूसरे से अलग पंक्तिबद्ध कुटीर बने हुए थे जो प्रत्यक्ष रूप में शिल्पियों के आवास का काम करते थे। इन कुटीरों में और प्रांगणों, स्नानगृहों, अनेक प्रकोष्ठों और बहुधा

निजी कूप से युक्त तथा हड़प्पा के मध्य वित्तवर्गीय कहाने योग्य व्यक्तियों के आवास का काम करने वाले विशाल दो मंजिला मकानों में अत्यधिक अंतर है। तथापि, इन मकानों में भी निचले तल्ले के कमरे, दुकानों या भंडारों (गोदाम) का काम करते थे।

जातीय विषमताओं ने भी नगर की जनता[7] को विभक्त किया होगा। यह निश्चित रूप से मिश्रित थी। कंकालीय अवशेष और छोटी मूर्तियाँ निस्संदिग्ध रूप में शारीरिक संरचना के आधार पर विभिन्न अनेक प्रकारों से संबंधित हैं। सामाजिक व्यवस्था के निम्न स्तर में आदिम, "आग्नेय" कुटुंब आता है। एक छोटी कांस्य मूर्ति की रूखड़ी नाक और मोटे हौइ दक्षिण भारत के अवशिष्ट आदिवासी कबीलों के साथ इस दल की बंधुता को शीघ्रता के साथ प्रकट करते हैं और इसके आधुनिक प्रतिनिधियों के समान समाज में इसका जो स्थान था उस पर भी प्रकाश डालते हैं। पूर्वोक्त प्रकार की तरह एक उच्चतर दीर्घ कपाल प्रकार का यूरोअफ्रीकी अथवा भू–मध्य सागरीय नाम भी रखा गया है। यह दीर्घ कपाल प्रकारों में से अन्यतम प्रकार के निकट प्रतीत होता है और चित्रित मूर्तियों में दाढ़ी मूंछ मुड़े हुए ऊपर के ओठ और बिल्कुल सुमेरीय रीति से केशपाश के रूप में संवरे हुए लंबे बाल के द्वारा यह समता दृढ़ हो जाती है। तीसरे स्थान में, एक पृथक–कपाल एल्पाइन अथवा आर्मेवाइड (Armenoid) प्रकार अक्कद (Akkad) में किश (Kish) की तरह (यहाँ भी) प्रस्तुत किया गया है। अंततः केवल एक कंकाल और अनेक मिट्टी की छोटी मूर्तियाँ निस्संदिग्ध रूप से मंगोल अथवा मंगोल–सम प्रकार से संबंधित है। ये इस जातीय प्रकार के अब तक प्रकाश में लाए गए, आदितम तिथित, पर हड़प्पा के उत्तरकालीन उदाहरण है।

इस मिश्रित जनता को आश्रय देने वाले, बड़े नगर लगभग समग्र रूप में ईंटों के बने थे और अधिकांश ईंटें भटठी में पकाई गई थीं। मोहनजोदड़ो में भरने के काम को छोड़कर कच्ची ईंट का प्रयोग शायद ही कभी होता था। हरप्पा में कभी–कभी कच्ची और भट्ठी में पकी ईंटें

दीवालों के (निर्माण) क्रम में पारी–पारी से प्रयुक्त होती थीं। तथापि, प्रारंभिक किलाबंदी में ईंटों के किनारे में लकड़ियाँ लगाई जाती थीं। यह विधि कच्ची ईंट की वास्तुक्रिया के लिए अधिक उपयुक्त थी जो अंत में छोड़ दी गई। ईंटें बिल्कुल सादी बनती थी, परंतु कुछ प्रत्यक्ष साक्ष्य मिला है कि इस पर मिट्टी का पलस्तर किया जाता था जो बौद्ध तथा आधुनिक भारत की तरह निस्संदिग्ध रूप में सजावट का एक साधन रहा होगा। लकड़ी, जिसमें स्थानीय शीशम काठ और प्रायः हिमायल के जंगलों से आयातित सागोन सम्मिलित थे, मकान बनाने के काम में प्रयुक्त होती थी, पर पत्थर का प्रयोग कदाचित ही होता था। बेबिलोनीय वास्तुकला के विशिष्ट स्वरूप पत्थर के द्वारा–छिद्रों का स्थान ईटों के द्वारा छिद्रों ने लिया था। अपेक्षाकृत बड़े मकानों में कूप और स्नानगृह–इन दोनों की व्यवस्था थी। पर, असंदिग्ध शौचालय केवल एक बाद के मकान में पाए गए थे।

मिस्र और बेबिलोनिया की अर्थव्यवस्था की तरह सिंधु घाटी की अर्थव्यवस्था सिंचाई (पर निर्भर) और कृषि पर आधारित थी। खाद्योचित गेहूं (Triticum Compactum) जौ, खजूर, मटर और तिल की खेती होती थी। तौल की इकाई धान के उत्पादन को सूचित करती है, परंतु प्रत्यक्ष साक्ष्य का अभाव है। कपास ने पटसन का स्थान लिया। ककुदमान भारतीय पशु (पालतू सांड) और एक ककुदविहीन कुल (केवल मुद्राओं तथा मिट्टी के प्रतिरूपों से ज्ञात) भैंसे, बकरे (Urial), भेंड़ें, मुर्गे, मुर्गियाँ और हाथी पालतू बना कर रखे जाते थे। सुअरों की हड्डियाँ सर्वसाधारण होते हुए भी स्थानीय जंगली सुअर से संबंधित जान पड़ती हैं। अतः अनिवार्य रूप से शूकर पालन का संकेत नहीं करती है। मोहनजोदड़ो के नवीनतम स्तरों में ऊँटों, गधों और घोड़ों की हड्डिउयाँ मिलती हैं। परंतु ये पशु मुद्राओं अथवा मिट्टी के नमूनों पर प्रदर्शित नहीं किए गए हैं। अतः ये हड़प्पा सभ्यता के समाप्त होने के बाद ही यहां आए होंगे।

ये नगर अनिवार्य रूप से वाणिज्य के केन्द्र थे और विस्तृत क्षेत्र से खाद्य पदार्थ भी प्राप्त करते थे। पहिएदार सवारियों और नावों से

यातायात में सुविधा हुई। पहिए तीन ठोस तख्तों के बनाए जाते थे और जैसा सुमेर और इलाम (Ellam) में तथा आधुनिक सिंध में देखा जाता है–बीच के तख्ते पर उभाड़दार धुरा रहता था।[8] मिट्टी और कांसे के नमूने[9] लगभग आधुनिक ग्रामीण गाड़ियों की तरह[10] की (i) दो पहिया गाड़ियों, आधुनिक एक्का और यूरेशियाई स्टेप्स–लोक (ii) एक ऊँचे मृत्तिका–रोधक[11] फलक (Dash Board) से युक्त चार पहियों वाले छकड़े, जो उर से प्राप्त ध्वजदंड पर चित्रित सुमेरीय रथ का स्मरण दिलाता है, को प्रदर्शित करते हैं। ककुदयुक्त बैल निस्संदग्ध रूप से अभिप्रमाणित एकमात्र रेखा–चित्रित पशु हैं। केवल एक मुद्रा[12] पर उपस्थापित नौका आधुनिक नदी–शिल्प के समान है। परंतु, अरूक की पाटियों (Tablets) और मुद्राओं पर चित्रित नौका से भिन्न नहीं दीखती है।

व्यापार पूर्णतः सुसंगठित था। समुद्री तटों से केवल खाद्य की ही नियमित आपूर्ति नहीं प्राप्त की जाती थी, पर राजपूताना या बलूचिस्तान से धातुओं की भी आपूर्ति उपलब्ध की जाती थी। दक्षिणी भारत से शंख का छिलका तथा और भी सुदूर क्षेत्रों से विलास वस्तुएं, जैसे बदक्शां से वेदूर्य, चीन या बर्मा से जेड (Jade), गुजरात या नीलगिरि पहाड़ियों तक से अमाजोनाइट (Amazonite) मंगाई जाती थी। हमने तृतीय सहसस्त्राब्दी के उत्तरार्द्ध में भारत में निर्मित वस्तुओं को, जिनमें मुद्राएं तथा गांठदार मिट्टी के पात्र भी सम्मिलित हैं, मेसोपोटेमिया पहुंचते देखा है। सिंधु घाटी में[13] सुमेरीय आकार की वर्तुल मुद्राओं और प्रसाधन सामग्री का समय–समय पर अनुकरण किया जाता था।

हड़प्पा के नगरों के गौण उद्योग तिग्री और नील के तटों पर उसी काल में किए जाने वाले उद्योगों के समान है। परंतु वस्तुओं का व्यवहार भिन्न रीति से होता है और सिंधु घाटी के लोग अपने सुमेरीय अथवा मिस्त्रीय बंधुओं से कुछ विषयों में आगे थे।

धातु विशेषज्ञ चांदी, कांच और तांबा गलाते थे तथा सोने का सामान भी बनाते थे। ताम्रकार (Copper Smiths) सुमेर की तरह यहां

भी रांगा चढ़े हुए कांसे का उपयोग करते थे और साथ ही साथ 3.4 से 4.4 प्रतिशत तक संखिया मिले हुए तांबे से तैयार मिश्र धातु, जिसका उपयोग ट्रांसकेस्पिया (Transcaspia) के अनो (Anau) में भी होता था, का व्यवहार करते थे। वे सिरे परदू (Cire Perdue) और धातुओं के चद्दर को जोड़ने की कील भी ढालते थे। पर, कभी भी उन्होंने पीतल की कलई की हो या उसका पक्का जोड़ लगाया हो, ऐसा नहीं प्रतीत होता है। हड़प्पा में धातु का काम करने वाले 3 फुट 4 इंच व्यासवाली और 3 फुट 8 इंच गहरी ''बर्तन'' के आकार की भट्ठियों का उपयोग करते थे। इन भट्ठियों में एक प्रकार की कार्यक्षम भाथियों[14] द्वारा तिर्यक नलिकाओं से नीचे की ओर धमन (Blast) को अवश्य ही ढकेला जाता होगा। 8 फुट 3 इंच लंबी केंद्रीय रेखा के बराबर पिछली दीवाल से निकलती हुई एक दीवार के द्वारा दो भागों में आंशक रूप से विभक्त नाशपाती के आकार की बड़ी भट्ठियां संभवतः कुम्हारों द्वारा उपयोग में लाई गई होंगी।

हड़प्पा के धातुकारों द्वारा निर्मित औजार और हथियार सुमेरीय (उपकरणों) की अपेक्षा अधिक प्राचीन है। अत्यधिक महत्वपूर्ण प्रकार ये हैं– (1) चपटी रूखानियाँ जो निचले भाग की अपेक्षा व धड़ की ओर अधिक चौड़ी, पर चपटी होती थीं (2) वक एवं एक ओर संकीर्ण बनाए गए फलकों से युक्त चपटे कुठार; (3) प्रारंभिक मिस्त्रीय प्रकारों की तरह सीधी पीठ वाली आरियाँ, जो आजकल सेल (Shell) में भारतीय कर्मकारों द्वारा प्रयुक्त लोहे के आरों के स्पष्टतः समान हैं, (4) बीच में रीढ़दार चपटी नोंक वाली कटारें जिनमें फलक की जड़ के नजदीक दो कील के छेद हैं और समग्र भाग एक मजबूत छड़ से हथौड़े के द्वारा पीटकर बनाया गया है। यह पश्चात् कालीन अथवा हड़प्पोत्तर–कालीन[15] भी हैं, परंतु शिल्प के आधार पर पूर्णतया भारतीय है; (5) कटारों की तरह हथौड़े से पीटकर बनाए गए बर्छी के सिरे, जिनकी नोंक चपटी है और फलक चौड़ा एवं चपटा है; (6) एक धार वाले चाकू, जो नोक के नजदीक फिर से मुड़े हुए हैं, पर पीठ की ओर सीधे या उभाड़दार हैं, और छोटी

डांस लगी हुई है। परंतु कील के छेद नहीं हैं (7) धातु की पतले छड़ से, कुठार के समान निकलते हुए चौड़े उन्नतोदर फलक से युक्त छुरे जो दूसरी तरफ अर्धवृत्ताकार उभाड़ के द्वारा संतुलित है (8) आजकल भारत में काम में लाए जाने वाले हंसिए की तरह के पौधों को काटने के लिए एक हंसिया; (9) एक बैल हांकने का अंकुश; (10) हंसिए, जो संभवतः जबड़े की हड्डी के बने हैं, पर दुष्प्राय हैं (11) खोखली जड़ वाले बिना नोंक के तीरों के सिरे, जो तांबें की चद्दर को काट कर बनाए गए है। (इन) सारी वस्तुओं और पृष्ठ 159 पर सूची–बद्ध सुमेरीय प्रकारों में विलक्षण भेद हैं। खासकर फलक तक डंडे के छेद में कुल्हाड़ी बैठाने की सुमेरीय पद्धति नियमित रूप से यहाँ कभी भी प्रयोग में नहीं लाई गई थी। यह सत्य है कि इस रीति से स्पष्टतः बैठाई गई कुल्हाड़ी का एक चित्रित मृणमय प्रतिरूप तथा एक वास्तविक कुठाराकर बसूला मोहेंजोदाड़ों[16] से उपलब्ध हुए हैं। परंतु पूर्ववर्ती पूर्णतः एकल है और एक भी धातु के नमूने के द्वारा उपस्थापित नहीं हुआ है, जबकि कुठाराकार बसूला ऊपरी स्तर से प्राप्त हुआ है और अधिक ह्रासोन्मुख हड़प्पा सभ्यता के अंतिम दिनों से संबंधित है। पिन हड़प्पा की वेश–भूषा के सामान्य सहायक नहीं है। दोहरे चक्रदार सिरे का एक अलग नमूना[17] अवश्य ही विदेशी प्रकार से संबंधित रहा होगा, जैसा कि हिसार के द्वितीय सिालक के तृतीय स्तर में पाया जाता है। उसी तरह छोटी चिमटियों का एकमात्र बचा हुआ जोड़ा प्रसाधन सामग्री[18] का अंश है। ठीक सुमेरीय उदाहरणों की तरह अनेक उपकरण गांठदार फंदे में संलग्न कर दिए जाते थे। संभवतः इसी से हड़प्पा की प्रसाधन सामग्री नकल की गई थी।

पात्र तांबे, चांदी और कांच के भी बनाए जाते थे। पर, सभी आकार मृद्भांड कला में भी पाए जाते हैं। स्वर्णकार सुमेर में अत्यधिक लोकप्रिय सोने–चांदी के बारीक तार काम नहीं करते थे। पर, वह पीतल आदि धातुओं का पक्का जोड़ लगा सकता था और छोटे मनकों पर सोना चढ़ाने में उसे सूक्ष्म दक्षता प्राप्त थी। सोने के तार की घुमौआ नक्काशी

से सजा हुआ एक चांदी का बकसुआ[19] और सोना चढ़ा हुआ मनका उसके काम के अच्छे नमून हैं।

सुमेर की अपेक्षा सिंधु घाटी में अब भी मृदभाण्ड को अधिक आदर पूर्ण स्थान प्राप्त था। उत्तम भांड बनाए जाते थे जो समय–समय पर भड़कीले ढंग से सजाए जाते थे। कुम्हार तेज चलने वाले चाक का उपयोग करता था। यद्यपि वह सामान्यतया पीले या हल्के लाल गुलाबी रंग से भांड बनाता था, तथापि वह पृष्ठ 123 पर वर्णित उरूक (न्तना) भांड के अनुरूप धूसर भांड के निर्माण के लिए पाक–प्रक्रियाँ पर नियंत्रण रख सकता था। सामान्यतः शैली वही जान पड़ती है, जिसका प्रयोग आजकल सिंध[20] में ग्रामीण कुम्हार करते हैं। मोहनजोदड़ो के खंडहरों में कुछ वस्तुएं मिली हैं जिनमें बर्तनों को चिकना बनाने के लिए उपकरण और आजकल समीपवर्ती गांवों में कुम्हारों द्वारा दैनिक प्रयोग में लाया जाने वाला एक विलक्षण रोकने वाला (Stopper) डंटा उल्लेखनीय है। ये सब मोहनजोदड़ो के भग्नावशेष में पाए गए हैं। बेबिलोनिया में जम्देत नस्त्र (Jemdet-nasr) अवस्था में प्रयुक्त और में प्रदर्शित रोधक डंटा (Stopper) इसी प्रकार का है।

सुंदरतर रचनाओं में लाल अथवा पांडुर मिट्टी की पट्टियों का प्रयोग किया जाता था और लाल पट्टियों का ऊपरी संभवतः उदभ्राजित रहता था। कभी–कभी धूसर भांड पर भी काली धूसर मिट्टी की परत लगाई जाती थी। लाल भांड की तरह जिसका रंग पहले ही अपेक्षा न्यूनीकृत[21] अयोविकार (Iron oxide) के अधीन था। विचित्र नोकीली पेंदीवाला एक छोटा पान–पात्र (प्याला) जो बहुत ही खुरखुरा रहता था, इस श्रेणी का सर्वसाधारण प्रकार है। समसामयिक भारतीय व्यवहार के अनुसार इस तरह के पात्र एक बार उपयोग कर लिए जाने के बाद संभवतः तोड़ दिए जाते थे। संकीर्ण और लगभग नोकीले तल दूसरे आकारों, विशेषतः बड़े संचय कलशों में सामान्य थे। टोंटियाँ भोजन के कटोरों में सामित हैं जो सर्वमान्य नहीं है और दुष्प्राप्य श्रेणी के प्यालों में

संलग्न व्यंजनाकार छिद्रित कानों में मूठ की एकमात्र निकटता देखी जाती है। संकरे गले वाले कलश वस्तुतः अपेक्षाकृत दुष्प्राय हैं। लंबी गर्दन वाली बोतलें या फैले हुए मुंह अज्ञात हैं। इसके विपरीत लाल धूसर और अलंकृत वस्तुओं में ऊँचे पीठवाला भांड पाया जाता है, जो सुमेर की तरह बहुधा कब्रों में उपलब्ध होता है। अन्य स्पष्टतः प्रकार छिद्रित भित्तियोंवाला वर्तुलाकार कलश है।

बर्तन संभवतः रस्सी की छाप से विभूषित किए जाते थे। सुमेरीय संरक्षित पट्टीदार भांड की तरह हल्के पीले रंग की मोटी पट्टी पर हल्का रंग चढ़ाकर या छोटी गांठों द्वारा यह कार्य होता था। पर, उत्तम भांड चित्रित रहते थे। रंग साधारणतः काला है कड़ी तूलिका से गहरे लाल रंग की पट्टी अथवा पतले रंग पर और असामान्यतया हल्के रंग की गाढ़ी मिट्टी की परत पर चढ़ाया जाता है। मोहनजोदड़ो के उत्तरकालीन अधिवास में बहुरंगी भांड प्रकाश में आया है। हलकी पीली जमीन पर काले सांचे लाल, हरे या पीले रंगों से भर दिए गए है जो (बर्तन) पकाने के बाद चढ़ाये गये है।

लाल रंग पर काले चित्रित विमूषा सिंधु घाटी की सभ्यता की एकता, मौलिकता एवं प्राचीनता को अन्य वस्तु की अपेक्षा अधिक अच्छी तरह प्रदर्शित करनी है। इसकी शैली परिपक्व एवं आत्मचेतन (स्वतंत्र) है जो अन्य तत्वों से पूर्णतया भिन्न है। पर अमरी (Amti) से लेकर हड़प्पा तक पूर्ण एकरूपता के साथ पायी जाती है। विशाल तत्वों का प्रयोग इस शैली की आवश्यक विशेषता है। ये तत्व बारी–बारी से विस्तृत क्षेत्रों और चौखंडों का निर्माण करते हैं जो प्रत्येक वृक्षों, पत्तीदार शाखाओं और लताओं जैसे रूढ़िकृत वनस्पति अभिकल्पों (Designs) अथवा आवर्ती प्रतिरूपों से पूर्णतया आच्छादित हैं। अंतिम पद से उन उद्देश्यों का बोध होता है जो अनिश्चित रूप से किसी भी दिशा में पुनरावर्तित हो सकें। एक दूसरे को काटने वाला वृत्त सबसे अधिक लोकप्रिय था (फीते के पुष्प–स्तवकों, या चारखानों से संयुक्त होने पर विस्तृत हाइड

(Hide) उद्देश्य का निर्माण करने वाला। इसके बाद अनुमाप प्रतिरूप (Scale pattern) (अर्धवृत्तों पर आधारित) का स्थान आता है और लंबी उत्तरावधि पर चारखाने, त्रिकोण (उत्तरोक्त पूर्णतः बराबर बदलते रहते हैं जिससे उदाहरण स्वरूप एक रिक्त त्रिकोण के दोनों पार्श्वों पर रेखोत्कीर्ण त्रिकोण स्थित है) और तरंगित रेखा पर आधारित जटिल प्रतिरूप व्यत्यस्त देखा (Cross) अंग्रेजी टी (T) का आकार और हृदय आए हैं। इसी प्रकार के प्रतिरूप कर्परों की पच्चीकारी जैसी अन्य कलाओं में भी लोकप्रिय थे। अन्य प्रदेशों में स्वतंत्र मेखलात्मक प्रतिरूपों के रूप में अवर्तित होने वाले उउद्देश्य यहाँ सिर्फ बड़े क्षेत्रों के लिए किनारों के रूप में प्रयुक्त होते हैं। यहाँ हम वृत्त, बिंदु युक्त निश्रेणी (Ladder) और अधिक विरलता के साथ एकांतरिक (Alternating) त्रिकोण पाते हैं। (रेखोत्कीर्ण बंटे फीतों की नकाशी, रेखोत्कीर्ण तरिंडत पट्टी और रेखोत्कीर्ण त्रिकोणों तथा अर्ध–वृत्तों के सम्मिश्रण मुख्यतः दुर्लभ धूसर लेप वाले भांडों पर प्राप्त होते है)। पशुओं के चित्र बिल्कुल असाधारण है। कभी–कभी छोटे मयूर पत्तियों के बीच प्रस्तुत किए गए हैं। हड़प्पा[22] से प्राप्त एक विलक्षण भांड–खंड एक कृषक के परिवार तथा पशुधन का चित्र प्रस्तुत करता है। मोहनजोदड़ो से उपलब्ध धूसर भांड पर साधारणतया प्राप्त एक विचित्र उद्देश्य एक बड़े कंधे के समान है, पर यह एक वृष का रूढ़िकृत उल्था हो सकता है।

भारत में बड़े पैमाने पर फायेंस (Fayence) का उत्पादन होता था। कंगनो, छोटी मूर्तियों मुद्राओं और मनकों एवं सामान्य मृदभांडों के आकारों के अनुकारी छोटे पात्रों के लिए इसका उपयोग किया जाता था। मोहनजोदड़ो में प्रारंभिक और मध्य स्तरों से उपलब्ध कुछ मृदभांड खंड विशुद्ध रूप से काचित हैं। इसके विपरीत, पत्थर के बर्तन दुष्प्राप्य थे। आयातित पात्र अत्यधिक आकर्षक हैं और प्रारंभिक राजवंशीय 2 काल में मेसोपोटेमिया में आयातित उत्कीर्ण प्रस्तर–पात्रों के अनुरूप है।

जैसा पहले कहा गया है, हथियार अत्यधिक दुर्लभ थे। छिक्का

सर्वमान्य था। गोल और अंडाकार ढेलबांस की गोलियाँ बिल्कुल सामान्य है। गदा कि सिरे भी उपलब्ध होते हैं जो साधारणतया बेबिलोनिया की तरह गोलाकार या नाशपाती के आकार के हैं और अपवाद स्वरूप चक्राकार हैं। अनलाश्म के अस्त्र–शस्त्र अज्ञात हैं और वस्तुतः अनलाश्म एवं प्रस्तर के उपकरणों का प्रतिनिधित्व सिर्फ कुछ बिल्कुल सादे फलक और कुल्हाड़ियों की तरह शल्क उतार कर बनाए गए चर्ट (Chert) के एकाध बड़े उपकरण करते हैं। इनमें से एक ठीक नार्दिक (Nordic) मोटे छोर की कुल्हाड़ी की तरह तिर्यक् छेदित समकोण चतुर्भुजकार हैं।

मृदभांडों के पश्चात् मुद्राएं सैधंव संस्कृति एवं कला के विशिष्टतम उत्पादन है। सेलखड़ी की चतुष्कोण गुटिकाएँ सामान्यतम हैं। इनकी पठी उभाड़दार हैं और ऊपरी भाग उत्कीर्ण है। काटी जाने के बाद से काचित की गयी थीं। उन पर अनुद्वाचित लिपि में व्याख्या और उत्तर रीति वे निष्पादित पशुओं की मूर्तियाँ उत्कीर्ण है। (बाहुल्य के क्रम में) यूनिकॉर्नस (Unicorns) छोटी सींग वाले सांड, ब्राह्मणी सांड़, हाथी गैंडा, बाघ, भैंस, मगर और हरिस (प्रमुख) हैं। इसी प्रकार की प्रबुद्ध शैली में समान अभिकल्प चपटी ताम्र–गुटिकाओं, जिनमें पीठ पर एक लेख है, पर उत्कीर्ण पाए गए हैं। लंबी और संकुचित मुद्राएं भी उपलब्ध हैं जो लंबान के बल छिद्रित हैं और जिनपद केवल अभिलेख ही हैं। सेलखड़ी या फायेंस की समकोण चतुर्भुजाकार बटन की तरह बनाई गई मुद्राएं ज्यामितिक प्रतिरूपों और स्वास्तिक से विभूषित है। यद्यपि इन सभी वस्तुओं का वर्गीकरण मुद्राओं के रूप में हुआ है, पर, कभी किसी वस्तु की मुद्रांकित करने में इनके उपयोग का कोई साक्ष्य नहीं है। इसके विपरीत, मेसोपोटेमिया या मिस्र में मुद्राओं की अपेक्षा मुद्रांकन अधिक सामान्य है। भारत में पकी मिट्टी की छोटी गुटिकाएं, जिनपर मुद्रा के चित्रों के अतिरिक्त और कुछ नहीं है, और जो अपने आप में पूर्ण हैं, इस दिशा में निकटतम मार्ग प्रशस्त करती हैं। अतः ''मुद्रा'' यह पद रूढ़ है और इस प्रकार से सूचित पदार्थों को कर्मकांड की श्रेणी में रखना होगा, जो यह

कहने की वैदुष्यपूर्ण पद्धति होगी कि हमें उनके स्वरूप का ज्ञान नहीं है।

मनोयोगपूर्वक बनाए गए पत्थर के चक्र और चतुर्भागीय समत्रिकोण (Tetrahendra) सुमेर की तरह यहां भी जुआरियों से संबद्ध रहे होंगे। पासे का खेल अवश्य खेला जाता था। पास सुमेर की तरह त्रिघातीय (Cubical) रहता था। पर, अंक भिन्न प्रकार से रखे जाते थे।

पुरूष शाल ओढ़ते थे, जिसे (वे) कंधों के चारों ओर रखते थे। स्त्रियाँ बुना हुआ वस्त्र जिनमें पिन की आवश्यकता नहीं पड़ती थी। मिस्र और मेसोपोटेमिया के भूषाचारों के विपरीत चूड़ियाँ बहुत लोकप्रिय थीं। वे पालिशदार मिट्टी, (लाल या गहरी भूरी) धातु, छिलके या फायेंस (बहुधा पसुलियों या चक्करदार किनारों से सज्जित) की बनती थी। मेसोपोटेमिया की तरह बाल सोने के फीते के फंदे से बांधा जाता था। अनेक लड़ियों के हार कंठ में पहने जाते थे। सोने या सोने के मुलम्मा किए हुए छोर बहुधा अर्धवृत्ताकार है। यह प्रकार पुरातन राज्यकालीन मिस्र और बिब्लोस (Byblos) में प्राप्त है, पर एलाम (Elamm) से प्राप्त संभवतः अधिक प्राचीन चित्रित खप्परों पर प्रदर्शित हैं। सुमेर, मिस्र और ट्राय तक में समान रूप से उपलब्ध होने वाले गोल टिकली के आकार के साने के मनकों के अतिरिक्त हमें लटकनों के लिए सोने की टोपियाँ मिलती हैं जिनमें भीतर की ओर छोटी गांठ टांक दी गई (यह प्रकार पुनः ट्राय में उपलब्ध होता है। फायंस के वृत्तखंडित मनके हड़प्पा–सभ्यता अथवा इसकी बर्बर उत्तराधिकारियों[23] की केवल बहुत नवीनतम अवस्था से संबंधित जान पड़ते हैं। श्वेत प्रतिरूपों[24] से रेखित अकीक (Carnelian) के मनके जो दुष्प्राप्य हैं, पर गारे में अनुकृत हैं, और अकीक के लंबे द्विशङ्कु (Bicons), जैसे कि उर (Ur) के राजकीय मकबरों में पाए गए हैं, एवं ठीक उसी कब्रिस्तान[25] में रानी शब् अद् (Shub-ad) में मकबरे में (उपलब्ध) कुछ बेलनों के समान सुलेमानी पत्थर का एक चिपटा बेलन भी उल्लेखनीय है। तथापि, विशिष्टतम भारतीय मनका धारीदार या दांतेदार किनारा वाली एक छोटी गाल टिकली के रूप में जान पड़ता है।

ताबीज दुष्प्राय हैं। फायंस की बनी पशुओं की सूक्ष्म मूर्तियाँ यहां सम्मिलित की जा सकती है। भेड़ों की टांगे ठीक उसी शैली में नीचे की ओर दुहरी कर दी गई है, जिसमें उर (Ur) में राजकीय मकबरों से प्राप्त वैदूर्य के भेड़ और सांड़ है। हड्डउी या हाथी के दांत की एक मक्खी के आकार की ताबीज अनूठी है और संभवतः मिस्त्रीय अथवा सुमेरीय प्रकारों की अनुकृति है।

समउन्नतोदर गोल टिकुलियों के आकार के सेलखड़ी[26] के नकपटी के अलंकरण या बटन, जो अधोमुखी–कृत व्ही (V) के रूप में एक बिंदु पर मिलने वाले दो छिद्रों के द्वारा चौरस तल पर छिद्रित है, समशीतोष्ण यूरोप के प्रागैतिहासिक "ताम्रयुग" में परिचित प्रकाश का निर्देशित करते हैं।

अब तक ज्ञात एकमात्र नियमित हड़प्पा कब्रिस्तान[27] में साक्षीकृत शव–संस्कार प्रसारित मुद्रा में एक लंबी गर्त शावधि में केवल शवाधान (के रूप में) था। शरीर के साथ अनेक पात्र, व्यक्तिगत अलंकरण और प्रसाधन सामग्री रहती थीं। नरकुल में कफन में लपेटा हुआ कम–से–कम एक शव लकड़ी के ताबूत में लेटा हुआ था। पर, थारो[28] (Tharro) की समुद्र तटीय बस्ती के नजदीक 10 फुट लंबे, 3 फुट चौड़े और 2 फुट ऊँचे सूखे पत्थर के कमरों में हड़प्पा काल के शवाधान रहे होंगे। इसके विपरीत दोनों मुख्य उत्खात स्थलों में दाह शवाधानों और कशलों[29] में अवशेष शवाधानों के विवरण दिए गए है। जबकि घरों या गलियों[30] में एकल अथवा समुदाय–बद्ध पूर्ण कंकाल प्रकाश में लाए गए हैं। पर, कलश–शवाधानों का अंत्येष्टि स्वभाव संदिग्ध हैं, क्योंकि गलियों और घरों से प्राप्त कंकाल औपचारिक शवाधानों को नहीं सूचित करते हैं और संभवतः आक्रमणों या महामारियों के शिकार बने व्यक्ति से संबंध है।

यह प्रदर्शित करने के लिए पर्याय कहा जा चुका है कि भारत तृतीय सहस्राब्दी तक अपनी पूर्णतः विशिष्ट एवं स्वतंत्र सभ्यता के साथ मिस्र और बेबिलोनिया का सामना करता है। यह सभ्यता शिल्पतः अन्य

सभ्यताओं के समक्ष है और स्पष्टतः यह भारतीय भूमि में पूर्णतया बद्धमूल है। सैंधव सभ्यता विशिष्ट परिवेश के साथ मानव जीवन के पूर्णतम सामंजस्य को सूचित करती है। यह सामंजस्य वर्षो के अथक प्रयास का ही परिणाम हो सकता है और, इसने चिरस्थायित्व पाया है। यह प्रारंभ से ही विशिष्ट रूप में भारतीय है और आधुनिक भारतीय संस्कृति के आधार का काम करती है। वास्तुकला और उद्योग में तथा उससे अधिक वेशभूषा और धर्म में मोहनजोदड़ो उन विशेषताओं को प्रकट करता है जो सदा ऐतिहासिक भारत की विलक्षणता रही है। इनमें से कुछ का यहाँ उल्लेख किया जा सकता है।

स्थापत्य में चूना और सिरमिट के अनुमानिक उपयोग, स्नानालयों की संख्या तथा शौचालयों के वास्तविक अभाव के अतिरिक्त एक प्रकोष्ठ है, जिसमें कुंआ और जलपात्रों के लिए चबूतरे हैं और पियाड़ या पनसाल का निश्चित पूर्वगामी प्रतीत होता है, जो भारतीय बाजार का विमेदक वैशिष्टय है। छकड़े और नौकाएं जैसा पहले कहा गया है, अब भी देश में उपयुक्त छकड़ो और नौकाओं से मिलती–जुलती हैं। पलंगों के मिट्टी के प्रतिमान आजकल भारत में व्यहृत आकार का चित्र प्रस्तुत करते हैं। फिर भी, इनके समानांतर प्राचीन सूसा (Susa) और असीरिया में भी उपलब्ध होते हैं। जान पड़ता है कि सिंध के कुम्हारों ने प्रत्यक्ष रूप से सिंधुकाल से अपने शिल्य का दाय पाया है। पिनों का अभाव, चूड़ियों का प्रेम और विस्तृत नासाभरण–ये सभी विलक्षणाएं भारतीय लक्षण हैं। अन्य स्थानों की तरह यहां भी आंखों के लिए काजल का प्रयोग किया जाता था। पर, मोहनजोदड़ो में यह छोटी कुप्पियों में रखा जाता था और विशिष्ट रूप में भारतीय प्रतीत होने वाली ताम्र शलाकाओं द्वारा लगाया जाता था। बालों में धारण किए जाने वाले हाथी–दांत के कंघे आजकल भी धारण किए जाने वाले लकड़ी के कंघों से ठीक–ठीक मिलते हैं। मोहनजोदड़ो से प्राप्त पत्थर या मिट्टी के रूखड़े अंगघर्षक (Fish-rubbers) संप्रति भारत में व्यवहृत प्रसाधन सामग्रियों के समान है। फिर

भी, उनके समानांतर प्रारंभिक वंशीय समयों में किश (Kish) में भी प्राप्त होते हैं।

धर्म[31] सैंधव सभ्यता के स्पष्टतः भारतीय स्वरूप का सबसे अधिक प्रत्यायक निदर्शन प्रदान करता है। प्राचीन नगरों से उपलब्ध अनेक अन्यथा अबोधगम्य, पदार्थों की संतोषजनक व्याख्या हिंदू उपासना पद्धति के संदर्भ में दी जा सकती है। मिट्टी की असंख्य सूक्ष्म मूर्तियों की समानांतर वस्तुतः अन्य स्थानों में भी पाए जाते हैं। भारत में इनमें से अधिकांश (मूर्तियाँ) नारी व्यक्तित्व को प्रस्तुत करती हैं जो बहुधा रत्नाभरणों से पूर्णतः अलंकृत हैं और कभी–कभी गर्भिणी अथवा शिशु की परिचर्या करती हुई दिखाई गई है। इनमें से कुछ देवता की संकल्पित छोटी प्रतिमाएं हो सकती हैं, पर अन्य मूर्तियाँ भक्तों या गुड़ियों को सूचित कर सकती है। इस प्रकार पशुओं के मिट्टी के प्रतिमानों में बहुलता से प्राप्त ब्राह्मणी सांड़ पवित्र समझे जा सकते हैं, पर अन्य, जैसे चलायमान मस्तक से युक्त बैल समान रूप से सामान्य छकड़ों, पलंगों, रोटियों, (Loaves) और पात्रों के लघु रूपों की तरह स्पष्ट रूप में खिलौने हैं। पर, कुछ प्राणि प्रतिमेतर (Aniconic) पदार्थ हैं जिनमें पत्थर के विशाल शिश्न हैं और चक्रियाँ (Rings), जो किनारे पर तरंगित हैं, उल्लेखनीय हैं और हिंदू उर्वरता–संप्रदाय (Fertility-cult) के लिंगों और योनियों के अनुरूप हैं।

दबाई हुई मिट्टी, उत्कीर्ण तांबे या ढाले हुए फायंस (Fayence) की मुद्राएं और गुटिकाएं अपेक्षाकृत अधिक निर्णायक साक्ष्य प्रस्तुत करती हैं। मोहनजोदड़ो से प्राप्त एक मुद्रा वन्य पशुओं के बीच समाधि मुद्रा में पैर–पर–पैर चढ़ाकर आसान लगाए बैठे हुए एक त्रिशीर्ष एवं श्रृंग–धारी देवता का चित्र प्रस्तुत करती है। वह स्पष्टतः शिव ''त्रिमूर्ति'', ''पशुपति'' और ''योगीश्वर''–जैसा कि मार्शल (Marshall) ने विस्तारपूर्वक प्रदर्शित किया है–, का आद्य रूप है। मिट्टी की अनेक गुटिकाएं एक पुरूष देवता को चित्रित करती है। इसमें से एक–एक देवी के गर्भ से प्रभावित होने

वाली नदी को प्रदर्शित करती है। अन्य स्थितियों में वृक्षात्माएं स्पष्टतः निर्दिष्ट हैं। हिन्दू मूर्तिकला में परिचित इस प्रकार की सभी विषय–वस्तुओं के विपरीत बाघों को पकड़े हुए एक नायक का परस्पर विरोधी दल और एक सांड या बाघ से बाहुयुद्ध में रत सुमेरीय एंकिदु (Enkindu) जैसा एक अर्द्धमानव–राक्षस है जो बेबिलोनिया के सूचक एकाकी प्रेरक उद्देश्य हैं। मुद्राओं पर सामान्य रूप से प्राप्त स्वास्तिक और ध्यान मुद्रा धार्मिक वा संमोहनात्मक प्रतीक हैं, जैसे कि प्रारंभिक प्रागैतिहासिक काल में बेबिलोनिया और इलाम (Elam) में उपलब्ध हैं। पर, अन्य स्थानों की तरह आधुनिक भारत में भी यह विशेषता सुरक्षित है।

पूर्वगामी प्रलेखों से सूचित धार्मिक अवधारणाएं आधुनिक एवं वेदोत्तरकालीन हिंदू धर्म में परिचित हैं। पर, वे हिंदुओं के प्राचीनतम धर्म–ग्रंथ, ऋग्वेद में प्रत्यक्षतः अविद्यमान हैं। ऐसी स्थिति में सैंधव काल में इसके सूक्तों के निर्देशक दृश्यों की खोज संभवतः व्यर्थ होगी। हड़प्पा और मोहेंजोदड़ो में चित्रित शिव साधारणतः आदिवासियों का देवता माना जाता है, जिसे आक्रमणकारी वैदिक आर्यों ने स्वीकार कर लिया और वेद के गौण देवता प्रजापति के साथ शाब्दिक तादात्म्य स्थापित किया। वैदिक पुराण में वृक्षात्माओं और देवियों का उपेक्षणीय स्थान है और लिंग–पूजा का उल्लेख नहीं है। इन सभी तत्वों को यूरोपीय विद्वानों ने ब्राह्मण धर्म में वेदोत्तरकालीन समवृद्धि माना है। विपरीत रूप से, वैदिक विश्वदेवता गण में वज्रधारी इंद्र जैसे दिव्य पुरूष सैंधव काल में अनुसंधेय नहीं है। वैदिक कल्पना में अत्यधिक विशिष्ट स्थान रखने वाला अश्व, जो यज्ञ का मुख्य पशु है, मुद्राओं पर, जो अब तक धार्मिक प्रभाव अवश्य ही प्राप्त कर चुका होगा, कभी चित्रित नहीं हुआ है।

सिर्फ उपर्युक्त कारणों से सैंधव सभ्यता आर्येत्तर एवं प्रागैतिहासिक मानी जा सकती है। वस्तुतः यह उन सहरूढ़ियों (Accretions) के तुलनात्मक आधारों पर पूर्वानुमति स्रोतों का प्रलेखात्मक निदर्शन प्रस्तुत करती है जो वेदों में प्रतिपादित धर्म और कर्मकाण्ड से आधुनिक ब्राह्मण–

धर्म को पृथक करती हैं।

जैसा अब हम देखते हैं, सैंधव सभ्यता में प्रदर्शित भारतीय पर्यावरण की ओर सुकुमार एवं स्थायी अनुकूलन का कार्य और विस्तृत क्षेत्र में इसका प्रसार इस स्थान में अंतर्विकास (Incubation) की लंबी अवधि के बाद ही संभव हुआ होगा। तथापि यह सभ्यता विशिष्ट रूप से भारतीय के रूप में मिस्र और सुमेर की सभ्यताओं से भिन्न रहने पर भी उन्हीं मौलिक विचारों, आविष्कारों और उद्भावनाओं पर आधारित है जिस पर वे दोनों सभ्यताएं आधारित है। नगर जीवन, अन्नोत्पादन, गोवंश एवं मेषों का दमन, धातु–विज्ञान, वस्त्रोद्योग, ईंटों और भांडों का निर्माण, मनकों के लिए कठोर प्रस्तरों (रत्नों) का व्यधन, वैदूर्य के लिए प्रेम और फायंस का ज्ञान (इन विषयों में) साम्य वस्तुतः अधिकांश रूप में बिल्कुल सामान्य और अमूर्त हैं। पर, ऐसी स्थिति में भी, समान वातावरणों में पुंजित स्वतंत्र उद्भावनाओं के रूप में इन्हें स्वीकार करना कठिन है।

सिंध और तिग्री–फराती घाटियों के बीच प्रत्यक्ष वाणिज्यिक संपर्क मेसोपोटेमिया से प्राप्त हड़प्पा के वास्तविक उत्पादनों द्वारा निर्दोषपूर्वक प्रदर्शित होता है। यह दोनों सभ्यताओं के बीच कुछ बाह्य समताओं की ही व्याख्या प्रस्तुत कर सकता है, पर दोनों के सामान्य अंतरंग शिल्प–वैज्ञानिक एवं आर्थिक आधारों को नहीं। तथापि, यह उस सभ्यता की तैथिकी के लिए विश्वसनीय आधार प्रदान करता है जो प्राक्साक्षर नहीं होते हुए भी हमारे लिए प्रागैतिहासिक है। हड़प्पा काल के लिए अंतिम सीमा (Terminus Ante Quem) प्रदान करने वाले मेसोपोटेमिया में आयातित सुनिर्धारित तिथि वाले पदार्थ सारगन युग (Sargoind age) से संबंधित है। केवल एक मध्यवर्ती क्षेत्र से इन दोनों प्रदेशों में आयातित कुछ मुद्राएं और प्रस्तर–पात्र 2650 खृ0पू0 से पहले प्रारंभिक वंशीय समयों में व्यापारिक संबंध सूचित करते हैं। मेसोपोटेमिया में अक्कद (Akkad) के उत्तरकालीन संदर्भ से प्राप्त सिंधु की अन्य मुद्राएं 2000 खृ0पू0 तक हड़प्पा–सभ्यता की साग्रह सत्ता को सूचित करती है। अतः स्पष्ट है कि

हड़प्पा सभ्यता प्रारंभिक वंशीय सुमेरीय सभ्यता के मात्र स्थानांतर रोपण अथवा अनुकरण की परिणति नहीं है। दोनों सभ्यताएं एक ही प्रकार के भौतिक आविष्कारों और उद्भावनाओं पर आश्रित है। पर, उरूक समयों (Uruk Times) में आधुनिकतम सामान्य तत्वों के मेसोपोटेमिया पहुंचने के समय से दोनों प्रदेशों में ये स्पष्टतः दीर्घकाल तक भिन्न रूप में विकसित हुई।

उस सहस्राब्दी में भारत में इन विकासों का 1950 ई0 में कुछ भी साक्ष्य उपलब्ध नहीं है। सिंधु के नगर अनेक बार विध्वंसक बाढ़ों द्वारा नष्ट कर दिए गए थे। प्रत्येक दुर्घटना के बाद मकान के स्तर ऊँचे कर दिए जाते थे। पुराने भू–स्थलवर्ती प्रकोष्ठ मिट्ठी या ईंट से भर दिए जाते थे, जबकि कुएं के मोहड़े (Well-shafts) ऊपर की ओर बढ़ा दिए जाते थे, जिसके परिणामस्वरूप आजकल वे प्रारंभिक आधारों पर कारखानों की ऊँची चिमनियों की तरह खड़े है। इस प्रकार अवशिष्ट निक्षेप बहुत ही गहरे है। पर, उत्तरोत्तरवर्ती स्तरों में अंतर प्रदर्शित करने के लिए महत्वपूर्ण सांस्कृतिक परिवर्तन दृष्टिगोचर नहीं हो सकते हैं। हड़प्पा कालीन सभ्यता आदि से अंत तक लिपि या कला में धातु कर्म या वास्तुकला में प्रगति के चिन्हों को प्रदर्शित नहीं करती है।

तथापि हड़प्पा में दुर्ग की दीवार के नीचे कुछ भांडों के टुकड़े निकले है जो चाक पर बने होने के बावजूद हड़प्पा की मृच्छिकल्प माला में कोई स्थान नहीं रखते है। पर ये (उन) निरक्षर ग्रामीणों[32] की बस्ती को व्यक्त करते हैं जिनके बंधु प्राक्हड़प्पा काल में उत्तरी बलूचिस्तान में रहते थे। और इसी प्रकार मजूमदार[33] को अवर सिंधु घाटी में, सिंधु में और अमरी (Amri) तथा अनेक अन्य स्थललों में बिल्कुल हड़प्पा प्रकार के नगरों के नीचे प्राचीनतम काल से संबंधित बस्तियाँ और भिन्न्न प्रकार के मृदभांड मिले हैं। पर, विशिष्ट प्रकार के भांडों को छोड़कर इस अमरी संस्कृति के विषय में कुछ भी ज्ञात नहीं है। अमरी का भांड सामान्यता चाक पर बना है। परंतु, इसका रंग फीका है और ज्यामितिक प्रतिरूपों, क्रमानुसार

त्रिकोणों, युग्म कुठारों, गुटिकाओं और संवेष्टित चतुष्कोणों, जिनका खाका काले रंग में है और फिर लाल–भूरे रंग से भर दिए गए हैं, से सज्जित है। यद्यपि केवल भांडकला ही सिंधु घाटी में अभिज्ञात प्राचीनतम संस्कृतियों को प्रदर्शित करती है, तथापि यह पूर्णतया प्रदर्शित करती है कि ये संस्कृतियाँ पहली बार मेसोपोटेमिया में उरूक काल में प्राप्त शैल्पिक विकास की अवस्था को पहले ही प्राप्त कर चुकी थीं। और यह भी सूचित करती हैं कि ये संस्कृतियां, अमरी और जम्देत–नस्त्र के बीच शैली और रचना में कुछ साम्य रहने के बावजूद ठीक उसी हद तक मेसोपोटेमीय संस्कृतियों के दूरगामी प्रसार या अनुकृतियाँ नहीं हैं जिस हद तक हड़प्पा की सभ्यता। परवर्ती (हड़प्पा सभ्यता) का अंत उसकी शुरूआत की अपेक्षा अधिक अच्छी तरह ज्ञात है। हड़प्पा के नगरों[34] के अंतिम पुननिर्माण ह्रास के लक्षण प्रदर्शित करते है। मध्य वित वर्ग के विस्तृत भवनों द्वारा पहले अधिकृत स्थानों पर छोटे घरों के निर्माण के लिए पुरानी ईंटों का फिर से उपयोग किया गया था अब नगराधिकारी अधिक समृद्ध दिनों में दृढ़तापूर्वक पालन किए जाने वाले भवन (निर्माण) विनियमनों को लागू नहीं कर सकते थे। इसलिए मकान सड़कों पर निकल आए थे।

बाद में बर्बर आक्रमणकारियों द्वारा यह सभ्यता नष्ट कर दी गई और फिर से निरक्षर विदेशियों ने (यहां के) नगरों पर अधिकार जमा लिया। हड़प्पा[35] में एच (H) कब्रिस्तान में केवल प्रसारित और निकुंचित शवाधानों और उउनके साथ दिए गए विचित्र रूप से रंगे हुए पात्रों द्वारा इनका परिचय प्राप्त होता है। सिंध में[36] चंहुदड़ों और झूकर में संस्कृति (के नाम से ज्ञात) एक भिन्न प्रकार की बर्बर संस्कृति ने हड़प्पा सभ्यता का स्थान ले लिया। हर जगह अंतर्लेखयुक्त मुद्राओं में उदाहृत साक्षर परंपरा लुप्त हो गई। पर, कब्रिस्तान H और झूकर स्थलों से प्राप्त भांडों और परवर्ती (झूकर) स्थलों से उपलब्ध धातु की बनी सामग्री के आधार पर निर्णय करने पर सिद्ध होता है कि कुछ शैल्पिक परंपराएं प्रवाहित

रखी गई। संभवतः कुम्हार और धातुकार (लौहकार आदि) नए ग्राहकों के हेतु कार्य करने के लिए बच गए थे। स्वभावतः वे विदेशी अभिरूचि के अनुरूप अभिनव वस्तुएं बनाते थे।

झूकर और H कब्रिस्तान से प्राप्त भांड अब भी चाकर पर बनाया जाता था और पुरानी शैलियों में रंगा और पकाया जाता है। पर, इसका आकार भिन्न प्रकार का होता था एवं नए अभिकल्पों से अलंकृत किया जाता था। झूकर के लोहार तीर छिद्र (Shaft hole) कुठार के सिरे और संभवतः कुठाराकार वसूले और मोटी गरदन वाले कांटे बनाते थे। पत्थर, फायेंस या मिट्टी के बटन या मनके के आकार की मुद्राओं ने समकोण चतुर्भुजाकार सेलखड़ी की काचित मुद्राओं का स्थान लिया और अंतर्लेखों एवं जीवित तुल्य पशुओं के बदले (इन पर) ज्यामितिक अभिकल्प उत्कीर्ण थे। इनमें भरी हुई व्यत्यरत रेखा और यदा–कदा परंपरागत पशु सम्मिलित थे।

छेददार डंडेवाली कुल्हाड़ी की तरह बटन के आकार की मुद्रा ने भारत में स्पष्टतः पश्चिमोत्तर से अनधिकार प्रवेश किया। झूकर मुद्राओं की निकटतम समानांतर (मुद्राएं) और कुल्हाड़ी के आकार के वसूले का ठीक समानांतर उत्तरी ईरान[37] में हिसार तृतीय (स्तर) से उपलब्ध होता है। बाद में मक्रन (Makran) और बलूचिस्तान से प्रसिद्ध मध्यवर्ती कड़ियाँ प्रोद्धृत की जाएंगी। ये समताएं सूचित करती हैं कि हड़प्पा की सभ्यता को नष्ट करने वाले बर्बरों में कम से कम पश्चिमोत्तर ईरान से आने वाले आक्रमणकारी सम्मिलित थे। ह्वीलर[38] ने वैदिक आर्यों के साथ दृढ़ता के साथ इनका तादात्म्य बताया है। किसी भी स्थिति में ऋषियों ने अपने वैदिक सूक्तों का गान प्रागैतिहासिक निशा में किया। क्योंकि, आक्रमण ने साहित्यिक परंपरा को पूर्णतया छिन्न–भिन्न कर दिया और दारियस (Darius) के शासन–काल तक भारतीय इतिहास में कोई निश्चित संकेत नहीं है।

संदर्भ

1. मार्शल मैके एवं अन्य, मोहनजोदड़ो ऐंड दी इंडस सिविलिजेशन, लंदन, 1932 (उद्घृत मोहनजोदड़ो, 1)। पिंग्गोट (Piggott) की प्री–हिस्टॉरिक इंडिया, लन्दन, 1950 के प्रकाशित होने के समय तक इस पुस्तक ने सभ्यता का उत्तम सामान्य विवरण भी दिया है।

2. पिगोंट, (Piggott) प्री0 इ0, 171–4

3. वाट्स (Vats), हड़प्पा, 4

4. ह्वीलर (Wheeler), ऐंशियेंट इंडिया, iii, 1947, 61–67

5. मैके (Mackey) द्वारा 'प्रासाद' के रूप में अभिहित भवन वस्तुतः इसके चारों ओर के अन्य मकानों की तरह एक व्यापारी का विशाल भवन है। दे0 'फर्दर एक्सकेवेशन्स ऐट मोहनजोदड़ो', न्यू देहली, 1938 (मोहनजोदड़ो ii)।

6. वाट्स (Vats), हड़प्पा, 63; पिंगोट (Piggott), प्री0 इ0 169

7. मोहनजोदड़ो, 1, 638 V; 2, 630; ऐंथ्रोपस, 28, 1933, 148

8. मैके (Mackay), चन्हुदड़ो, 162

9. वाट्स (Vats), हड़प्पा 99–100, चन्हुदड़ो, 163

10. अन्ट (Ant), जे0 ix, 26

11. चन्हुदड़ो, फलक Lviii, फलक lxxxix 9, 13

12. मोहनजोदड़ो, ii, 1938, पृ0 1

13. मोहनजोदड़ो, ii, 345 ए0 आर0 एस0 आई0 1927–28; 73–6; 1928–29, पी0 एल0 28

14. वाट्स (Vats), हड़प्पा, 470–2

15. पिगोंट, (Piggott) प्री0 इ0, 229

16. मोहनजोदड़ो, ii, 458–9, फलक 112, 1; 120, 27

17. चन्हुदडों, 195 फलक 9

18. आर0ए0एस0आई0 (RASI), 1923–24, 52–5
19. वाट्स (Vats), हड़प्पा, 64, फलक 137
20. मैके (Mackay), जे0आर0ए0आई0, Lx, 1930, 131–4
21. रि0 आर्के0 स0 ई0, 1928–29, 153
22. वाट्स (Vats) हड़प्पा, फ0 Ixix, 3; सं0 16 एक मछुवे तथा जालों को प्रदर्शित करती है।
23. ऐंशियंट इंडिया, iii, 123
24. आर0आर0ए0एस0 1925, 698, मेन 33 (xxxiii) (1933), 150, ऐंशियंट ज0 13 (xiii) 1933, 384
25. एटक्विटी, व्ही (v), 1931, 459
26. चन्हुदड़ो (Chanhudaro), 197, हड़प्पा, 443
27. ऐंशियंट इंडिया, iii, 1947, 86–9
28. पिग्गॉट (Piggott), पी0आइ0, 207
29. मोहनजोदड़ो, i, 86 बाद, हड़प्पा, 161
30. मोहनजोदड़ो, ii, 94, हड़प्पा, 197
31. मोहनजोदड़ो, i, 48–78
32. पिग्गॉट (Piggott), पी0आइ0, 142, ऐंशियेंट इंडिया, iii, 91–3
33. मेंवायर्स ऑफ इंडिया, xlviii, 1934, 25 आगे तुलनीय, पिंगाट, पी0आई0 94
34. मैके (Mackay), मोहनजोदड़ो, ii, 6; चन्हुदड़ो, 23–5
35. वाट्स (Vats) हड़प्पा, 220, आगे; तु0 ऐंशियंट इंडिया, iii, 74–98
36. मैके (Mackay), चन्हुदड़ो, 24, 103, 144, 188, 208
37. पिग्गॉट (Piggott), xvii, 1943, 180; ऐंशियंट इंडिया, 1, 1946, 17
38. व्हीलर (Wheeler), ऐंशियंट इंडिया, iii, 82

6

छठी शताब्दी ईसा पूर्व में धर्म प्रधान समाज

छठी सदी ईसा पूर्व के आसपास हमें ऐसे साहित्यिक और पुरातात्विक प्रमाण मिलने लगते है, जिनके आधार पर यह कहा जा सकता है कि यह सदी उत्तर भारत में नगरों के प्रारम्भिक अभ्युदय से सम्बन्धित है। नगरों की भौगोलिक स्थिति सम्बन्धित जो पुरातात्विक प्रमाण मिलते हैं उनमें मुख्य रूप से मध्य गंगा की द्रोणी में, जिसमें प्रमुखतः पूर्वी उत्तर प्रदेश तथा बिहार के क्षेत्र सम्मिलित हैं, प्राचीन नगरों के अनेक अवशेष देखे जा सकते हैं। उल्लेखनीय है कि मध्य गंगा की द्रोणी के अतिरिक्त पश्चिमोत्तर भारत में तक्षशिला तथा पश्चिम भारत में उज्जैन का नाम विशेष रूप से छठी सदी ई0पू0 में विकसित नगरों के रूप में लिया जा सकता है।

सामाजिक परिवेश

छठी शताब्दी ई0पू0 का काल भारतीय इतिहास में विशेष महत्व रखता है। यह काल प्रत्येक क्षेत्र में क्रान्तिकारी परिवर्तनों से सम्बन्धित है। फलतः सामाजिक क्षेत्र भी अछूता नहीं रहा। उत्तर वैदिक काल का

समाज वर्ण आधारित सामाजिक अवस्था के संक्रान्ति का काल था। सामाजिक जटिलताओं का होना अभी प्रारम्भ हुआ था। परन्तु छठी–पांचवीं शताब्दी ई0पू0 की सामाजिक स्थिति इस अवस्था से भिन्न थी। वर्ण–व्यवस्था को जारी रखने के लिये वर्ण वंशानुगत माना गया। सहभोजिता पर लगा प्रारम्भिक निषेध अब वर्ण नियम बन गया। सजातीय तथा विजातीय विवाहों के सम्बन्ध में विस्तृत नियम बने, तथा अन्ततः हिन्दू समाज के दैनंदिन कार्यों में वर्ण की अपेक्षा उपवर्ण (जाति) को अधिक महत्ता प्राप्त हुई, क्योंकि समाज का कार्य जातियों के पारस्परिक सम्बन्ध और तालमेल पर निर्भर करता था।

वैदिक कालीन समतावादी समाज वर्ण विभाजित समाज बन गया और स्वाभाविक रूप से उसकी संरचना में जटिलताएं उत्पन्न होने लगी। नगरीकरण की प्रक्रिया में सामाजिक जटिलता का विशेष महत्व होता है।[1] नगरीय समाज सामाजिक जटिलता का परिचायक होता है। साहित्यिक साक्ष्य इस बात के साक्षी है कि छठी–पांचवीं शताब्दी ई0पू0 का भारतीय समाज ब्राह्मण, क्षत्रिय, वैश्य और शूद्र के रूप में पूर्णतया विभाजित हो गया था।[2] इसमें से प्रत्येक पूर्ववर्ती वर्ण अपने बाद वाले वर्ण से स्वयं को जन्मतः श्रेष्ठ समझता था–तेषां पूर्वः पूर्वो जन्मतश्श्रेयान।[3] वर्णों के आधार पर विभाजन के अतिरिक्त तत्कालीन सामाजिक व्यवस्था में विभेदीकरण के अन्य कई आधार थे, जैसे द्विज और एकजात्य। प्रथम तीन वर्ण जिन्हें उपनयन का अधिकार था द्विज की श्रेणी में आते थे तथा शूद्र जिनका उपनयन संस्कार के द्वारा पुर्नजन्म नहीं किया जाता था एकजात्य कहलाते थे[4], अर्थात् शूद्रच्श्रतुर्थों वर्णः, एक जातिः।[5] द्विज के अन्तर्गत आने वाले वर्ण भी श्रेष्ठता के क्रम में विभाजित थे। वास्तव में उत्तर वैदिक काल से ही उच्च वर्ण सामाजिक श्रेष्ठता को प्राप्त करने का प्रयास कर रहे थे।

कुछ विद्वान यह भी मानते हैं कि इसी उद्देश्य की प्राप्ति के लिए ब्राह्मणों और क्षत्रियों के मध्य लम्बा संघर्ष हुआ। ब्राह्मणों[6] में उल्लिखित भार्गव राम की कथा, वशिष्ठ–विश्वामित्र संघर्ष[7] तथा महाभारत[8] का

देवयानी–शर्मिष्ठा संवाद इस संघर्ष के प्रमाण माने जा सकते हैं। ऐसा प्रतीत होता है कि वैदिक समाज ने पांचवी–छठी शताब्दी ई0पू0 तक ब्राह्मणों की श्रेष्ठता को स्वीकार कर लिया था, जबकि बौद्ध साहित्य के द्वारा ब्राह्मणों से पूर्व क्षत्रियों का उल्लेख इस बात का द्योतक माना जा सकता है कि एक अन्य वर्ग क्षत्रिय वर्ण को ही श्रेष्ठ समझता था। सूत्र साहित्य में हमें ब्राह्मण की सर्वश्रेष्ठता और विशिष्टता का प्रमाण मिलता है। ब्राह्मण को पूर्ण रूप से अवध्य, अवन्ध्य, अदण्डय, अबहिष्कार्य, अपरिवाद्य और अपरिहार्य माना गया।[9] सामाजिक विभेदीकरण इतना तीव्र हो गया था कि प्रत्येक वर्ण की क्रियाओं के हेतु अलग–अलग ऋतुओं और मौसमों का निर्धारण किया गया। न सिर्फ प्रत्येक वर्ण के व्यक्तियों हेतु आतिथ्य का अभिवान भिन्न–भिन्न था, वरन् प्रत्येक वर्ण के ब्रह्मचारियों हेतु अलग–अलग प्रकार के वस्त्रों तथा विभिन्न वर्ण के व्यक्तियों द्वारा गृहों के निर्माण हेतु भूमि का रंग भी भिन्न–भिन्न निर्धारित किया गया।[10] वास्तव में कल्पसूत्र साहित्य में वर्णित जीवन के प्रत्येक क्षेत्र में वर्ण के आधार पर विभाजन तथा प्रत्येक विभाजन में श्रेष्ठता के क्रम का निर्धारण तत्कालीन जीवन में कितना अधिक प्रचलित था इसकी तो स्पष्ट जानकारी नहीं मिलती, परन्तु सामाजिक जीवन हेतु निर्धारित इन मानदण्डों का उल्लेख कहीं–कहीं अवश्य प्राप्त होता है। दूसरी ओर पालि ग्रन्थों और जैन आगमों में बार–बार सामाजिक विचारधारा के प्रचलित स्वरूप का विरोध दिखायी पड़ता है। इस काल में वर्ण व्यवस्था को पूरी तरह से जन्मगत आधार प्रदान किया गया। शिक्षण और पूजा–पाठ ब्राह्मणों का वंशानुगत कार्य माना जाने लगा, क्षत्रिय वर्ण सैनिक वृत्ति और प्रशासनिक कार्यों से जुड़ गया। व्यापार, मवेशी–प्रजनन, कृषि ब्याज पर धन लगाना इत्यादि वैश्यों का वंशानुगत कार्य बन गया तथा हस्तशिल्प व अन्य वर्गों की सेवा शूद्रों का वंशानुगत कार्य निर्धारित हो गया।[11] अतः जब व्यवसाय और जाति में परस्पर सम्बन्ध हो गया तो व्यक्ति के निम्नवर्ण से निकल कर उच्चवर्ण में प्रविष्ट होने पर स्वतः ही प्रतिबन्ध लग गया। इस प्रकार नियमों से बद्ध एक समाज का विकास हुआ। परन्तु

इन्हीं शताब्दियों में बुद्ध और महावीर के द्वारा इस प्रकार के सामाजिक नियमों और निषेधों के जोरदार खण्डन का प्रमाण भी हमें मिलता है।

प्रारम्भिक पालिग्रन्थों में आये विवरण ये स्पष्ट संकेत देते हैं कि बुद्ध ने ब्राह्मणों की जगह वर्णक्रम में प्रथम स्थान क्षत्रियों को दिया[12], तथा जन्म की जगह कर्म को अधिक श्रेष्ठ माना। मज्झिम निकाय में बुद्ध आश्वलायन से कहते हैं कि ''क्या तुम जानते हो यवन, कम्बोज और दूसरे समीवर्ती देशों में आर्य और दास दो ही वर्ण होते थे। दास, आर्य हो सकता था और आर्य, दास।'' इसके अतिरिक्त एक स्थल पर बुद्ध के सामने जब यह प्रश्न रखा जाता है कि मनुष्य जन्म से ब्राह्मण है या कर्म से तो इस पर बुद्ध ने कहा कि कर्म प्रधान है और कर्म से ही व्यक्ति ब्राह्मण होता है।[13] निश्चित रूप से ये स्थितियां एक जटिल सामाजिक व्यवस्था का निर्धारण करती है। नगरीकरण के परिप्रेक्ष्य में इस प्रकार की विचारधाराओं का विशेष महत्व है, क्योंकि नगरीय जीवन में सामाजिक प्रथाओं और रूढ़ियों के बन्धन अधिक दृढ़ता के साथ स्थापित नहीं रह पाते। इसी लिये शायद जब छठी–पांचवीं सदी ई0पू0 में उत्तर भारत में नगरों का अस्तित्व दिखायी देने लगा तथा सामाजिक रूढ़ियों के बन्धन कुछ ढीले पड़ने लगे तो ब्राह्मण परम्परा इनका विरोध करने लगी। हमें ऐसे विवरण मिलते हैं जिनमें कहा गया कि स्नातक को नगर में नहीं जाना चाहिये क्यांकि वहां उसकी आंखे धूल से भर जाती है।[14]

भिन्न–भिन्न प्रकार के वर्ण–धर्म के निर्धारण तथा विवाह सम्बन्धी अनेक प्रकार के निषेध के बावजूद अन्तर्जातीय विवाहों पर प्रतिबन्ध नहीं लग सका। धर्मशास्त्रों में हमें अनेक ऐसी जातियों का विवरण मिलता है जिनमें से अधिकांश की उत्पत्ति अन्तर्जातीय विवाहों का परिणाम मानी गयी है। जैसे–आयोगव, उग्र, करण, कुक्कुट, चाण्डाल, दौष्यन्त, धीवर, निषाद, पाराशव, मागध, वृषल इत्यादि।[15] ऐसा अनुमान लगाया जा सकता है कि इस प्रकार के विवाह को सामाजिक स्वीकृति नहीं मिली थी और सम्भवतः ऐसे सम्बन्धों पर विरोध प्रकट करने हेतु इन विवाहों से

उत्पन्न संतान को जाति व्यवस्था में निचला स्तर प्रदान किया गया था।

इन शताब्दियों में सामाजिक जीवन में अनेक नवीन प्रवृत्तियों के प्रादुर्भाव को देखा जा सकता है। कृषि के साथ–साथ जब जीविका के साधन के रूप में शिल्प, व्यापार, उद्योग और वाणिज्य को भी अपनाया जाने लगा तो इससे दो प्रकार के प्राथमिक समूहों का उदय हुआ–प्रथम वह वर्ग जो कृषि करता था तथा दूसरा वह वर्ग जो कृषि के अतिरिक्त, जीविका सम्बन्धी अन्य वृत्ति को अपनाये हुआ था। मोटे तौर पर इस वर्गीकरण को ग्रामीण और नगरीय संस्कृति से जोड़ सकते हैं। यद्यपि गांव सिर्फ कृषि कार्य करने का ही स्थान नहीं होते थे वरन् अनेक प्रकार के शिल्प भी वहाँ विद्यमान थे। इसी प्रकार नगर में सिर्फ आर्थिक क्रियाकलापों से सम्बन्धित लोगों का ही निवास नहीं होता था वरन् प्रशासनिक व सामाजिक श्रम तथा सेवा से जुड़े हुए लोगों का निवास भी नगर में होता था। कुछ परवर्ती ग्रन्थ[16] इस बात की भी पुष्टि करते हैं कि नगर में अन्य व्यवसायों के अतिरिक्त कृषक भी निवास करते थे। तथापि ऐसा प्रतीत होता है कि कृषि व कृषकों का सम्बन्ध मूलतः गांवों से ही था।

इसके अतिरिक्त छठीं–पांचवीं शताब्दी ई0पू0 के आस–पास उत्तर भारत में एक नवीन प्रकार की सामाजिक–सांस्कृतिक विचारधारा का प्रारम्भ हुआ। इस समय का समाज मुख्य रूप से दो प्रकार की सामाजिक विचारधारा से प्रभावित था। प्रथम ब्राह्मण संस्कृति और द्वितीय श्रमण संस्कृति। साहित्य में आये विवरणों के आधार पर कहा जा सकता है कि ब्राह्मण संस्कृति ने नगरीय जीवन का समर्थन नहीं किया। ब्रह्मचारी को नगर में जाने से रोका गया। सूद पर धन कमाना, समुद्री यात्राओं तथा कुछ विशेष प्रकार की वस्तुओं का व्यापार करना ब्राह्मण साहित्य में अत्यधिक हेय माना गया।[17] इसके अतिरिक्त नगरीय जीवन में सामाजिक रूढ़ियों का पालन भी पूरी दृढ़ता से नहीं किया जा सकता था। अतः अनेक प्रकार की सामाजिक परम्पराओं और मान्यताओं को बरकरार रखने हेतु भी ब्राह्मण संस्कृति में नगरीय जीवन से विरोध प्रकट किया गया।

दूसरी ओर तत्कालीन समाज में प्रचलित (मुख्यतः मध्य गंगा घाटी के क्षेत्र में) श्रमण परम्परा का नगरीकरण के विकास में विशेष योगदान प्रतीत होता है। इस परम्परा में न सिर्फ सामाजिक जीवन में प्रचलित रूढ़ियों का विरोध किया गया और नवीन विचारधारा को प्रश्रय दिया गया, वरन् आर्थिक जीवन से सम्बन्धित अनेक नवीन वृत्तियों को जिनका ब्राह्मण परम्परा में विरोध किया था मान्यता प्रदान कर इससे सम्बन्धित लोगों को एक पुष्ट सामाजिक आधार भी दिया गया। नगर और नागरिक को प्रोत्साहन देना तथा प्रचलित रूढ़िवादिता का विरोध इस संस्कृति की विशेषता थी। श्रमण संस्कृति का विशेष रूप से बौद्ध तथा जैन धर्म के व्यापारी समुदाय व निम्न वर्ग में द्रुत गति से प्रचार हुआ।[18] जैन धर्म में अहिंसा पर अत्यधिक बल दिया गया। फलस्वरूप कृषकों ने इस धर्म को स्वीकार नहीं किया।[19] जिन शिल्पों से दूसरे प्राणियों का जीवन संकट में पड़ता था वो भी इस धर्म से अलग रहे।[20] अतः व्यापार और वाणिज्य में संलग्न लोगों में जैन धर्म का विशेष प्रचार हुआ। इसके अतिरिक्त यह धर्म मितव्ययिता की भावना को प्रोत्साहन देता था। निजी सम्पत्ति सम्बन्धी जो कठोर प्रतिबन्ध लगाया गया था वह सिर्फ भू सम्पत्ति के सम्बन्ध में था।[21] अतः वह समुदाय जो व्यापारिक क्रिया–कलाप करना चाहता था तथा दलाली व सूद पर रूपया प्राप्त करना चाहता था, जैन धर्म में दीक्षित हो गया, क्योंकि उनके द्वारा किये जा रहे आर्थिक प्रयत्नों को धार्मिकता तथा नैतिकता का आधार मिला। फलस्वरूप सम्बन्धित वर्ग अथवा व्यक्ति अपना कार्य अधिक कुशलता से करने लगे। इस प्रकार जैन धर्म नगर संस्कृति के प्रसार से संबद्ध हो गया।[22]

बुद्ध द्वारा प्रतिपादित धार्मिक आन्दोलन को भी नगरीकरण की प्रक्रिया के सहायक के रूप में देखा जा सकता है। बौद्ध धर्म ने प्रचलित ब्राह्मण संस्कृति की सामाजिक मान्यताओं का विरोध नहीं किया वरन् ऐसी सांस्कृतिक परम्पराओं को भी अपनाया जो सामाजिक समन्वय तथा आर्थिक विकास के लिये आवश्यक थीं।[23] बुद्ध ने जहाँ जातिवाद का विरोध

कर समतावादी समाज के स्थापना की प्रेरणा दी, वहीं उन आर्थिक संरचनाओं को भी संरक्षण दिया जो वाणिज्य, व्यापार के विकास और नगरीकरण की प्रक्रिया में सहायक थीं। मध्यम मार्ग से सम्बन्धित बौद्ध धर्म का सम्मोहक कृषकों, व्यापारियों, शूद्रों, शिल्पियों व समाज के अन्य निचले तबके के लोगों पर विशेष रूप से छा गया। श्रमण परम्परा ने मूलतः समाज के उत्पीड़ित वर्ग को अधिक प्रभावित किया।[24] यों तो वैश्य आर्थिक दृष्टि से शक्तिशाली थे, तथा अर्थव्यवस्था मुख्यतः उन्हीं के क्रिया–कलापों पर आधारित थी, तथापि उन्हें तदनुरूप ब्राह्मण परम्परा में सामाजिक मान्यता प्राप्त नहीं हुयी थी। स्वाभाविक रूप से यह वर्ग जैन धर्म के साथ–साथ बौद्ध धर्म से भी आकर्षित हुआ। बुद्ध ने हस्तशिल्प, व्यापार, वाणिज्य, ऋण व उस पर लगने वाले सूद इत्यादि क्रिया–कलापों को समर्थन दिया।[25] यहां तक कि नगरों से सम्बद्ध वेश्यावृत्ति को भी अवहेलना की दृष्टि से नहीं देखा।[26] इन नवीन मान्यताओं ने निश्चय ही आर्थिक विकास की गति तथा नगरीकरण की प्रक्रिया को बढ़ावा दिया होगा।

सामान्यतः इतिहासकारों द्वारा यह माना जाता है कि वैश्य एवं शूद्र आदि निम्न वर्ग के लोग ही मुख्य रूप से बौद्ध धर्म के अनुयायी बने। परन्तु इस बात के भी प्रमाण हैं कि अनेक उच्चवर्ग के लोगों ने भी बौद्ध धर्म का अनुसरण किया। सीताराम दूबे[27] के त्रिपिटक के अध्ययन से स्पष्ट होता है कि इसमें उल्लिखित बौद्ध भिक्षुओं में सर्वाधिक संख्या ब्राह्मण भिक्षुओं की थी। ऐसा प्रतीत होता है कि इस वर्ण के सभी सदस्यों को ब्राह्मण समाज में उतनी मान्यता व सुविधाएं प्राप्त नहीं थीं जिनकी उन्हें अपेक्षा थी। इस वर्ग को हम उपेक्षित ब्राह्मण कह सकते है। जातकों[28] में जिन अनपढ़, निर्धन व कृषि कार्य में संलग्न ब्राह्मणों का हम विवरण पाते हैं वे सम्भवतः इसी उपेक्षित वर्ग के लोग थे। स्वाभाविक रूप से संभवतः सामाजिक प्रतिष्ठा की प्राप्ति हेतु इस वर्ग के अनेक ब्राह्मणों ने बौद्ध धर्म का समर्थन किया होगा। यह एक ऐतिहासिक तथ्य है कि बुद्ध स्वयं क्षत्रिय वर्ग में उत्पन्न हुए थे। बौद्ध साहित्य[29] से यह भी स्पष्ट

होता है कि भगवान बुद्ध का अनेक राजाओं से व्यक्तिगत संबन्ध था। इस संदर्भ में कोसल के राजा प्रसेनजित का नाम प्रमुख रूप से लिया जा सकता है, जिन्होंने बुद्ध को न केवल आदर सम्मान दिया वरन् उनके उपदेशों का भी समर्थन किया।[30] ऐसी स्थिति में यह अनुमान करना कदापि अनुचित नहीं होगा कि अनेक क्षत्रियों ने भी बुद्ध का अनुगमन किया होगा। त्रिपिटक में क्षत्रिय भिक्षुओं का भी उल्लेख है।[31] इस प्रकार यह कहा जा सकता है कि कम से कम मध्य गंगा घाटी के क्षेत्र में भगवान बुद्ध को ऐसा जन समर्थन प्राप्त हुआ जिसमें सभी वर्णों के लोग सम्मिलित थे। यह दूसरी बात है कि उन्हें जितना समर्थन वैश्य, शुद्र आदि निचले वर्गों से प्राप्त हुआ उतना उच्च वर्गों से नहीं।

समाज एवं शासन

शहरों में विभिन्न वर्गों के लोग रहते थे जैसे–उच्च पदाधिकारी, मंत्रीगण, पुरोहित, निम्न तबके के असैनिक और सैनिक पदाधिकारी और स्वतंत्र पेशे वाले वैद्य, लिपिक, लेखपाल, शिक्षक, वणिकवर्ग, शिल्पी, नर्तक, गायक, नाटककार, गणिकाएँ इत्यादि। अध्ययन की सुविधा के लिए इन्हें सात वर्गों में विभाजित किया जा सकता है।

1. राजा, मंत्री और उच्च पदाधिकारीगण
2. पुरोहित
3. निम्न स्तर के सैनिक और असैनिक पदाधिकारी
4. स्वतंत्र पेशे वाले वैद्य, लिपिक, लेखपाल, शिक्षक, वास्तु विद्याचार्य आदि
5. व्यापारी वर्ग
6. शिल्पी
7. गायक, नर्तक, नाटककार, जादूगर तथा गणिकाएँ

शहरी समाज में सर्वोच्च स्थान राजा मंत्रियों और उच्चपदाधिकारियों को प्राप्त था। अशोक के शासन काल से ही सम्राट के अतिरिक्त

महामात्रों की चर्चा मिलती है। प्राचीन पालिग्रन्थों में भी इनका उल्लेख बार–बार किया गया है। तत्कालीन साक्ष्यों से यह तथ्य सम्पुष्ट हो जाता है कि बड़े–बड़े शहरों में मंत्री, सेनानायक, न्यायाधीश, लेखपाल या गणक रहते थे तथा समाज में इनकी काफी प्रतिष्ठा थी।[32] कौटिल्य के अर्थशास्त्र में 27 अध्यक्षों की चर्चा ही। जो सम्भवतः शहरों में रहकर आर्थिक, सामाजिक गतिविधियों को नियंत्रित करते थे। इनके अतिरिक्त शहरों में अनेक उच्च पदाधिकारी होते थे जो प्रशासनिक कार्यों में मदद पहुंचाते थे।[33] जातकों में भी राजा सहित कुछ उच्च पदाधिकारियों की चर्चा मिलती है जो शहरों में रहते थे। इन उच्च पदाधिकारियों में मंत्री[34], सेनानायक[35], न्यायाधीश[36] इत्यादि शहरों में रहने वाले थे। ऐसा प्रतीत होता है कि ऐसे वर्ग के सदस्य शहरों में रहकर उत्पादन और वितरण को नियंत्रित करते थे तथा प्रशासनिक तंत्रों पर कड़ी नजर रखते थे।

पुरोहित भी शहरी जीवन के एक महत्वपूर्ण अंग थे। शहरी जीवन में उनकी काफी प्रतिष्ठा थी। पुरोहित चूंकि राजा से काफी निकट होते थे, अतः राजा को प्रशासनिक कार्यों में परामर्श भी देते थे।[37] जिससे उनका महत्व बहुत बढ़ जाता था। अशोक के पूर्व इन पुरोहितों का विशेष महत्व था जैसे कि अर्थशास्त्र से ज्ञात होता है[38], परन्तु अशोक के शासन–काल से ही पुरोहितों का महत्व धीरे–धीरे घटने लगा। सातवाहनों और कुषाणों के अभिलेखों में पुरोहितों की चर्चा नहीं मिलती है। इस आधार पर यह कहा जा सकता है कि शहरों में पुरोहितों की स्थिति पूर्व की तरह सम्भवतः नहीं रही, परंतु नगरी–समाज के वे अभिन्न अंग बने रहे। प्रो0 रामशरण शर्मा का कहना है कि सातवाहनों के शासन–काल में पुरोहितों की चर्चा अभिलेखों में इसलिए नहीं मिलती है; क्योंकि वे स्वयं ही अपना पौरोहित्य कार्य सम्पादित करते थे।[39] यह सत्य है कि प्राक् मौर्यकाल की तुलना में पुरोहितों की सामाजिक स्थिति अच्छी नहीं रही फिर भी यह कहना सत्य से परे नहीं होगा कि सातवाहन और कुषाण युग में भी पुरोहित शहरी सामाजिक–धार्मिक जीवन के महत्वपूर्ण कड़ी थे।

शहरों में कुछ निम्न स्तर के सैनिक[40] और असैनिक पदाधिकारी और कर्मचारी भी रहते थे। इनका स्थान शहरी सामाजिक व्यवस्था में तीसरा था। जातकों से हमें यह जानकारी मिलती है कि शहरों में राजकीय कुम्भकार[41], स्वर्णकार[42], नापित[43], माली[44] इत्यादि रहते थे। इनके अतिरिक्त हाथी को प्रशिक्षण देने वाले तथा वस्तुओं का मूल्य निर्धारित करने वाले सुरक्षा प्रहरी इत्यादि भी शहरों में रहते थे।[45] तत्कालीन अभिलेखों में कुछ मध्यवर्गीय पदाधिकारियों की चर्चा मिलती है जो शहरों में असैनिक सैनिक कार्यों में सम्पादन करते थे। नगरों में सेना के जवान भी रहते थे। नन्द सेना की बड़ी संख्या के बारे में हम अवगत हैं। नन्दों के बाद मौर्य सेना की संख्या सम्भवतः और भी अधिक थी और इन सेना का अधिकांश भाग राजधानी तथा नगरों में रहता था। प्रकारान्तर से यह सेना शहरी जीवन के विभिन्न पहलुओं को भी प्रभावित करती थी और बचत उत्पादन का अधिकांश भाग इसी के द्वारा उपभोग किया जाता था। सेना के कुछ पदाधिकारी नगर के प्रशासनिक कार्यों में मदद भी पहुंचाते थे। सेना के जवान उच्च प्रशासनिक पदाधिकारियों, मंत्रियों, पुरोहितों, सेनापतियों इत्यादि की आज्ञाओं के अनुपालन में किसी तरह का टाल–मटोल नहीं करते थे।[46]

शहरों में उच्च और निम्न वर्गों के जो सैनिक तथा असैनिक पदाधिकारी रहते थे। उनके बीच काफी वेतन विसंगति थी। एक तरफ जहां मंत्री, सेनापति, पुरोहित और युवराज को 4800 कर्षापण वेतन मिलता था, वहीं छोटे पदाधिकारियों को 60 पण वार्षिक वेतन दिया जाता था।[47] कुछ अत्यंत निम्नवर्ग के पदाधिकारियों को 20 और 10 पण वेतन भी दिया जाता था। इस प्रकार बड़े और छोटे पदाधिकारियों के वेतन में औसत अंतर एक और 4800 का था। अर्थात् सबसे बड़े पदाधिकारी को अगर 4800 वेतन प्राप्त होता था तो दूसरी तरफ सबसे छोटे पदाधिकारी को मात्र 10 पण वेतन मिलता था। परंतु इस वेतन विसंगति के बावजूद बड़े और छोटे पदाधिकारी एक साथ मिलकर शहरी जनता का भिन्न–भिन्न

प्रकार से शाषण करते थे।[48] कुछ स्वतंत्र पेशे से संबंधित लोग भी शहरों में रहते थे। ऐसे लोगों में वैद्य, शल्य चिकित्सक, लेखक, गणक (गिनती करने वाले) इत्यादि का वर्णन मिलता है। ये लोग स्वतंत्र पेशा करते थे, परंतु कभी–कभी राज्य की ओर से भी इन्हें नियुक्त किया जाता था।[49]

उपरोक्त सभी पेशों में चिकित्सक का पेशा सामाजिक दृष्टि से काफी प्रतिष्ठित माना जाता था। कुछ बौद्ध ग्रन्थों से इस बात की जानकारी मिलती है कि निम्न कुल में भी उत्पन्न व्यक्ति अगर चिकित्सक बन जाता था तो उसे समाज में काफी प्रतिष्ठित दृष्टि से देखा जाता था।[50] जातकों में विशिष्ट वैद्यों का वर्णन मिलता है जो विभिन्न बिमारियों की रोकथाम करते थे।[51] जातकों में कुछ पशुचिकित्सकों का उल्लेख है। वाराणसी में हाथियों का एक प्रसिद्ध चिकित्सक रहता था।[52] तत्कालीन स्रोतों में नापित (नाऊ) की बार–बार भर्त्सना की जाती है और वैद्य की प्रशंसा[53] इससे भी यह अनुमान लगाया जा सकता है कि समाज में वैद्य के पेशे को घृणित बताया गया है। परंतु, इसका यह अर्थ नहीं है कि शहरी जीवन में इनका महत्व ही नहीं था। शिक्षक का पेशा भी एक स्वतंत्र पेशा था और समाज में ये काफी आदरणीय थे। जातकों से यह पता चलता है कि बनारस और तक्षशिला अध्ययन के केन्द्र थे और यहां हजारों शिक्षक छात्रों को शिक्षा देने का काम करते थे।[54] परवर्ती काल में नालन्दा और विक्रमशिला भी शिक्षा का केन्द्र बन गए जिनकी तुलना आजकल के कैम्ब्रिज और ऑक्सफोर्ड विश्वविद्यालयों से की जा सकती है।[55]

जातकों में वाराणसी नगर के वास्तुविद्याचार्य (इंजीनियर) का वर्णन मिलता है जो भूमि के अन्दर सात रत्न का दोष देख सकते थे।[56] व्यापारी का पेशा भी स्वतंत्र पेशा माना जाता था और समाज में इनकी बहुत प्रतिष्ठा थी। ई0पू0 200 से लेकर 200 ई0 तक इन व्यापारियों का समाज में काफी दबदबा था। ऐसा प्रतीत होता है कि इन्डो–रोमन व्यापार के सिलसिले में व्यापारी उन दिनों काफी समृद्ध थे और बहुत अर्थों में अपने आप में इनका अलग स्वतंत्र अस्तित्व था। तत्कालीन स्रोतों से इस

बात की भी जानकारी उपलब्ध होती है कि राजा भी इन व्यापारिक संगठनों के कानूनों में सामान्यतया हस्तक्षेप नहीं करना चाहता था।[57] जातकों में अनेक ऐसे व्यापारियों की चर्चा मिलती है जो स्वतंत्र व्यापार करते थे।[58] और जिनके पास करोड़ों की संपत्ति थी।[59] श्रावस्ती के अनाथपिण्डक की कथा बहुचर्चित है जिसके पास अपरिमित सम्पत्ति थी।[60]

शहरों में उत्पादन का मुख्य कार्य शिल्पियों द्वारा सम्पादित होता था। शहरों के आर्थिक और सामाजिक जीवन में इनका विशेष स्थान था। दुर्भाग्यवश प्रचलित व्यवस्था के अन्तर्गत, प्रशासकों और अन्य बिचौलियों के द्वारा इनका शोषण किया जाता था। शिल्पियों में विशेषकर बढ़ई, लोहार, स्वर्णकार, कुम्भकार, दन्तकार, चर्मकार, इत्यादि शहरी लोगों की आवश्यकताओं को मात्र पूरा ही नहीं करते थे वरन् ततसंबंधी उद्योगों को बढ़ावा देते थे। कालक्रम में जैसे–जैसे शहरीकरण की प्रवृत्ति बढ़ती गई, वैसे–वैसे उक्त शिल्पी अपनी विशिष्टता भी प्राप्त करते गए और कार्य विशिष्टता ने प्रशासकों का ध्यान इनकी ओर आकृष्ट किया। अब इन विशिष्ट शिल्पियों को राज्य द्वारा प्रश्रय भी दिया जाने लगा तथा विशेष सुविधाएं देकर राज्य द्वारा इन्हें नगरों में बसाने का काम भी शुरू किया।[61] इन शिल्पियों में से कुछ भी सामाजिक प्रतिष्ठा का अंदाजा इसी से लगाया जा सकता है कि एक बौद्ध ग्रन्थ में इस बात की चर्चा मिलती है कि कुछ बौद्ध सन्यासियों ने भी बुनकरों का काम करना शुरू कर दिया।[62] मेगास्थनीज भी यह लिखता है कि शिल्पियों को क्षति पहुंचाने वाले लोगों को कड़ी सजा दी जाती थी। वह लिखता है कि अगर कोई व्यक्ति एक शिल्पी की आंख या हाथ को क्षति पहुंचाता था तो उसे मौत की सजा दी जाती थी।[63] परंतु, शिल्पियों और कारीगरों को यह स्थिति बहुत दिनों तक स्थिर नहीं रह सकी और इसवीं पांचवीं छठी शताब्दी में उनकी स्थिति में गिरावट आने लगी। शिल्पियों में भी तीन तरह के शिल्पी थे–

(1) सम्पन्न वर्ग के शिल्पी (2) मध्यम वर्गीय शिल्पी और (3) साधारण शिल्पी, इन तीनों वर्गों के शिल्पियों में भी सूक्ष्म–वर्ग भेद देखने को

मिलता है।

शहरों में कुछ ऐसे व्यक्ति भी रहते थे जो लोगों का मनोरंजन करते थे और गांवों से शहरों में जाकर बस जाते थे।[64] शहरों में गायक, नर्तक, नाटककार, पहलवान, जादूगर इत्यादि लोगों का मनोरंजन करते थे। समृद्ध गर्व के लोगों से इन्हें काफी आय होती थी जातकों में बांसुरी, ड्रम, दुदुम्भी, ढोल, मृदंड्ग बजाने वाले झाल, घड़े, शंख बजाने वालों की चर्चा मिलती है जो लोगों का मनोरंजन करते थे।[65] महावस्तु से इस बात की जानकारी मिलती है जो लोगों का मनोरंजन करते थे।[66] महावस्तु से इस बात की जानकारी मिलती है कि उस समय एक सौ प्रकार के वाद्य यंत्र काम में लाए जाते थे।[67]

तत्कालीन स्रोतों से यह तथ्य सम्पुष्ट हो जाता है कि ई0पू0 200 से लेकर 300 ई0 के बीच में अनेक नर्तक व्यक्तिगत और सार्वजनिक आयोजनों में प्रचुर सम्पत्ति अर्जित करते थे तथा शहरों की समृद्ध जनता द्वारा इन्हें संरक्षण भी दिया जाता था। भरत के नाट्यशास्त्र से इस बात की जानकारी मिलती है कि उसके नर्तक सिर की तेरह, आंख की छत्तीस, गले की नौ, हाथ की सैंतीस और कमर की दस मुद्राएं बनाने में दक्ष थे।[68] कुछ परवर्ती ग्रन्थों में शरीर के विभिन्न अंगों की कुछ अधिक मुद्राएं भी वर्णित है।[69] नृत्यकला में नर्तक इतने प्रवीण हो चले थे कि अपने नृत्य के द्वारा सम्पूर्ण कथा को ही प्रदर्शित करने की क्षमता रखते थे।[70]

महावस्तु में मथुरा के कुछ रंगकर्मियों की चर्चा मिलती है जिन्होंने बनाकर जाकर अपनी कलला का प्रदर्शन किया था।[71] एक कुषाण अभिलेख से भी रंगकर्मियों के कार्यकलापों पर प्रकाश पड़ता है।[72] इस अभिलेख से इस बात की जानकारी मिलती है कि मथुरा के रंगकर्मियों के पुत्रों ने एक स्थान पर अपनी प्रतिष्ठा में एक पत्थर का एक प्रस्तरखण्ड स्थापित किया।[73] गणिका संस्था वास्तव में शहरी जीवन की विशेषता मानी जाती है। शहरीकरण की प्रक्रिया के समय ही गणिकाओं की चर्चा मिलने लगती है और धीरे–धीरे यह संस्था के रूप में परिवर्तित हो जाती

है। भगवान बुद्ध के समय प्रसिद्ध गणिका आम्रपाली को कौन नहीं जानता? आम्रपाली वैशाली के प्रसिद्ध श्रेष्ठि महानाम की पुत्री थी।[74] कौटिल्य के अर्थशास्त्र के अनुसार वेश्यालयों के व्यवस्था के लिए राजकीय पदाधिकारी भी नियुक्त किए जाते थे।[75] इन अधिकारियों को राज्य की तरफ से यह निर्देश दिया गया था कि वे रूप, यौवन से सम्पन्न एवं गायन–वादन में निपुण स्त्री को चाहे वह वेश्याकुल से संबंध हो या न हो, एक हजार पण देकर गणिका के कार्य पर नियुक्त करें।[76] इसी प्रकार अर्थशास्त्र में यह भी व्यवस्था है कि कुछ अन्य गणिकाओं को भी नियुक्त किया जाए और उनकी आमदनी का आधा भाग उनके परिवार को दे दिया जाए।[77]

कौटिल्य गणिकाध्यक्ष की भी चर्चा करता है। उसके अनुसार गणिकाध्यक्ष को चाहिए कि वह वेश्याओं के भोगधन, माता से मिला धन के अतिरिक्त आय और भाव प्रभाव (आयति) आदि को रजिस्टर में दर्ज करता रहे और उन्हें अधिक खर्च करने से रोकता रहे।[78] नगरों में रहने वाले समृद्ध लोग बड़े शौकीन थे। इनकी रूचि का अंदाजा इससे लगाया जा सकता है कि अक्सर लोग शरीर की गन्दगी को साफ करने के लिए झांवा का इस्तेमाल करते थे। यह साबुन का कार्य करता था। खुदाई के सिलसिले में इस प्रकार के टुकड़े वैशाली, चिरान, कटरा, कुम्हरार, सोनपुर इत्यादि जगहों में मिले है।[79]

मिलिन्दपन्हों से यह संकेत मिलता है कि नगरों में रहने वाले समृद्ध नागरिक बालों को साफ करने के लिए शैम्पू का प्रयोग करते थे।[80] सौन्दरानन्द से इस बात की जानकारी प्राप्त होती है कि समृद्ध नागरिक अपने वस्त्रों को सुवासित करने के लिए विभिन्न प्रकार के सुगंधित द्रव्यों का प्रयोग करते थे।[81] इस बात की भी जानकारी प्राप्त होती है कि शहरों में रहने वाले लोग, कपड़ा पहनने के पूर्व उसे इस्तरी भी कर लेते थे।[82] इसी जातक में यह भी कहा गया है कि एक तरफ शहरों के लोग कपड़ों को इस्तिरी करना जानते थे तो दूसरे तरफ देहाती लोग इससे परिचित नहीं थे।[83] नगर में रहने वाले समृद्ध वर्ग के स्त्रियाँ विभिन्न वस्तुओं का

प्रयोग कर अपना श्रृंगार करती थी। सुंदरियाँ अपने बालों को विभिन्न प्रकार से सजाती थीं। इसका अनुमान कुम्हरार से प्राप्त एक मृणमूर्ति से होती है।[84]

कुम्हरार से ही प्राप्त एक दूसरी मृणमूर्ति से इस बात की भी जानकारी मिलती है कि स्त्रियाँ अनेक गुच्छों में अपने बालों को सजाती थीं और बाल तीन भागों में बांटकर उसे पीछे की ओर फेंक देती थीं।[85] चम्पा की खुदाई से एक चांदी का बना बाल में लगाने वाला हेयर क्लिप प्राप्त हुआ है।[86] कुम्हरार की खुदाई से एक मृणमूर्ति मिली है जिसके वक्ष भार पर साड़ी को व्यवस्थित रखने के लिए एक क्लिप जैसी कोई चीज लगी है।[87] कभी–कभी स्त्रियां अपने को सुंदर दिखाने के लिए कटि प्रदेश में साड़ी का आंचल लपेट लेती थीं।[88] उक्त तथ्य का अंदाजा एक मृणमूर्ति से होता है जो शुंगकालीन है।[89] स्त्रियाँ साड़ियों को पहनते समय आवश्यकतानुसार उसे अनेक तहों में मोड़ लेती थीं ताकि वे अधिक से अधिक आकर्षक लगे।[90]

महावेस्सन्तर जातक से जेतुत्तर नगर में शहरी समाज का चित्रण मिलता है। जेतुत्तर नगर के राजा ने बोधिसत्व (अपने पुत्र) के आने के समय उनके स्वागत में सम्पूर्ण नगर को सुसज्जित करवाया। राजा ने सेनापति को हाथी, घोड़े, रथ पैदल सेना को तैयार करने को कहा। नाना प्रकार के अलंकृत साठ हजार योद्धा तैयार करवाये गए। चौदह हजार हाथी तैयार किये गए, जिनकी काछ में सोना था और जो सुनहरी साज से कसे थे। चौदह हजार श्रेष्ठ जाति के घोड़े तैयार किये गए। चौदह हजार रथों को जिनकी नेमियाँ अच्छी तरह बनी थीं और जिनकी किनारियाँ सुनहरी थीं उन पर ध्वजाएं चढ़ाई गई, चर्म के कवच चढ़ाए गए, दृढ़ प्रहार करने वाले धनुष चढ़ाए गए। रथ जीवी लोग रथ पर बैठे। मार्ग को समतल किया गया। मार्ग का फूल–मालाओं, गन्ध तथा विलेपन से सुसज्जित तथा सुगंधित किया गया। मार्ग में जगह–जगह सुराओं का प्रबंध किया गया तथा मांस, पुए, मुट्ठी, मत्स्य मिश्रित कुल्माष रखे गए

साथ ही घी, तेल, दही, खीर और कङ्गू और धान की बहुत सी शराब का प्रबंध किया गया। भोजन बनाने वाले नट, नर्तक, गायक़, हस्त संगीत वाले ढोल बजाने आदि बजाने वाले थे। इन विभिन्न वाद्यों ने अपने स्वरों की झंकार से बोधिसत्व का स्वागत किया।[91] जातकों से इन्द्रप्रस्थ नगर के पानागार का वर्णन मिलता है जिसका प्रयोग नगरों में रहने वाले लोग करते थे।[92]

शहर में रहने वाले समृद्ध वर्ग के लोग अपने आवास का निर्माण अपने सुविधानुसार तथा सुरक्षात्मक दृष्टिकोण से कराते थे जिससे उन्हें हर प्रकार की सुविधा प्राप्त हो सके। जातकों में इसी प्रकार की सुरंग का वर्णन मिलता है। इस सुरंग का प्रवेश द्वार नगर में था। इसके प्रवेश द्वार से अट्ठारह हाथ ऊँचा यंत्र द्वार लगा हुआ था। यह प्रवेश द्वार एक आणि के खींच लेने से बन्द हो जाता था तथा एक आणि के खींच लेने से खुल जाता था। बड़ी सुरंग के दोनों ओर चुनाई कराकर चूने का पलस्तर करवाया गया था। ऊपर तख्तों की छत बनी दिखाई देने के स्थान पर मिट्टी–लेप एंव सफेदी करवाया गया। इस प्रकार अस्सी बड़े दरवाजे और चौसठ छोटे दरवाजे लगाए गए जो यंत्र युक्त ही थे। एक आणि के खींचते ही सभी बंद हो जाते, एक के खींचने से सभी खुल जाते थे। दोनों तरफ सैकड़ों दीपों के आले थे। वे भी यंत्र–युक्त ही थे। एक के खोलने पर सभी खुल जाते एक के बंद होने पर सभी बंद हो जाते। दोनों ओर एक सौ क्षत्रियों के लिए अलग–अलग सोने के कमरे थे। एक–एक में नाना वर्ण के बिछौने थे। किसी–किसी में श्वेत क्षत्र सहित महान शैय्या थी किसी–किसी में सुन्दर स्त्री मूर्ति थी जिसे हाथ से बिना स्पर्श किये ये नहीं जाना जा सकता था कि यह जीवित नहीं है। सुरंग के दोनो दीवारों में चतुर चित्रकारों ने नाना प्रकार के चित्र बनाए थे।[93] इन सभी तथ्यों से यह स्पष्ट होता है कि नगरी जीवन तथा समाज काफी विकसित अवस्था में था। समृद्ध वर्ग के लोग काफी शौकीन थे तथा रहन–सहन का ढंग काफी ऊंचा था।

प्राचीन भारत में नगर शासन राज्य की ओर से नियुक्त पदाधिकारियों तथा स्थानीय सभाओं, समितियों एवं समुदायों के द्वारा सम्पादित होता था। नगर में प्रमुख अधिकारियों को कौटिल्य ने 'नागरक' कहा है। उनका कार्य नगर में होने वाले कार्यों का पर्यवेक्षण[94] था। उसे सरोवरों राजमार्गों, गुप्त रास्तों, वप्र प्राकार तथा परिखा आदि का प्रतिवेदन निरीक्षण करना पड़ता था।[95] वह दूसरों की खोई अथवा उनके द्वारा भूली या छोड़ दी गई वस्तुओं की रक्षा करता था।[96] वह अपने उत्तरदायित्व को निभाने में किसी प्रकार की असावधानी नहीं दिखाता था।[97] कौटिल्य के 'नागरक' की पहचान अशोक कालीन कलिंग लेख के 'नगलक' के साथ की जा सकती है।[98] जातकों में पुर के प्रमुख राजपुरूष को 'नगर गुत्तिका' कहा गया है। उसका कार्य नगर की रक्षा करना था।[99] एक जातक में वर्णन मिलता है कि किसी समय बोधिसत्व काशी के अछूत कुल में उत्पन्न हुए। वहां का सम्राट उनकी योग्यता से बहुत प्रभावित हुआ। उसने उनके गले में माला पहना कर उसके 'नगर गुत्तिक' नियुक्त किया।[100]

मनुस्मृति में नगर के प्रमुख अधिकारी को 'सर्वार्थचिन्तक' अर्थात् पुर में होने वाली प्रत्येक घटना का देख–रेख करने वाले को कहा गया है।[101] कौटिल्य के अर्थशास्त्र में नगरशासन संबंधी राजपुरूष के नाम मिलते है उदाहरणार्थ : पण्याध्यक्ष, सुराध्यक्ष, सूनाध्यक्ष, गणिकाध्यक्ष तथा नावाध्यक्ष। पण्याध्यक्ष का प्रधान कर्तव्य नगर में बेची जानेवाली वस्तुओं का मूल्य निर्धारण था।[102] कुछ नगरों का शासन श्रेणियों के प्रधानों द्वारा होता था जो अपने सहयोगियों की सहायता से शासन करते थे।[103] त्रिपिटकों से ज्ञात होता है कि बिम्बसार के पास पत्र भेजकर एक ऐसे व्यक्ति की मांग कौशलराज ने की थी, जो उसके राज्य के व्यापार को संभाले।[104] यह पद श्रेष्ठी का होता था जिसे 'व्यापार–मंत्री' कहा जा सकता था। आज्ञा मांगने पर परिषद् ने सम्राट बिम्बसार को अपने यहां के सर्वश्रेष्ठ 'महाकुल' को भेजने से मना कर दिया; क्योंकि वह राज्य के लिए उपयोग तथा योग्य था। अंग देश के लिए श्रेष्ठी–पुत्र धनंजय को

भेजा ागया जिसके लिए परिषद् ने आदेश दिया उसे कौशलराज ने श्रेष्ठी का पद दिया और श्रावस्ती से सात योजन उपर साकेत पगर में उसे बसा दिया और नागरिक अधिकार दे दिया गया। अब वह मगध राज्य के प्रति उत्तरदायी न रहकर कौशल राज्य के हित के ही कार्य सोचने और करने को प्रस्तुत हो गया।[105]

एक सीमित क्षेत्र में सजा देने के लिए मालगुजारी बढ़ा देने का भी वर्णन जातकों में मिलता है।[106] मूल्य निर्धारित करने के लिए पदाधिकारी होते थे ताकि अनुचित लाभ विक्रेता नहीं उउठा सके। कुछ जातकों में भी इस बात की चर्चा है कि वाराणसी राजा के बोधसत्व अर्धकारक (मूल्य निश्चित करने वाले) पदाधिकारी थे। वह हाथी, घोड़े, मणि, सुवर्ण आदि का मूल्य निश्चित करते और मालिकों को भी उचित मूल्य दिलवाते थे।[107] सुराध्यक्ष का प्रधान कर्तव्य राजकीय नियमों के अनुसार मदिरा के क्रय–विक्रय तथा प्रयोग को नियंत्रित करता था। वह देखता था पानागार में किसी प्रकार का झगड़ा तथा बेईमान न होने पाये।[108] जातकों में वर्णन मिलता है कि मगध राष्ट्र में एक मचल नामक चर्चित गांव था जहां एक ग्राम भोजक भी था जो शराब इत्यादि को नियंत्रित भी करता था।[109] इसी प्रकार का विवरण काशी राष्ट्र में भी प्राप्त होता है।[110] सूनाध्यक्ष नामक प्राधिकारी यह देखता था कि मांस बेचने वाले हड्डियों को निकाल कर स्वच्छ मांस बेचते हैं अथवा नहीं।[111]

गणिकाध्यक्ष का कर्तव्य गणिकाओं की आय का निर्धारण करना तथा उन पर कर लगाना था।[112] अनुचित व्यवहार के दोषी पाने पर वह गणिका तथा उसके साथ संबंध रखने वाले को दण्ड देता था।[113] नावाध्यक्ष की नियुक्ति बन्दरगाहें में की जाती थी। उसका कर्तव्य विदेशी यात्रियों से शुल्क वसूल करना था।[114] राजकीय जलपोत से उतरने वाले नावाध्यक्ष को एक प्रकार का कर देते थे।[115] वह प्रमाण–पत्र के प्रस्तुत करने पर ही विदेशी वणिकों को नगर–प्रवेश की आज्ञा देता था।[116] जहाज से उतरने वाले जो यात्री व्यापार तथा बन्दरगाह के नियम को भंग करते थे, उन्हें

वह दण्ड देता था।[117] संदिग्ध आचारण वाले यात्री इसके द्वारा बंदी भी बनाए जाते थे।[118]

बड़े शहरों में जनसंख्या का विवरण सुरक्षित रहता था। इस प्रथा का विवरण मौर्य–काल में प्राप्त होता है। मेगस्थनीज ने पाटलिपुत्र में प्रजा के जीवन–मरण का ब्यौरा प्रस्तुत करने वाले पदाधिकारी का उल्लेख किया है।[119] वे सदा इसके लिए सतर्क रहते थे कि जन्म एवं मृत्यु का कोई लेखा–जोखा सरकारी खाते में छूटने न पाये।[120] कौटिल्य ने भी जनसंख्या कार्यालय का उल्लेख किया है। अर्थशास्त्र में दो राजपुरूषों का उल्लेख मिलता है जो जनगणना करते थे।[121] ये राजपुरूष अपने अधिकार क्षेत्र के प्रत्येक परिवार के पुरूषों एवं स्त्रियों की जाति, गोत्र, नाम एवं पेशा का उल्लेख अपने खाते में दर्ज करते थे।[122] इन प्राधिकारियों को नगर के बाहर से आने वाले व्यक्तियों का भी नाम एवं पता सुरक्षित रखना पड़ता था। धर्मशालाओं के संचालकों को यह निर्देश दिया गया था कि वे अपने यहां ठहरने वाले सभी यात्रियों के नाम और पते संबंधित अधिकारियों के पास प्रेषित कर दे।[123] नागरिकों को यह हिदायत दी गई थी कि वे अपने अतिथियों की सूचना राज्य को देते रहे।[124] इस प्रकार की व्यवस्था के कारण नगर में बाहरी व्यक्तियों की संख्या तथा उनके संबंध में विस्तृत जानकारी राज्य को प्राप्त हो जाती थी।

नगर शासन के लिए एक सभा होती थी जिसे कुछ ग्रंथों में 'पौर' कहा गया है। दिव्यावदान[125] एवं रामायण[126] में पौर उल्लेख मिलता है। इसका अर्थ पुर–सभा बताया गया है। यह नगर में 'शांति कर्म' अर्थात् शांति की व्यवस्था स्थापित करती थी। इसके अतिरिक्त नागरिकों के हित में कार्य करना इसका कर्तव्य समझा जाता था। विदेशी यात्री मेगस्थनीज ने भी नगर सभा का उल्लेख किया है। उसके अनुसार पाटलिपुत्र में शासन के लिए एक नगर सभा थी, जिसमें छह विभाग थे तथा प्रत्येक विभाग में पांच सदस्य रहते थे। पृथक–पृथक उत्तरदायित्व के अतिरिक्त इन विभागों के कुछ सामूहिक उत्तरदायित्व भी होते थे।

उदाहरणार्थ जन साधारण के लाभ के लिए कार्य, सार्वजनिक गृहों का जीर्णोद्धार, बाजारों में मूल्य नियंत्रण, बन्दरगाहों का पर्यवेक्षण तथा मंदिरों की देखभाल इत्यादि।[127] पृथक उत्तरदायित्व के अन्तर्गत पहला विभाग औद्योगिक कला का तथा दूसरा विभाग विदेशियों की सुविधा का पर्यवेक्ष करता था। तीसरा प्रजा के जन्म एवं मरण का विवरण रखता तथा चौथा वाणिज्य एवं व्यापार का संचालन करता था। पांचवां विभाग व्यवसायिक विकास तथा छठा बाजारों में नाप–तौल की देख–भाल करता था।[128] नगर सभा का एक अलग कार्यालय भी होता था जहां से विभिन्न प्रकार की सूचनाएं लोगों को दी जाती थी। इसी कार्यालय में बैठक भी आहूत होती थी। प्रयाग के निकट भीटा नामक स्थान में खुदाई के सिलसिले में इस प्रकार के कार्यालय के बारे में भी जानकारी प्राप्त हुई है। नालन्दा से एक मुद्रा मिली है जिस पर 'पुरिका' शब्द उत्कीर्ण है।[129] तथा इसी के आधार पर यह निष्कर्ष निकाला जाता है कि नगर सभा की संभवतः एक अलग मुद्रा भी होती थी।

शहरों में न्याय शासन का कार्य सामान्यतया राजकीय न्यायालयों द्वारा किया जाता था। 'मृच्छकटिकम' में नगर के न्याय को 'अधिकरण मण्डप' तथा न्यायाधीश को 'अधिकरणिक' कहा गया है।[130] अशोक कालीन धौली के शिलालेख में नगर न्यायाधीश को 'नगलवियोहालक' (नगर व्यवहारक) कहा गया है।[131] जातकों से भी विवरण प्राप्त होता है कि वाराणसी राजा का अर्थधर्मानुशासक नामक एक पदाधिकारी था। नगर में न्यायालय था जहाँ न्यायाधीश (अर्थधर्मानुशासक) मुकदमों का फैसला करता था।[132] नगर न्यायाधीश के पद पर योग्य व्यक्ति की नियुक्ति की जाती थी। 'मृच्छकटिकम्' में अधिकरिणक (नगर–न्यायाधीश) की योग्यता के विषय में कहा गया है कि उसे शास्त्रज्ञ, छलकपट को जानने में कुशल, वाग्मी, क्रोधरहित, शत्रु एवं मित्र दोनों के लिए समान, चरित्र देखने के अनन्तर ही उत्तर देने वाला, दुर्बलों का रक्षक, धूतों के लिए दण्ड का दाता, धार्मिक, निर्लोभी, वास्तविक रहस्य का प्रकाशक, दूसरों

के हृदय को जानने में कुशल तथा राजा के क्रोध का निवारक होना चाहिए।[133] अधिकरणिक की सहायता के लिए कुछ और कर्मचारी भी होते थे, उदाहरणार्थ, मंत्रणा प्रदान करने वाले कर्मचारी, दूत, गुप्तचर तथा मुहर्रिर आदि।

'मृच्छकटिकम्' में नगर–न्यायालयों की कार्य पद्धति का बहुत अच्छा वर्णन मिलता है। इस ग्रंथ से विदित होता है कि व्यवहार–मंडप के मुख्यद्वार के सामने एक दौवारिक नियुक्त रहता था। दण्डनायक की आज्ञा पाने पर वह घोषणा करता था कि कौन–कौन से लोग 'कार्याथी' अर्थात मुकदमा दायर करना चाहते हैं।[134] गवाह से सत्य की आशा की जाती थी। मेगास्थनीज ने लिखा है कि प्रमाण देने वाला व्यक्ति यदि झूठे बयान में पकड़ा जाता था तो उउसे अंगच्छेद की सजा दी जाती थी।[135] नगर न्यायालय में शपथ ग्रहण की भी प्रथा प्रचलित थी। ब्राह्मण को सत्य, वैश्य को गऊ, बीज एवं सुवर्ण तथा शूद्र को पापों का शपथ लेना पड़ता था।[136] अधीकाल में चार प्रकार की दिव्य परीक्षाएं प्रचलित थी। (1) विष–परीक्षा (2) जल–परीक्षा (3) तुला–परीक्षा एवं (4) अग्नि परीक्षा। 'मृच्छकटिकम' चारूदत्त इन चारों परीक्षाओं के प्रयोग के लिए प्रस्तुत दिखाया गया है।[137]

नगर न्यायालयों में निर्णय देने के लिए मुकदमों की काफी छानबीन की जाती थी ताकि व्यक्ति के साथ किसी प्रकार का अन्याय न हो जाए।[138] यद्यपि न्यायाधीश अपने क्षेत्र में पूर्ण रूप से स्वतंत्र थे तथापि राजकीय प्रभाव में आ जाने के कारण पक्षपातरहित निर्णय देना कभी–कभी उन्हें दुष्कर हो जाता था। 'मृच्छकटिकम' में प्रतिकूल निर्णय की आकांक्षा रखने वाला श्यालकार नगर न्यायाधीश को राजा से पदच्युत कराने की धमकी देता है।[139] जातकों से जानकारी मिलती है कि वाराणसी राजा का पुरोहित चुगलखोर, रिश्वतखोर था तथा मुकदमों का निर्णय गलत करने वाला था।[140] जातकों में चोरों को पकड़ने के लिए कोतवाल की चर्चा प्राप्त होती है।[141] मिथिला के बन्धनागार का विवरण

भी जातकों में मिलता है। वहां के राजा की मृत्यु के पश्चात ज्येष्ठ पुत्र मिथिला का राजा बना और अपने छोटे भाई पोलजनक को जंजीरों में बंधवा बन्धनागार में डलवा दिया।[142]

मूगपक्ख जातक से वर्णन मिलता है कि चारों को राजा के द्वारा शारीरिक दंड भी दिया जाता था। वाराणसी में चोर राजा के सामने लाए गए। राजा ने उनमें से एक के लिए हजार कांटेदार कोड़े लगाए जाने की, दूसरे की बेड़ियाँ पहनाकर जेलखाने में डाल देने की, तीसरे को शक्ति प्रहार की, चौथे को शूली पर चढ़ाने की आज्ञा दी।[143] अभियुक्त को मृत्युदण्ड प्रायः नगरों में ही दिया जाता था। मृत्युदण्ड के लिए जो तैयारियाँ की जाती थीं उसका सुन्दर वर्णन मृच्छकटिकम् में मिलता है। इसके अनुसार चारूदत्त जिसके शूली पर चढ़ाना था, को चण्डालों ने कनैल पुष्प की एक माला पहना दी[144], तथा उसके सारे शरीर में लाल चन्दन का लेप लगाकर एवं काले तिलों के चूर्ण से व्याप्त कर बलि के पशु के समान बना दिया।[145] इस अवस्था को देख नागरिकों की आंखों में आंसू आ गए।[146] कभी–कभी इस प्रकार के अपराधी के साथ उदारता भी दिखाई जाती थी।[147] अशोक ने ऐसे अपराधियों को आत्मशुद्धि के लिए तीन दिन का विश्राम प्रदान किया था।[148] ब्राह्मणों के वध से बढ़कर इस संसार में कोई पाप नहीं है। राजा को ब्राह्मणों का वध मन से भी नहीं सोचना चाहिए।[149] उसे समस्त धन के साथ केवल देश से बाहर निकाल देना चाहिए।[150] मृच्छकटिकम् में उज्जयिनी का न्यायाधीश मनु को प्रमाण मानकर अभियुक्त चारूदत्त को पहले देश निष्कासन का दण्ड निर्धारित करता है।[151]

शहरों के न्यायालयों में बहुधा बड़े मुकदमें ही निर्णय के लिए जाते थे। छोटे मुकदमों का फैसला प्रायः स्थानीय समितियों एवं समुदायों द्वारा किया जाता था। इनमें तीन विशेष रूप से उल्लेखनीय है : (1) श्रेणी (2) पूरा एवं (3) कुल, इन तीनो समितियों को अपने–अपने क्षेत्रों में निर्णय देने का अधिकार राज्य की ओर से प्राप्त था।[152] इन समितियों के प्रधान ही

निर्णय देने का काम करते थे। व्यवसायिक समिति को श्रेणी कहा जाता था। इस समिति के कुछ रीति–रिवाज थे। स्मृतियों ने उन्हें श्रेणीधर्म कहा है। यह समिति श्रेणी–धर्म के अनुसार अपने सदस्यों के झगड़े का निपटारा करती थी। पुग, नगर में रहने वाली विभिन्न जातियों की समितियों को कहा जाता था। कुल, सम्भवतः एक ही परिवार के सदस्यों के समूह को कहा जाता था। श्रेणी के समान पूरा तथा कुल के भी निश्चित नियम थे, जिन्हें क्रमशः पूगधर्म तथा कुलधर्म कहा जाता था। इन विभिन्न धर्मों को राज्य की ओर से मान्यता प्राप्त थी।[153] इन्हीं के अनुसार ये समितियां अपने सदस्यों के झगड़ों में फैसला देती थीं। यदि कुल, जाति तथा श्रेणी के सदस्य अपने धर्म का पालन नहीं करते थे, तो राज्य उन्हें दंड देते थे।[154]

नागरिकों के स्वास्थ्य की परीक्षा के लिए शहरों के भीतर स्वच्छता की व्यवस्था की जाती थी। प्रधान बाजारमार्गों पर थूकना, मूत्रत्याग अपराध माना जाता था।[155] कौटिल्य ने नगर के भीतर सफाई को बहुत अधिक महत्ता प्रदान की है। उनका मत है कि यदि कोई व्यक्ति राजमार्ग पर गंदगी इकट्ठा करने का प्रयत्न करें, तो उससे पण का आठवां भाग दण्ड के रूप में वसूल किया जाए।[156] सड़क पर मरे हुए मनुष्य अथवा जानवर के शरीर फेंकने वाले को कठोर दण्ड का भागी बनना पड़ता था।[157] अधिक सफाई की दृष्टि से मुर्दे नगर में उसी मार्ग से ले जाये जाते थे जो कि इसके लिए निर्दिष्ट होता था।[158] शव का श्मशान पर ही जलाया जाता था, अन्यत्र जलाने पर दण्ड दिया जाता था।[159] जनता के स्वास्थ्य की रक्षा के लिए औषधालओं का निर्माण किया जाता था और इनमें औषधियों के निःशुल्क वितरण की व्यवस्था की गई थी। औषधियों के उत्पादन के लिए स्थान–स्थान पर राज्य की ओर से सुप्रसिद्ध जड़ी–बूटियों का आरोपण किया जाता था। अशोक ने अपने एक लेख में कहा है कि 'पशुओं एवं मनुष्यों के लिए लाभकारी औषधियाँ जहां–जहां नहीं थीं मैने लगवा दी।'[160] जनस्वास्थ्य को अधिक ठीक रखने के लिए चेष्टा

की जाती थी कि अशुद्ध पदार्थ बाजारों में न बेचे जाएं। जो लोग इस प्रकोप के दोष में पकड़े जाते थे, उन्हें कठिन दण्ड दिया जाता था।[161] इस प्रकार की व्यवस्था के कारण नागरिक काफी सुरक्षित अनुभव करते थे।

चुंगी कर लेने वाले पदाधिकारी को शुल्काध्यक्ष कहते थे। शुल्काध्यक्ष नगर के प्रवेश–द्वार पर स्थित होता था। इसके कार्यालय के उपर एक ऊँची पताका लगी रहती थी।[162] सौदागरों के नाम, पता, बेचने वाली वस्तुओं की संख्या तथा तौल आदि पूछ लेने के उपरांत शुल्काध्यक्ष उन्हें नगर के अंदर जाने की आज्ञा देता था।[163] यदि कोई सौदागर बिना शुल्क दिए हुए धोखा देकर निकल जाने का प्रयास करता है तो उसे उचित कर का कई गुणा दण्ड के रूप में देना पड़ता था। अर्थशास्त्र के अनुसार ऐसे सौदागर से उचित कर का आठ गुणा दण्ड के रूप में वसूल किया जाना चाहिए।[164] कभी–कभी नगर के बाजारों में भी व्यापारियों से शुल्क वसूल करने के लिए राजपुरूष घूमते रहते थे। 'मृच्छकटिकम्' में कहा गया है कि नगरों में व्यापारी तथा उनकी दुकान के आस–पास शुल्क वसूल करनेवाले राजकीय कर्मचारी चक्कर लगाते रहते थे।[165] विष्णुस्मृति में कहा गया है कि जो माल स्वदेश से आता हो, उसका दसवां भाग चुंगी के रूप में लिया जाए। जो माल विदेश से आता हो, उसका बीसवां भाग चुंगी के रूप में लिया जाए।[166]

शहरों में व्यवहार में आने वाले माप एवं तौल को भली–भांति जांचकर उन पर राजकीय मुहर लगाई जाती थी इसके लिए बनियों को कर देना पड़ता था। अर्थशास्त्र में इसे 'प्रतिवेधनिक कर' कहा गया है। इस ग्रंथ के अनुसार यह कर केवल चारमासा था।[167] जो वणिक अपने माप अथवा तौल पर मुहर नहीं लगवाता था उसे 27.5 पण का दण्ड देना पड़ता था।[168] अर्थशास्त्र में विक्रय पर कर लगाने का उल्लेख किया गया है। इसके अनुसार तुलना पर तौल कर बेची जाने वाली वस्तु का बींसवां भाग कर के रूप में वसूल किया जाए।[169] तथा जो वस्तुएं गिन कर बेची जाएं उनका ग्यारहवां भाग कर के रूप में लिया जाए।[170] उद्योग कर

कारीगरों से लिया जाता था। यह कर दो रूपों में लिया जाता था विशिष्ट अर्थात् बेगार के रूप में तथा द्रव्य के रूप में। विशिष्ट छोटे कारीगरों से ली जाती थी। उदाहरणार्थ–कुम्हार, बढ़ई तथा लोहार। स्मृतियों में कहा गया है. कि राजा छोटे कारीगरों से एक बार सार्वजनिक कार्यों में विष्टि ले सकता था।[171] पर बड़े कारीगरों से कर द्रव्य के रूप में लिया जाता था। इसमें सुनार, जुलाहे तथा शराब बनाने वाले आते थे। कौटिल्य के अनुसार शराब बनाने वाले पांच प्रतिशत कर देते थे।[172]

नागरिकों की रक्षा के लिए राज्य की ओर से कई प्रकार के व्यवस्थाएं की जाती थीं, यथा चोरी से बचाव के लिए पहरेदारी की नियुक्ति की जाती थी। नगर के पहरेदारों को 'नगरक्षिन' कहा जाता था।[173] ये रात्रि के समय कड़ा पहरा देते थे। 'मृच्छकटिकम' में कहा गया है कि काफी रात बीत जाने पर भी नगर के राजमार्गों पर पहरेदार घूमते रहते थे।[174] अर्थशास्त्र में कहा गया है कि रात्रि के द्वितीय प्रहर के प्रारंभ में भेरिवादन होता था तथा उसके उपरान्त तृतीय प्रहर के अंत तक नागरिक घर के बाहर नहीं निकल सकते थे।[175]

मृच्छकटिकम् से विदित होता है कि रात्रि के भ्रमण–निषिद्ध प्रकहर में नगर पदाधिकारियों के अतिरिक्त कोई भी व्यक्ति राजमार्गों पर नहीं चल सकता था।[176] केवल आवश्यक तथा आकस्मिक घटनाओं के आ पड़ने पर ही नागरिकों को घर से बाहर निकलने का अधिकार दिया जाता था। उदाहरणार्थ–मृतक शरीर के साथ श्मशान भूमि को प्रस्तुत व्यक्ति तथा रोगी के देखने के लिए जाने वाले चिकित्सक नहीं रोके जाते थे।[177] इस प्रकार के व्यक्तियों को यदि नगर के पहरेदार रोकते थे, तो उन्हें दण्ड दिया जाता था।[178] नगर के व्यापारियों की सुरक्षा का भार राज्य अपने उपर लेता था। एक जातक में कहा गया है कि राजा व्यापारियों के कल्याण के लिए उनकी सुरक्षा की व्यवस्था करता था।[179]

रामायण में भी कहा गया है कि भूप–विहिन साम्राज्य में व्यापारी असुरक्षा का अनुभव करने लगते हैं तथा परिणामस्वरूप वे माल के साथ

नगर के बाहर नहीं निकलते।[180]

शहरों में आग बूझाने के लिए कभी–कभी एक विभाग काम करता था। इस विभाग में कार्य करने वालों को बस्ती के एक ही भाग में रहना पड़ता था। सावधानी के लिए ये लोग पहले से ही जल से भरे हुए घड़ों को नगर के प्रधान राजमार्गों तथा चतुष्पथों पर बगल में एक ही स्थान पर रख देते थे।[181] आग बुझाने में नागरिकों को भी सहायता करनी पड़ती थी जो इस कार्य में सहायता नही करता था अर्थशास्त्र के अनुसार ऐसे नागरिक को 12 पण का दण्ड दिया जाए।[182] दैवी आपदाओं के आ जाने पर राज्य नागरिकों की यथेष्ट सहायता करता था। महामारी के प्रकोप से पीड़ित, दीन एवं असहाय व्यक्तियों को राजकीय सहायता औषधि एवं द्रव्य के रूप में दी जाती थी।[183] दुर्भिक्ष के अवसर पर नागरिकों में दाने का वितरण किया जाता था।[184] बाढ़ पीड़ितों को भी सहायता पहुंचाई जाती थीं।[185]

शहरों में जनस्वास्थ्य की रक्षा के विषय में यूनानी राजदूत मेगास्थनीज लिखता है कि पाटलिपुत्र की नगरपालिका भी दूसरी समिति विदेशियों के स्वास्थ्य की देख–रेख करती थी। जब वे बीमार पड़ते थे तो यह उनके औषधि की व्यवस्था करती थी। उनके मरने पर उनकी अन्तिम क्रिया का प्रबन्ध तथा सम्पत्ति को उनके संबंधियों के पास पहुंचा देना इसी समिति का कर्तव्य था।[186] फाहियान ने लिखा है कि देश के धनिक वैश्यों ने नगरों में चिकित्सालयों का निर्माण किया था। इनके दीवालों पर संस्थापकों के नाम उत्कीर्ण किए जाते थे। इनमें दीन एवं असहाय व्यक्तियों को औषधियों निःशुल्क मिलती थी।[187] हाट नियंत्रण नगर शासन का अभिन्न अंग था। मेगास्थनीज लिखता है कि 'पाटलिपुत्र' की सभा की चतुर्थी समिति का कार्य बाजारों का पर्यवेक्षण था। इसके सदस्य वहां की बाजारों में प्रयोग आने वाले माप एवं तौल का समय–समय पर निरीक्षण करते थे। वे एक व्यापारी को केवल एक ही प्रकार की वस्तुओं को बेचने देते थे।[188]

कौटिल्य के द्वारा उल्लिखित पण्याध्यक्ष नामक कर्मचारी, जो बाजारों पर अपना कठोर नियंत्रण स्थापित रखते था, उसका कार्य नाप–तौल की परीक्षा करना तथा धोखेबाज बनियों को दण्ड देना था।[189] इससे ये प्रतीत होता है कि मौर्यकाल से ही भारतीय बाजारों में रजाकीय नियंत्रण का कार्य बहुत कड़ाई से होता था। भारतीय नगर व्यवस्था के केन्द्र बिन्दु थे अतएव उद्योग–धन्धों पर भी राजकीय नियंत्रण था। मेगास्थनीज के अनुसार पाटलिपुत्र के सभी प्रथम समिति नगर व्यवसाय का पर्यवेक्षण करती थी।[190] कौटिल्य के अर्थशास्त्र में व्यवसाय के ऊपर नियंत्रण रखने वाले राजपुरूषों के उल्लेख मिलते हैं, उदाहरणार्थ–सुराध्यक्ष। मेगास्थनीज लिखता है कि यदि कोई व्यक्ति किसी कारीगर को क्षति अथवा शारीरिक हानि पहुंचाता था, तो उसे मृत्युदण्ड दिया जाता था।[191]

कौटिल्य के अनुसार राज्य व्यवसायिकों की सुरक्षा की व्यवस्था करता था।[192] सुरक्षा की दृष्टि से नगर सीमाओं पर गहरी परीखा एवं उच्च प्रकार का निर्माण किया जाता था। प्रकार की चोटी पर नगर रक्षा हेतु विभिन्न शस्त्र एकत्र किए जाते थे। पुर पर आक्रमण के समय नगर रक्षक प्रकार शिखर पर से इन शस्त्रों के नीचे की शत्रु सेना के उपर फेंकते थे।[193] कुछ रात्रि व्यतीत हो जाने पर नगर के फाटक बंद कर दिये जाते थे। जो यात्री रात में देर को पहुंचते थे, उन्हें फाटक पर रोक दिया जाता था। दूसरे दिन सूर्योदय होने पर उन्हें नगर प्रवेश की आज्ञा मिलती थी। वाराणसी के नगर में इस प्रकार की व्यवस्था के होने का उल्लेख जातकों में मिलता है।[194] कौटिल्य के अर्थशास्त्र में अन्तपाल (सीमारक्षक राजपुरूष) नातक कर्मचारी का उल्लेख मिलता है।[195]

चीनी यात्री फाह्यान ने उत्तरी भारत के नगरों में धर्मशालाओं के विद्यमान होने का उल्लेख किया है। वहां पर रूकने वाले यात्रियों को किसी प्रकार का विश्राम शुल्क नहीं देना पड़ता था। धर्मशालाओं की स्थापना बहुधा धनिक वैश्य के द्वारा होती थी।[196] कौटिल्य ने लिखा है

कि धर्मशालाओं के व्यवस्थापकों को उनमें रूकने वाले यात्रियों का नाम, पता तथा अन्य विवरण अपने खाते में सुरक्षित रखना पड़ता था। इनमें अवांच्छित एवं अशुद्ध आचरण वाले व्यक्तियों को नहीं रूकने देते थे।[197] जातकों में भी धर्मशालाओं का विवरण प्राप्त होता है जिसमें यात्रियों को हर तरह की सुविधा थी।[198]

नगर के पदाधिकारियों को गुप्त सूचना प्रदान करने के लिए गुप्तचरों को नियुक्ति की जाती थी। कौटिल्य का कथन है कि नगर के भीतर गुप्तचर अपने वेष को तीन प्रकार से बदलकर घमें (1) सिर मुंडाकर (मुण्डः) (2) जटाजूट बांधकर (जटिलः) तथा (3) तपस्वी का रूप धारण कर (तापसव्यज्जनः)[199] मच्छकटिकम में एक अपराधी नगर गुप्तचर के भय से आतंकित दिखाया गया है।[200] इससे प्रतीत होता है कि नगर शासन पद्धति में विविध राजपुरूषों एवं राजकीय संस्थाओं के अतिरिक्त नगर की स्थानीय सभाओं का समितियों को अपने–अपने क्षेत्रों में प्रशासकीय अधिकार प्राप्त थे। ये सुसंगठित प्रतिनिधि संस्थाएं थीं एवं उनके अपने रीति–रिवाज एवं कानून थे, जिन्हें राज्य की ओर से मान्यता प्राप्त थी।

संदर्भ

1. ठाकुर, वी0के0 1981 (प्रथम संस्करण) अर्बनाईजेशन इन ऐशिंण्ट इण्डिया, अभिनव पब्लिकेशन, न्यू दिल्ली, 148–150

2. श्रीबौधायनधर्मसूत्रम् 1972 (द्वितीय संस्करण) पाण्डेय, यू0सी0 (अनु0) काशी संस्कृत ग्रन्थमाला 104, चौखम्बा संस्कृत सीरीज ऑफिस; वाराणसी 1.8 16.1; श्रीआपस्तम्बधर्मसूत्रम् 1969 (द्वितीय संस्करण) पाण्डेय, यू0सी0 (अनु0) काशी संस्कृत ग्रन्थमाला 93 चौखम्बा संस्कृत सीरीज आफिस, वाराणसी 1.1.1.4; गोपाल, आर0 1959 इण्डिया ऑफ वैदिक कल्पसूत्राज, नेशनल पब्लिशिंग आउस, दरियागंज दिल्ली, 114

3. आ0ध0सू0 1.1.1.5

4. गोपाल, आर0 1959 पूर्वोद्धृत, 114

5. श्रीगौतमधर्मसूत्राणि, 1993 (तृतीय संस्करण) पाण्डेय यू0सी0 (अनु0) काशी संस्कृत ग्रन्थमाला 172 चौखम्भा संस्कृत संस्थान वाराणसी 2.1. 51

6. अग्निपुराणम्, प्रथम खण्ड 1986 झा, तारणीश (अनु0) हिन्दी साहित्य सम्मेलन प्रयाग, इलाहाबाद, 106, 11–24

7. मैक्डोनल, ए0ए0 एवं ए0बी0 कीथ, 1982 (पुनर्मुद्रित) वैदिक इण्डेक्स आफ नेम्स एण्ड सब्जेक्ट्स वाल्यूम–2 मोतीलाल बनारसीदास, देलही, वाराणसी, पटना, 274–276

8. महाभारत, प्रथम खण्ड आदिपर्व 1996 (नवम संस्करण) पाण्डेय, आर0एन0एस0 (अनु0) गोविन्द भवन कार्यालय, गीताप्रेस, गोरखपुर; 256–260

9. गौ0ध0सू0 1.8.13

10. गोपाल, आर0 1959, पूर्वोद्धृत, 152

11. वही, 118

12. दी0नि0 1.3, 3.4

13. सुत्तनिपात. 1995. (द्वितीय संस्करण, पुनर्मुद्रित) भिक्षु, डी0आर0 (संपा0 एवं अनु0) मोतीलाल बनारसी दास, दिल्ली, वाराणसी, पटना 1.7, 3.9

14. आ0ध0सू0 1.11.32.21; बौ0ध0सू0 2.36.13; गोपाल, आर0 1959, पूर्वोद्धृत, 151

15. गोपाल, आर0 1959 पूर्वोद्धृत, 151

16. ऐ0ब्रा0 7.27

17. गोपाल आर0 1959 पूर्वोद्धृत, 118, 139–140

18. थापर, आर0 1992 (पुनर्मुद्रित) भारत का इतिहास, राजकमल प्रकाशन, नई दिल्ली, पटना, 56–60

19. वही, 57

20 वही

21. वही

22. वही, 57–59

23. थापर, आर0 1997 (प्रथम हिन्दी संस्करण) वंश से राज्य तक : ई0 पू0 प्रथम सहस्राब्दि के मध्य गंगा घाटी में समाज की रचना, एम0एन0 सिंह (अनु0) ग्रन्थ शिल्पी, नई दिल्ली, 89–90

24. थापर, आर0 1992 (पुनर्मुद्रित) भारत का इतिहास, राजकमल प्रकाशन, नई दिल्ली, पटना, 59–60

25. शर्मा आर0एस0 1996 (पुनर्मुद्रित) प्राचीन भारत में भौतिक प्रगति एवं सामाजिक संरचनाएं; पंत पी0सी0 (अनु0) राजकमल प्रकाशन, नई दिल्ली, पटना, 174–177

26. शर्मा आर0एस0 1996 (पुनर्मुद्रित) प्राचीन भारत में भौतिक प्रगति एवं सामाजिक संरचनाएं; पंत पी0सी0 (अनु0) राजकमल प्रकाशन, नई दिल्ली, पटना, 178

27. चतुर्वेदी, मोहिनी, 1997. बौद्ध उपासक एक अध्ययन. अप्रकाशित शोध प्रबन्ध. प्रा0भा0 इतिहास, संस्कृति एवं पुरातत्व विभाग, काशी हिन्दू विश्वविद्यालय, 43, 54–58

28. जातक, 1985 (द्वितीय संस्करण) कौस्लयायन, भ0आ0 (अनु0) हिन्दी साहित्य सम्मेलन प्रयाग. दस ब्राह्मण जातक. सं0 495, 569–575

29. सुत्तपिटकेमज्झिस्मनिकायपालि. 1991 (प्रथम संस्करण) शास्त्री, डी0डी0 (संपा0) बौद्ध भारती, वाराणसी, 4.4, 34.1, 37

30. वही, 4.1.38.1

31. चतुर्वेदी, मोहिनी 1997

32. ठाकुर वी0के0, अर्बनाइजेशन इन एन्सिएन्ट इंडिया, प्रथम संस्करण, 1981, अभिनव प्रकाशन, नई दिल्ली, पृ0 151

33. वही

34. गामणीचण्ड जातक, कुटवाणिज जातक, मूगपक्ख जातक, महाजनक

जातक

35. सोनक जातक, महावेस्सन्तर जातक
36. दरीमुख जातक, दसरथ जातक
37. सोनम जातक, अङभूत जातक
38. अर्थशास्त्र, 4.3
39. शर्मा रामशरण, उद्धृत, ठाकुर वी0के0, अर्बनाइजेशन इन एन्सिएन्ट इंडिया, प्रथम संस्करण, 1981, अभिनव प्रकाशन नई दिल्ली, पृ0 154
40. तक्क जातक, सेरूय जातक, महाउम्मग्ग जातक
41. कच्छप जातक, कुस जातक
42. कुस जातक
43. सिंगाल जातक, मखादेय जातक, कलायमुटिठ जातक, निमि जातक, महावेस्सन्तर जातक
44. महाजनक जातक, महानारदकश्यप जातक
45. तन्डुलनालि जातक
46. ठाकुर वी0के0, अर्बनाइजेशन इन एन्सिएन्ट इंडिया, प्रथम संस्करण, 1981, अभिनव प्रकाशन नई दिल्ली, पृ0 155
47. अर्थशास्त्र 5.3
48. ठाकुर वी0के0, अर्बनाइजेशन इन एन्सिएन्ट इंडिया, प्रथम संस्करण, 1981, अभिनव प्रकाशन नई दिल्ली, पृ0 155
49. ठाकुर वी0के0, अर्बनाइजेशन इन एन्सिएन्ट इंडिया, प्रथम संस्करण, 1981, अभिनव प्रकाशन नई दिल्ली, पृ0 156
50. विनय पिटक, उद्धृत वही
51. विसवन्त जातक, काम जातक
52. कपि जातक
53. ठाकुर वी0के0, अर्बनाइजेशन इन एन्सिएन्ट इंडिया, प्रथम संस्करण,

1981, अभिनव प्रकाशन नई दिल्ली, पृ0 156

54. ठाकुर वी0के0, अर्बनाइजेशन इन एन्सिएन्ट इंडिया, प्रथम संस्करण, 1981, अभिनव प्रकाशन नई दिल्ली, पृ0 156
55. धेनसाख जातक, कारण्डिय जातक, सरभङ्ग जातक, चित्तसम्भूत जातक
56. ठाकुर वी0के0, अर्बनाइजेशन इन एन्सिएन्ट इंडिया, प्रथम संस्करण, 1981, अभिनव प्रकाशन नई दिल्ली, पृ0 158–59
57. कूटवाणिज जातक
58. ठाकुर वी0के0, अर्बनाइजेशन इन एन्सिएन्ट इंडिया, प्रथम संस्करण, 1981, अभिनव प्रकाशन नई दिल्ली, पृ0 158–159
59. चुल्लसेटिठ जातक, कुण्डकपूव जातक, कूटवाणिज जातक, सुहनु जातक
60. असम्पदान जातक, इल्लीस जातक
61. अकतज्जु जातक
62. मलिक ए0सी0 अल्डरस्टैंडिंग इन्डियन सिविलाइजेशन, पृ0 117, दिल्ली 1975
63. बुद्धिस्ट लीजेन्टस, भाग 29, पृ0 201, ठाकुर वी0के0, अर्बनाइजेशन इन एन्सिएन्ट इंडिया, प्रथम संस्करण, 1981, अभिनव प्रकाशन नई दिल्ली, पृ0 162
64. मैक्रिन्डल, पृ0 72
65. भूरिदत्त जातक
66. विधुर जातक, भेरिवादक जातक, संखध्मन जातक, महावेस्सन्तर जातक
67 महावस्तु 2, पृ0 375, ठाकुर वी0के0, अर्बनाइजेशन इन एन्सिएन्ट इंडिया, प्रथम संस्करण, 1981, अभिनव प्रकाशन नई दिल्ली, पृ0 166
68. भारत का नाट्यशास्त्र, 1.20 पृ0 353, घोस एम0एन0 द्वारा सम्पादित, कलकत्ता 1967
69. ठाकुर वी0के0, अर्बनाइजेशन इन एन्सिएन्ट इंडिया, प्रथम संस्करण, 1981, अभिनव प्रकाशन नई दिल्ली, पृ0 162

70. ठाकुर वी0के0, अर्बनाइजेशन इन एन्सिएन्ट इंडिया, प्रथम संस्करण, 1981, अभिनव प्रकाशन नई दिल्ली, पृ0 162
71. महावस्तु भाग–2, पृ0 169
72. इपीग्राफिया इंडिका, 1, सं0 18, पृ0 390
73. इपीग्राफिया इंडिका, 1, सं0 18, पृ0 390
74. ठाकुर वी0के0, अर्बनाइजेशन इन एन्सिएन्ट इंडिया, प्रथम संस्करण, 1981, अभिनव प्रकाशन नई दिल्ली, पृ0 166
75. अर्थशास्त्र 43.27.1 (वाचस्पति गैरोला, तृतीय संस्करण, 1984 चौखम्भा विद्याभवन, वाराणसी)
76. वही
77. वही
78. अर्थशास्त्र 43.27.3 (वाचस्पति गैरोला, तृतीय संस्करण, 1984 चौखम्भा विद्याभवन, वाराणसी)
79. पाठक वी0पी0एन0 पृ0 106
80. मिलिन्दपन्हो भाग 2, पृ0 209–11
81. सौन्दरानन्द 4.26
82. कटाहक जातक
83. वही
84. कुम्हरार की खुदाई, पृ0 113
85. वही, पृ0 116
86. सिन्हा वी0पी0, पृ0 9
87. श्रीवास्तव एम0सी0पी0, सोवनीर एनसिएन्ट हिस्ट्री एण्ड आरकियोलाजी डिपार्टमेंट, पटना विश्वविद्यालय, पृ0 47
88. वही, पृ0 46
89. वही

90. वही
91. महावेस्सन्तर जातक
92. विधुर जातक
93. महाउम्मग्ग जातक
94. अर्थशास्त्र प्रकरण 56, उद्धृत राय उदय नारायण पूर्वोक्त, पृ0 295
95 अर्थशास्त्र प्रकरण 56
96. वही
97. वही
98. चौधरी हेमचन्द्र राय, पॉलीटिकल हिस्ट्री ऑफ एनसिएंट इंडिया, पृ0 317
99. जातक 3.20 उद्धृत राय उदय नारायण, पृ0 295
100. वही
101. मनुस्मृति 7 .241
102. अर्थशास्त्र 34, उद्धृत राय उदय नारायण, वहीं पृ0 296–97
103. प्रसाद ओम प्रकाश डिके एण्ड रिवाइवल ऑफ अरबल सेन्टरल इन मिडिवल साउथ इण्डिया, पूर्वोक्त, पृ0 134
104. वियोगी मदन मोहन महतो, त्रिपिटक उद्धृत, जातक कालीन भारतीय संस्कृति, पूर्वोक्त, पृ0 63
105. वही
106. वही
107. तुण्डुलनालि जातक
108. अर्थशास्त्र, प्रकरण 42
109. कुलावक जातक
110. पानीय जातक
111. अर्थशास्त्र

112. अर्थशास्त्र, प्रकरण 44

113. वही

114. अर्थशास्त्र, प्रकरण 45

115. अर्थशास्त्र, प्रकरण 35

116. अर्थशास्त्र, प्रकरण 45

117. वही

118. वही

119. मैक्रिण्डल, पूर्वोक्त खण्ड 27

120. वही

121. अर्थशास्त्र, प्रकरण 56

122. वही

123. वही

124. वही

125. दिव्यावदान, पृ0 410, उद्धृत राय उदय नारायण, पूर्वोक्त पृ0 299

126. रामायण, अयोध्याकाण्ड

127. मैक्रिण्डल, पूर्वोक्त, खण्ड 26

128. वही

129. एनसिण्ट इंडिया, अंक 20

130. मृच्छकटिकम अंङक पृ0 41

131. सरकार, सलेक्ट इंस्क्रिप्शंस, पृ0 41

132. धम्मद्ध जातक, गामणी चण्ड जातक

133. मृच्छकटिकम अंङक पृ0 41

134. वही

135. मैक्रिण्डल, पूर्वोक्त, खण्ड 27

136. मनुस्मृति, 8.113
137. मृच्छकटिकम अङक 9, पृ0 41
138. राय उदय नारायण, पृ0 303
139. मृच्छकटिकम अङक 9, पृ0 41
140. किछन्द जातक
141. कणवेर जातक, मणिकुण्डल जातक
142. महाजनक जातक
143. मूगपक्ख जातक
144. मृच्छकटिकम अङक 10, पृ0 41
145. वही
146. वही
147. वही
148. सरकार, सलेक्ट इंस्क्रिप्शंस, पृ0 60
149. मनुस्मृति, 8.381
150. मनुस्मृति, 8.380
151. मृच्छकटिकम अङक 9
152. याज्ञवल्क्य, पूर्वोक्त 2.30
153. मनुस्मृति, 8.41
154. याज्ञवल्क्य, पूर्वोक्त 1.360
155. याज्ञवल्क्य, पूर्वोक्त 1.134
156. अर्थशास्त्र प्रकरण, 58
157. वही
158. वही
159. वही

160. का ई0ई0 पृ0 2

161. अर्थशास्त्र, प्रकरण 34

162. अर्थशास्त्र प्रकरण, 39

163. वही

164. अर्थशास्त्र प्रकरण, 38

165. मृच्छकटिकम, अङक 7

166. विष्णूस्मृति, पूर्वोक्त अध्याय 3

167. अर्थशास्त्र प्रकरण, 37

168. वही

169. अर्थशास्त्र प्रकरण, 35

170. वही

171. मनुस्मृति, 7.138

172. अर्थशास्त्र, प्रकरण 42

173. मृच्छकटिकम, अङक 9

174. मृच्छकटिकम, अङक

175. अर्थशास्त्र, प्रकरण 56

176. मृच्छकटिकम, अङक 1

177. अर्थशास्त्र, प्रकरण 56

178. वही

179. जातक 4.135

180. रामायण, बालकाण्ड, सर्ग 67.22

181. अर्थशास्त्र, प्रकरण 56

182. वही

183. अर्थशास्त्र, प्रकरण 78

184. अर्थशास्त्र, प्रकरण 78
185. वही
186. मैक्रिण्डल, खण्ड 26
187. गाइल्ड एफ0एच0, द ट्रेवेल्स ऑफ फाहियान, पृ0 59, लन्दन 1956
188. मैक्रिण्डल, खण्ड 26
189. अर्थशास्त्र, प्रकरण 34
190. मैक्रिण्डल, खण्ड 26
191. वही
192. अर्थशास्त्र, प्रकरण 34
193. अर्थशास्त्र, प्रकरण 56 (शामा शास्त्री अनु0)
194. जातक संख्या 164, उद्धृत राय उउदय नारायण, पूर्वोक्त, पृ0 311
195. अर्थशास्त्र, प्रकरण 34
196. माइल्स एफ0एच0 फाहियान पूर्वोक्त, पृ0 45
197. अर्थशास्त्र, प्रकरण 56
198. महाउम्मग्ग जातक
199. अर्थशास्त्र, प्रकरण 7
200. मृच्छकटिकम, अङक 7

7

मौर्यकाल में सामाजिक स्वरूप

समाज व्यवस्था

एक बृहत्तर राष्ट्र के निर्माण और संचालन के लिए जितनी बातों की आवश्यकता होती है कौटिल्य के 'अर्थशास्त्र' में उन सब पर विस्तारपूर्वक विचार किया गया है। समस्त भारतीय इतिहास में मौर्य साम्राज्य का ही एकमात्र नाम इस दृष्टि से उल्लेखनीय है कि 'अर्थशास्त्र' के रूप में उसका सर्वांगीण स्वरूप आज भी सुरक्षित हैं। 'अर्थशास्त्र' का इस दृष्टि से भी महत्व है कि उसमें बृहद् भारत की सामाजिक, राजनीतिक, धार्मिक,[1] आर्थिक और प्रशासनिक व्यवस्था का विशद निरूपण हुआ है।

सामाजिक संगठन, राष्ट्रीय उत्थान और शासन की सुदृढ़ता को दृष्टि में रखकर कौटिल्य ने समग्र राष्ट्र को दो भागों में विभक्त किया है– पुर और जनपद। पुर के अन्तर्गत नगर, दुर्ग एवं राजधानी और जनपद के अन्तर्गत शेष सारे राष्ट्र का निर्धारण किया गया है।

कौटिल्य ने पारिवारिक तथा सामाजिक सुव्यवस्था के लिए वैदिक परम्परा से मान्य वर्णाश्रम की उपयोगिता एवं आवश्यकता को स्वीकार किया है; किन्तु युग की सामाजिक उत्तरदायित्वों के पूर्ण निर्वाह के लिए

प्रत्येक नागरिक का अनिवार्य कर्तव्य माना गया है। मौर्य–पूर्व भारत के जैनों, बौद्धों तथा आजीवक धर्म–ग्रन्थों ने जीवन की क्षणभंगुरता और व्यक्तिगत आत्मोन्नति के सिद्धांत की स्थापना कर समाज को गृह–त्याग, सन्यास और भौतिक दायित्वों के प्रति उदासीन बना दिया था। लोग घर, परिवार, समाज को छोड़कर भिक्षुमय जीवन अपनाने के लिए तेजी से अग्रसर हो रहे थे। इस प्रवृत्ति से समाज का दो तरह से अहित हुआ। एक तो प्रेम, स्नेह तथा आत्मीयता के सम्बन्ध शिथिल पड़ गये और दूसरे में समाज की जनसंख्या–वृद्धि में अवरोध उत्पन्न हो गया।[2] इस अव्यवस्था को दूर करने के लिए कौटिल्य ने वर्णाश्रम धर्म की नयी संहिता बनायी। कौटिल्य ने समस्त जन–समुदाय को चार भागों में विभक्त किया है–क्षत्र (योधा), ब्रह्मन् (पुरोहित), विश और कर्मकर (कारीगर)। क्षत्र वर्ग समाज का नेता, शासक या राजा के पद पर प्रतिष्ठित हुआ करता था। ब्राह्मण अपनी बौद्धिक क्षमता के कारण आमात्य, न्यायाधीश तथा धार्मिक नेता के महत्वपूर्ण पदों पर आसीन होता था। विश् वर्ग कृषि तथा व्यापार का कार्य देखता था। अन्तिम कर्मकरों या कारीगरों का चौथा वर्ग विभिन्न प्रकार के शिल्पों, कलाओं और शारीरिक श्रम द्वारा जीविकोपार्जन करता था।

परम्परागत वैदिक मान्यताओं के अनुरूप समाज के उक्त चारों वर्गों के अधिकारों तथा कर्तव्यों की मीमांसा तथा उनका निर्धारण करते हुए कौटिल्य ने समस्त उद्योग–व्यवसायों का राष्ट्रीयकरण करके वृत्ति, वेतन या श्रम पाने वाले चौथे वर्ग के समस्त कर्मकरों के लिए राज्य की ओर से विशेष व्यवस्था का प्राविधान किया। उसने कृषि कार्य में लगे श्रमिकों, विभिन्न प्रकार के उद्योग–व्यवसायों द्वारा आजीविका कमाने वाले मजदूरों और सेवा कार्य में निरत भृतकों के लिए नियम बनाये। दासों तथा भृतकों के भरण–पोषण और श्रमिकों की सुरक्षा और विपत्तिग्रस्त होने की अवस्था में उनकी आजीविका के स्थिरीकरण के लिए विशेष व्यवस्था की गयी। मालिकों, मजदूरों, व्यवसायिकों और श्रमिकों के पारस्परिक विवादों को तय करने के लिए राष्ट्रीय स्तर पर नियम बनाये

गये। कार्यालयों में कार्य करने वाले लोगों के लिए विभिन्न पदों और तद्नुरूप वेतन–क्रमों का भी सर्वप्रथम निर्धारण किया गया। विभिन्न उद्योग–व्यवसायों की वित्तीय क्षमता के अनुसार मूल्यवान् वस्तुओं के आयात–निर्यात पर राजकीय कर और उनकी वसूली का भी प्रबन्ध किया गया। सामाजिक क्षेत्र में उद्योग–व्यवसायों को स्थापित करने की स्वतन्त्रता प्रदान की गयी। इस बात की निगरानी के लिए कठोर नियम बना दिये गये कि श्रमिकों का किसी प्रकार शोषण न हो। व्यक्तिगत व्यवसायों पर भी राजकीय अंकुश की व्यवस्था की गयी।

समाज के प्रत्येक वर्ग और व्यक्ति के जीवन–निर्वाह के लिए राजा (शासक) को उत्तरदायी माना गया। शारीरिक दृष्टि से श्रम करने में असमर्थ विकलांग, अपाहिज और असहाय विधवाओं के भरण–पोषण की व्यवस्था राजा पर निर्भर की गयी। समाज की सुव्यवस्था के लिए नियुक्त राज्याधिकारियों के कार्यों की देख–रेख के लिए भी गुप्तचरों का जाल बिछा दिया गया।

सामाजिक नियमन के लिए परम्परागत आश्रम–व्यवस्था को वरीयता दी गयी और उसको सुदृढ़ बनाने के लिए नियम बना दिये गये। कौटिल्य ने ब्रह्मचर्य, गृहस्थ, वानप्रस्थ और सन्यास–इन चारों अवस्थाओं की स्वाभाविक एवं नियत व्यवस्था में गतिरोध उत्पन्न करने वाले व्यक्ति के लिए कौटिल्य ने कठोर दण्ड का प्रविधान किया है। समाज में उसके दुरूपयोग से निष्क्रियता न फैल जाय, इस पर भी दृष्टि रखी गयी। कुछ प्रतिबन्धों के बावजूद कौटिल्य ने विधवा–विवाह को स्वीकृति प्रदान की है। ऐसी स्त्रियों के लिए भी उन्होंने पुनर्विवाह का विधान किया है, जिनके प्रति राजद्रोही, नपुंसक अथवा जिनका कई वर्षों से कुछ पता न चला हो। पत्नी उस स्थिति में विवाह–विच्छेद कर सकती है, यदि उसका पति मानसिक दृष्टि से विकृत एवं अस्वस्थ हो। किन्तु ब्राह्म, दैव, आर्ष और प्राजापत्य विवाहों के सम्बन्ध–विच्छेद पर प्रतिबन्ध लगा दिया।

गृहस्थ–जीवन से अवकाश ग्रहण करने के सम्बन्ध में भी कौटिल्य

ने विशेष नियम बनाया। उन्होंने स्पष्ट निर्देश किया है कि जब तक कोई व्यक्ति अपने पुत्र के पुत्र (पोते) को नहीं देख लेता, वह गृहस्थ–जीवन से अवकाश ग्रहण करने का अधिकारी नहीं है। ''यदि कोई व्यक्ति अपनी पत्नी और सन्तति के भरण–पोषण का प्रबन्ध किये बिना तपस्वी जीवन (वानप्रस्थ, सन्यास) ग्रहण कर लेता है तो वह दण्डनीय है। जो व्यक्ति किसी स्त्री को सन्यास धारण करने में सहायक या प्रेरक होगा, उसे भी दण्डित किया जायगा।''

कौटिल्य ने सामाजिक मर्यादा तथा सुव्यवस्था के लिए वर्णाश्रम धर्म के परिपालन की अनिवार्यता को दृढ़तापूर्वक प्रस्थापित किया है। कौटिल्य का अभिमत है कि वर्ण–व्यवस्था व्यक्ति को सामूहिक हित की ओर प्रेरित करती है, जब कि आश्रम–व्यवस्था से व्यक्तिगत उन्नयन का मार्ग प्रशस्त होता है। कौटिल्य की इस नयी परिवार–समाज–संहिताओं ने वर्णाश्रम धर्म की परम्परागत वैदिक मर्यादा की रक्षा करके, बीच में उसके विघटन के लिए जिस स्वेच्छाचारिता का उदय हुआ था उस पर कठोर प्रतिबन्ध लगा दिया। इस प्रकार मौर्य–पूर्व भारत के पारिवारिक, सामाजिक जीवन में जो निष्क्रियता, दायित्वहीनता और स्वेच्छाचारिता का उत्तरोत्तर विकास हो रहा था, उसको नियन्त्रिकर कौटिल्य ने आदर्श समाज–व्यवस्था की स्थापना की।[3]

पूर्ववर्ती धर्मशास्त्रों की भांति कौटिल्य ने भी वर्णाश्रम व्यवस्था को सामाजिक संगठन का आधार माना है। उसके अनुसार वर्णाश्रम व्यवस्था की रक्षा करना राजा का कर्तव्य है। धर्मशास्त्रों के अनुसार कौटिल्य ने भी चारों वर्णों के व्यवसाय निर्धारित किए। किन्तु शूद्र को शिल्पकला और सेवावृत्ति के अतिरिक्त कृषि, पशुपालन और वाणिज्य से आजीविका चलाने की अनुमति दी है। इन्हें सम्मिलित रूप में ''वार्ता'' कहा गया है। निश्चित है कि इस व्यवस्था से शूद्र के आर्थिक सुधार का प्रभाव उसकी सामाजिक स्थिति पर भी पड़ा होगा। कौटिल्य द्वारा निर्धारित शूद्रों के व्यवसाय वास्तविकता के अधिक निकट है। वैश्यों के सहायक के रूप में

अथवा स्वतंत्र रूप से शूद्र भी कृषि, पशुपालन तथा व्यापार किया करते थे। अर्थशास्त्र में एक और परिवर्तन दृष्टिगोचर होता है और वह यह कि शूद्र को आर्य कहा गया है तथा उसे म्लेच्छ से भिन्न माना गया है। कहा गया है कि आर्य शूद्र को दास नहीं बनाया जा सकता, यद्यपि म्लेच्छों में संतान को दास रूप में बेचना या खरीदना दोष नहीं है।

समाज में ब्राह्मणों का विशिष्ट स्थान था, किन्तु मनु तथा पूर्वगामी धर्मसूत्रों की भांति इस तथ्य को बार–बार दुहराने का प्रयास अर्थशास्त्र में नहीं किया गया है। यह बात अस्वीकार नहीं की जा सकती कि ब्राह्मण, समाज का बौद्धिक और धार्मिक नेतृत्व करते थे, वे ही शिक्षक तथा पुरोहित होते थे। ब्राह्मणों द्वारा यज्ञ करवाए जाने का उल्लेख मेगस्थनीज ने भी किया है। राजा के पुरोहित और कानून मंत्री अधिकांश इसी वर्ग से नियुक्त किए जाते थे। उन्हें आर्थिक और कानून सम्बन्धी विशेष अधिकार प्राप्त थे। राजा के शिक्षकों, यज्ञ कराने वाले पुरोहित (आचार्य) तथा वेदपाठी ब्राह्मणों को भूमि दान में दी जाती थी। यह भूमि 'ब्रह्मदेय' कहलाती थी और यह पूर्णतः कर मुक्त थी। ब्राह्मणों की समाज में प्रधानता बहुत पहले से चली आ रही थी और इस व्यवस्था में भी इसका प्रचलन विरोध नहीं किया गया।

ब्राह्मणादि चार वर्णों के अतिरिक्त कौटिल्य ने अनेक वर्णसंकर जातियों का भी उल्लेख किया है। इनकी उत्पत्ति धर्मशास्त्रों की भांति विभिन्न वर्णों के अनुलोम और प्रतिलोम विवाहों में बताई गई है।[4] जिन वर्णसंकर जातियों का उल्लेख हैं वे है–अम्बष्ठ निषाद, पारशव, रथकार, क्षत्ता, वेदेहक, मागध, सूत, पुल्लकस, वेण, चंडाल, श्वपाक इत्यादि। इनमें से कुछ आदिवासी जातियाँ थीं। जो निश्चित व्यवसाय से आजीविका चलाती थीं। कौटिल्य ने चांडालों के अतिरिक्त अन्य सभी वर्णसंकर जातियों को शूद्र माना है। इनके अतिरिक्त तंतुवाय (जुलाहे), रजक (धोबी), दर्जी, सुनार, लुहार, बढ़ई आदि व्यवसाय पर आधारित वर्ग, जाति का रूप धारण कर चुके थे। अर्थशास्त्र में इन सबका समावेश शूद्र

वर्ण के अंतर्गत किया गया है। अशोक के शिलालेखों में दास और कर्मकार का उल्लेख है जो शूद्र वर्ग के अंदर ही समाविष्ट किए जाते हैं।

जातिप्रथा की कुछ विशेषताओं की पुष्टि मेगस्थनीज की इंडिका से होती है। मेगस्थनीज ने लिखा है कि कोई भी व्यक्ति अपनी जाति के बाहर विवाह नहीं कर सकता, न वह अपने व्यवसाय को दूसरी जाति के व्यवसाय में बदल ही सकता है। केवल ब्राह्मणों को ही अपनी विशेष स्थिति के कारण यह अधिकार प्राप्त था। धर्मशास्त्रों में भी ब्राह्मणों को आपातकाल में क्षत्रिय तथा वैश्य का व्यवसाय अपनाने को अनुमति दी गई है।

मेगस्थनीज द्वारा भारतीय समाज का वर्गीकरण, भारतीय ग्रंथों में वर्णित वर्गीकरण से भिन्न है। मेगस्थनीज ने भारतीय समाज को सात जातियों में विभक्त किया है–

1. दार्शनिक
2. किसान,
3. अहीर,
4. कारीगर या शिल्पी,
5. सैनिक,
6. निरीक्षक,
7. सभासद तथा अन्य शासक वर्ग।

मेगस्थनीज का यह वर्णन भारतीय वर्णव्यवस्था या जाति व्यवस्था से मेल नहीं खाता। दार्शनिकों की जाति को मेगस्थनीज दो श्रेणियों में विभक्त करता है–

1. ब्राह्मण
2. श्रमण

परिवार में स्त्रियों की स्थिति स्मृतिकाल की अपेक्षा अब अधिक

सुरक्षित थी। उन्हें पुनर्विवाह तथा नियोग की अनुमति थी। किन्तु फिर भी मौर्य काल में स्त्रियों की स्थिति को अधिक उन्ननत नहीं कहा जा सकता। उन्हें बाहर जाने की स्वतंत्रता नहीं थी और पति की इच्छा के विरूद्ध वे कोई कार्य नहीं कर सकती थीं। संभ्रांत घर की स्त्रियां प्रायः घर के अंदर ही रहती थी। कौटिल्य ने ऐसी स्त्रियों को 'अनिष्कासिनी' कहा है। राजघराने के अंतःपुर का उल्लेख अर्थशास्त्र तथा अशोक के अभिलेखों में है। कौटिल्य के अर्थशास्त्र से सती प्रथा के प्रचलित होने का कोई प्रमाण नहीं मिलता। इस समय के धर्मशास्त्र इस प्रथा के विरूद्ध थे। बौद्ध तथा जैन अनुश्रुतियों में भी इसका उल्लेख नहीं हैं। किन्तु यूनानी लेखकों ने उत्तर पश्चिम में सैनिकों की स्त्रियों के सती होने का उल्लेख किया है। योद्धा वर्ग की स्त्रियों में सती की यह प्रथा प्रचलित रही होगी।

मौर्य युग में भी बहुत सी स्त्रियाँ ऐसी थीं जो विवाह द्वारा पारिवारिक जीवन न बिताकर 'गणिका' या 'वेश्या' के रूप में जीवन यापन करती थीं। वे अनेक प्रकार से राजा का मनोरंजन करती थीं। स्वतंत्र रूप से वेश्यावृत्ति करने वाली स्त्रियाँ 'रूपाजीवा' कहलाती थीं। इनसे राज्य को आय होती थी। इनके कार्यों का निरीक्षण गणिकाध्यक्ष तथा एक राजपुरूष करता था। बहुत सी गणिकाएं गुप्तचर विभाग में भी काम करती थीं।

नगरों का जीवन चहल पहल का था। नट, नर्तक, गायक, वादक, तमाशा दिखाने वाले, रस्सी पर नाचने वाले तथा मदारी गांवों और नगरों में अपनी कला का प्रदर्शन करते थे। इन कलाकारों के गांवों में प्रवेश पर निषेध था किन्तु नगरों में ऐसा प्रतिबंध नहीं था। नगरों में प्रेक्षाएं लोकप्रिय थीं। स्त्री और पुरूष कलाकार दोनों प्रेक्षाओं में भाग लेते थे। इन्हें रंगोपजीवी तथा रंगोपजीविनी कहते थे।

विहार, यात्रा, समाज, प्रवहण अन्य माध्यम से जिनके द्वारा जनता सामूहिक रूप से अपना मनोरंजन करती थी। एक प्रकार से समाज के वे जिनमें लोग सुरापान, मांस भक्षण तथा मल्लयुज को देखकर मनोरंजन

करते थे। अशोक को ये समाज पसंद नहीं थे। अतः उसने नए समाजों का प्रारम्भ किया जिनमें हस्ति, अग्निस्तंभ तथा विमानों की झाकियां दिखाई जाती थीं, ताकि लोगों में धर्माचरण को प्रोत्साहन मिले। कुछ ऐसे समाज भी थे जो सरस्वती के भवन में आयोजित होते थे और इनमें साहित्यिक नाटकों का अभिनय तथा गोष्ठियों का आयोजन होता था। विहार यात्राओं में मृगया और सुरापान की प्रधानता रहती थी। अशोक ने इन यात्राओं को बंद करवा दिया और धम्म यात्राओं का प्रारम्भ किया। प्रवहण भी एक प्रकार के सामूहिक समारोह थे जिनमें भोज्य और पेय पदार्थों का प्रचुरता से उपयोग किया जाता था।

मौर्यकाल में दास प्रथा

मेगस्थनीज ने लिखा है कि सभी भारतवासी समान हैं और उनमें कोई दास नहीं है। डायोडोरस ने लिखा है, ''कानून के अनुसार, उनमें से कोई भी किसी भी परिस्थिति में दास नहीं हो सकता।'' मेगस्थनीज को ही उद्धृत करते हुए स्ट्राबों का कहना है, ''भारतीयों में किसी ने अपनी सेवा में दास नहीं रखे।'' एक अन्य स्थल पर स्ट्राबो ने कहा, ''चूंकि उनके पास दास नहीं हैं, अतः उन्हें बच्चों की अधिक आवश्यकता होती है।

विदेशी शक्तियों के वक्तव्यों का शब्दशः स्वीकार नहीं किया जा सकता। क्योंकि कम से कम बुद्ध के काल से ही दासों को उत्पादन के काम में लगाया जाता था और पालि त्रिपिटक में इसके असंख्य उल्लेख है। अतः उपर्युक्त विवरणों की व्याख्या विभिन्न प्रकार से की जा सकती है। हो सकता है कि मेगस्थनीज को भारत में दासों के प्रति स्वामियों के द्वारा व्यवहार निर्मल और सदभावनापूर्ण लगा हो अथवा यह भी सम्भव है कि उसने किसी विशेष क्षेत्र का ही उल्लेख किया हो। एक स्थान पर तो कौटिल्य ने लिखा है कि न त्वेवार्यस्य दासाव; अर्थात किसी भी परिस्थिति में आर्य के लिए दासता नहीं होगी। इस संदर्भ में मेगस्थनीज के कथन का यह अर्थ हो सकता है कि स्वतंत्र लोगों को आजीवन दासता में परिणत करने की सीमाएं थीं।

मौर्यकालीन अर्थव्यवस्था में दासों का महत्वपूर्ण योगदान था। त्रिपिटक की तुलना में कौटिल्य ने कहीं अधिक विस्तार से दासों का वर्गीकरण किया है। जहां त्रिपिटक में दासों के चार प्रकार बताए गए हैं, कौटिल्य ने नौ का उल्लेख किया है और फिर 'दास कल्प' नामक खण्ड में दिए गए नियम उस तीसरे अध्याय के अंग हैं, जिसमें कानूनी मामलों की चर्चा है। इसका अर्थ हुआ कि कौटिल्य ने दास प्रथा की कानूनी वैद्यता को स्वीकार किया था। बौद्ध ग्रंथों एवं कौटिल्य अर्थशास्त्र में उत्पत्ति का एक रूप थे। यह एक रोचक तथ्य है कि इन कृतियों में पाई जाने वाली दास सम्बन्धी परिभाषाएं एवं व्याख्याएँ उस अंतर की ओर इंगित नहीं करती जो वैदिक काल में दास एवं आर्य में था। सांस्कृतिक एवं नृजातीय विभिन्नताओं को आधार नहीं माना गया है। अब दास प्रथा केवल आर्थिक कारणों से सम्बन्धित थी।

केन्द्रीय राजतांत्रिक व्यवस्था पर आधारित मौर्य साम्राज्य की स्थापना से दास प्रथा में अन्य रूपांतरण भी हुए। अभियान करके जबरदस्ती लोगों का अपहरण करने की नीति पर कौटिल्य द्वारा लगाए गए प्रतिबंधों का निर्वचन इसी प्रकार किया जा सकता है। देश की राजनीतिक एकता के पश्चात् इस प्रकार के अभियानों का अर्थ गौण हो गया। किन्तु दूसरी ओर इस राजनीतिक एकीकरण ने एक ऐसी प्रक्रिया को जन्म दिया, जो देश के आर्थिक एकीकरण तथा साम्राज्य के कोने–कोने में व्यापार के विकास को न केवल बना रही थी अपितु प्रोत्साहित भी कर रही थी। इस प्रक्रिया के फलस्वरूप नगरों का उदय हुआ और व्यापारियों का भी प्रभाव बढ़ा। सेट्ठियों के स्वार्थ हित न केवल नगरों में थे अपितु ग्रामीण क्षेत्रों से भी जुड़े थे। वे भू स्वामी थे और कभी–कभी तो सम्पूर्ण गांव उनके अधीन होते थे। इन भूमियों पर उनके दास काम करते थे अथवा उन्हें किराए पर उठा लिया जाता था। यह काफी तर्कसंगत लगता है कि दास श्रम के द्वारा भूमि कर्षण का यह तरीका पर्याप्त सामान्य बात हो गयी थी।[5] मौर्यो ने इसको समाप्त करने

का प्रयास नहीं किया। अशोक के काल में कलिंग के युद्ध के पश्चात् सहस्रों बंदियों की प्राप्ति हुई और यह असम्भव नहीं लगता कि उनमें से कुछ तो मगध के बाजारों तक पहुंचे हों और कुछ को उन उत्पादक गतिविधियों में लगाया गया हो, जिनके माध्यम से मध्य गंगा घाटी की संस्कृति के तत्वों का प्रसार दूरस्थ कबायली क्षेत्रों में किया गया। कौटिल्य के विवरणों से यह भी स्पष्ट है कि राज्य की भूमि पर कृषि कार्य में, खादानों में, कारखानों में, सुरक्षा प्रबंधों में भी दासों एवं दासियों का प्रयोग किया जाता था।

मौर्य साम्राज्य में जिस विस्तृत नौकरशाही के प्रमाण उपलब्ध है, उसको बनाए रखने के लिए राज्य को पर्याप्त धन की आवश्यकता होती होगी। चूंकि यह भी स्पष्ट है कि अधिकारियों को वेतन नकद दिया जाता था, अतः यह अत्यन्त आवश्यक था कि राज्य प्रत्येक सम्भव स्रोत से धनार्जन करें। एक ओर जहां विकासशील कृषि एवं व्यापार के क्षेत्र से राज्य की आय बढ़ाना स्वाभाविक था, वहां दूसरी ओर हम यह भी देखते हैं कि जुआघरों, मद्यपान की दुकानों, वेश्याघरों, आदि को भी आय का स्रोत बनाने में हिचक महसूस नहीं की गयी। वेश्याघरों के पनपने में तो राज्यों ने पूंजी निवेश भी किया। गणिकाओं के प्रशिक्षण और उन्हें ललित कलाओं में निपुण बनाने में राज्य का जो व्यय होता था, उसके कारण वे गणिकाएं पूर्ण रूप से राज्य के नियंत्रण में थी। उनकी आमदनी एवं संपत्ति पर राज्य का अधिकार था। उनकी मुक्ति तभी सम्भव थी, जबकि उन पर किए खर्च का 24 गुना धन दिया जाए। इस प्रवधान की पूर्ति लगभग असम्भव ही थी। अतः वे गणिकाएं दासी तुल्य ही थीं। हालांकि उनको सभी प्रकार के कामों में नहीं लगाया जा सकता था। उच्च सामाजिक वर्ग की सेवा करने वाली गणिका के अतिरिक्त, राज्य के पास वेश्याओं का ऐसा समूह भी था जो बंधकी पोषकों के अधीन था और जिनके माध्यम से राज्य को काफी आय होती थी। घरों में भी दास अनेक कार्य करते थे।

वर्ण व्यवस्था

मौर्य वंश के शासनकाल के दौरान भारत में कई वर्ण थे। यह बात अशोक के पांचवें शिलालेख से भी उजागर होती है। वर्ण व्यवस्था वैदिक कालीन थी। समाज ब्राह्मण, क्षत्रिय, वैश्य, शूद्र में बंटा हुआ था। इस समय वर्ण–व्यवस्था में जटिलता आ गई थी। इसका आधार कर्म न होकर जन्म ही हो गया था। कोई व्यक्ति एक वर्ण से दूसरे वर्ण का सदस्य नहीं बन सकता था। वर्ण–व्यवस्था की रक्षा करना राज्य का प्रमुख कर्तव्य था।[6] उस समय वर्णाश्रम पर विशेष बल दिया जाता था। उस समय भी प्रत्येक व्यक्ति को ब्रह्मचर्य, गृहस्थ, वानप्रस्थ और सन्यास आश्रमों में जीवन व्यतीत करना पड़ता था। इस प्रकार, समाज का आकार वर्ण–व्यवस्था और वर्णाश्रम थे। इन चार वर्णों के अतिरिक्त उस समय कुछ अन्य व्यावसायिक वर्ग अथवा समूह भी थे, किन्तु मेगस्थनीज द्वारा वर्णित सात जातियों का उल्लेख हम पहले ही कर चुके हैं ग्रीक लेखकों से हमें ज्ञात होता है कि कोई भी व्यक्ति अपनी जाति से बाहर विवाह नहीं कर सकता था अथवा अपनी जीविका छोड़कर किसी अन्य जीविका या शिल्प को नहीं अपना सकता था। बाह्य संपर्क से कुछ अंशों में जातीय नियम की कट्टरता को अवश्य ही धक्का लगा होगा और अंतरजातीय विवाह की प्रथा चली होगी। स्वयं मौर्यसम्राट चन्द्रगुप्त ने सेल्यूकस की लड़की से विवाह किया था। इस युग में वैश्य और शूद्र का भेद बहुत–कुछ मिटता जा रहा था।

कौटिल्य ने शूद्र को आर्य कहा है और इसे म्लेच्छ से भिन्न माना है। आर्य शूद्र को दास नहीं बनाया जा सकता था। वर्णसंकर जातियों में अंबष्ठ, निषाद, पारशव, रथकार, ज्ञाता, वैदेहक, मागधूत, पुल्लकस, वेण, चांडाल, श्वपाक इत्यादि थे। चांडाल के अतिरिक्त सभी वर्णसंकर जातियों को कौटिल्य ने शूद्र माना है। तंतुवाय (जुलाहा), रजक (धोबी), दर्जी, सोनार, लोहार, बढ़ई आदि जाति का रूप धारण कर चुके थे। इन सब का समावेश शूद्र वर्ण में अंतर्गत किया गया है। अशोक के शिलालेख

में जो दास और कर्मकार वर्णित है, उन्हें भी शूद्रवर्ण के अंतर्गत ही रखा जाता है।[7]

मेगास्थनीज के विवरणों से स्पष्ट होता है कि भारतीय सामाजिक जीवन सरल, सादा और सुव्यवस्थित था, किन्तु जीवनस्तर बहुत उन्नत था। जातियाँ एक–दूसरे से प्रेमभाव रखती थीं और उनका एक–दूसरे पर अटूट विश्वास था। वे सामाजिक नियम का पालन करना अपना कर्तव्य मानती थी। उनके आपसी झगड़े बहुत कम होते थे। किसान वर्ग में भी कोई बनावटीपन नहीं था वे सादा जीवन व्यतीत करते हैं।

विवाह

मौर्य काल के दौरान विवाह की प्रक्रिया लोगों के लिए काफी महत्व रखती है। विवाह शास्त्रों के अनुसार होते थे और आठों प्रकार के विवाहों का प्रचलन था। विवाह अपनी जाति में होता था। फिर भी, अंतरजातीय विवाह का उल्लेख उस समय के साहित्य में मिलता है। कुछ जातियों में सगोत्रविवाह की प्रथा भी प्रचलित थी। साधारणतः एक विवाह का नियम था, परन्तु बहुत विवाह अर्जित नहीं था। धनी वर्ग में 'नियोग' की प्रथा भी थी। राजा और सरदारों में बहुविवाह की प्रथा प्रचलित थी। कुछ को वे दत्तचित्त सहधर्मिणी बनाने के लिये विवाह करके लाते थे, और कुछ को केवल आनन्द के प्रयोजन से और घर को सन्तान से भर देने के लिये।[8] स्त्रियाँ पुत्रों के लिये होती हैं।[9] राजा के शरीर की रक्षा का भार स्त्रियों पर सौंपा गया था।

ऐसी भी एक कहानी का उल्लेख मिलता हैं जिसके अनुसार एक स्त्री ने एक राजा को मार दिया और उसके उत्तराधिकारी ने उसे अपनी पत्नी बनाकर परितोषिक दिया। स्त्रियों में प्रचलित परदा–प्रथा का संकेत भी मिलता है। कौटिल्य में 'गणिकाध्यक्ष' और अशोक के अभिलेख में 'स्त्री–अध्यक्ष–महामात्र' का उल्लेख मिलता है। स्त्रियाँ अपने पतियों की ओर से धार्मिक कार्यों में भाग लेती थीं। स्त्रियों को अपने पतियों की

संपत्ति पर अधिकार था। उनका कार्यक्षेत्र पुरूषों के कार्यक्षेत्र से भिन्न था। वे गुप्तचर–विभाग में भी काम करती थीं। कौटिल्य ने 'विषकन्या' का उल्लेख किया है। अर्थशास्त्र में सतीप्रथा का कोई उल्लेख नहीं किया गया है परन्तु यूनानी लेखकों ने पश्चिमोत्तर सीमाप्रांत में इस प्रथा को देखा था। स्त्री–पुरूष प्रेक्षाओं में भी भाग लेते थे।

भोजन

भारतीय मितव्ययिता से रहते थे और अच्छे नियमों का पालन करते थे। उस समय चोरी का अभाव था और लोग झूठ बोलते थे। जीवन सीधा–सादा था। यज्ञ को छोड़कर लोग कभी मद्यपान नहीं करते थे। उनका भोजन प्रधानतः चावल था। मदिरा की प्रथा थी या नहीं यह कहा नहीं जा सकता लेकिन यह प्रमाण मिला है कि मांस और मदिरा की दुकानों पर राज्य की ओर से नियंत्रण था। भोजन करने के तरीके के संबंध में मेगास्थनीज लिखता है, ''जब भारतीय भोजन करने के लिए बैठते हैं तो उनके सामने एक तिपाई के आकार की मेज रख दी जाती हैं उसके ऊपर एक सोने का प्याला रहता है, जिसमें सबसे पहले चावल डाले जाते हैं। उसके बाद अन्य पदार्थ आते हैं, जिन्हें भारतीय विधि के अनुसार तैयार किया जाता है।'' कहना न होगा कि धनी और गरीब के बीच भोजन में बहुत बड़ा अंतर था।

आमोद–प्रमोद

मौर्यकालीन भारत में मनोरंजन की भी व्यवस्था थी। लोग आमोद–प्रमोद हेतु विभिन्न प्रकार के कार्य करते थे। अशोक के अभिलेखों में विहार–यात्रा का उल्लेख मिलता है, जिसका प्रमुख अंग मृगया (शिकार) होता था। मेगस्थनीज ने भी शिकार का उल्लेख किया है। विहार–यात्रा के अतिरिक्त समाज का भी उल्लेख मिलता है। समाजों में अनेक प्रकार के आमोद–प्रमोद होते थे। इनमें मनुष्य और पशु के मल्लयुद्ध प्रसिद्ध थे। लेकिन अशोक के शासन काल में इस पर रोक

लगा दी गयी क्योंकि वह इसे हिंसात्मक मानता था। कौटिल्य से ज्ञात होता है कि साधारणतः जनता में प्रेक्षाएं (तमाशे) बड़ी लोकप्रिय होती थीं और इनमें नट, नर्तक, गायक, वादक, मदारी, रस्सी पर नाचनेवाले, तरह–तरह की बोलियाँ बोलनेवाले आदि अपनी कला का प्रदर्शन कर दर्शकों का मनोरंजन करते थे। गांव में शालाएं होती थीं, जहां अन्य प्रकार के खेलकूद संगठित होते थे। राज्य की ओर से इन्हें लाइसेंस लेना पड़ता था। ब्रह्म, पशुपति, शिव और सरस्वती के सम्मान में भी समाज का आयोजन होता था। पतंजलि ने नाटकीय प्रदर्शनों का उल्लेख किया है।

एरियन नामक एक इतिहासकार ने बतलाया है कि ''चंद्रगुप्त के राजप्रासाद के उपवनों में पालतू मोर और तोते कल्लोत करते रहते है। यहां सर्वत्र सघन कुंज तथा हरे–भरे मैदान हैं। वृक्षों की डालें एक–दूसरे से गुंथी हुई लगती है। कुछ वृक्ष मूलतः इस देश के हैं और कुछ बाहर से लाए गए हैं। इनके समन्वय से समूचे भूभाग का सौंदर्य बढ़ जाता है। तोतों को देखकर तो ऐसा लगता है, जैसे कि यह देश उन्हीं का है। ये मनुष्य की बोली का अनुकरण कर सकते है। राजमहल के अंदर बड़े–बड़े सरोवर हैं, जिनमें मछलियाँ पाई जाती हैं।''

नैतिक स्तर

ऐतिहासिक तथ्यों से पता चलता है कि मौर्यकालीन भारत में लोगों का नैतिक स्तर उच्च कोटि का था। मेगस्थनीज ने भारतीय चरित्र एवं व्यक्तित्व की बड़ी प्रशंसा की है। भारतीय सत्य में गुण का आदर करते थे। आचरण में वे सरल और मितव्यापी थे।[10] अपनी संपत्ति को वे बहुधा आरक्षित अवस्था में ही छोड़ जाते थे। वे न्यायालयों की शरण यदा–कदा लेते थे। भारतवासी पर मिथ्याभाषण का आरोप नहीं लगाया जा सकता। वे सन के सघन बुने हुए टुकड़ों पर पत्र लिखते थे। पेड़ों की छाल लिखने के काम आती थी। भारतीय सच्चाई को विशेष महत्व देते थे।

सौंदर्य–प्रेम

भारतीय बारीकी और सुंदरता के प्रेमी थे। इसका अन्दाजा इस बात से लगाया जा सकता है कि उनके वस्त्रों पर सोने का काम किया रहता था और वस्त्र मूल्यवान रत्नों से विभूषित रहते थे। वे लोग मलमल के बने फूलदार वस्त्र पहनते थे। सेवकगण उनके पीछे छाता लगाए चलते थे। धनी और दरिद्र के बीच वेशभूषा में भी फर्क था, तत्कालीन कलाओं में देखा जा सकता है।

मौर्ययुगीन पुरातात्विक संस्कृति

मौर्ययुगीन पुरातात्विक संस्कृति में उत्तरी काली पॉलीस के मृदभांडों की जिस संस्कृति का प्रादुर्भाव महात्मा बुद्ध के काल में हुआ था, वह मौर्य युग में अपनी चरम सीमा पर दृष्टिगोचर होती है। इस संस्कृति का प्रसार उत्तर, उत्तर–पश्चिम, पूर्व एवं दक्कन के विहंगम क्षेत्र में हो चुका था।[11] उत्तर–पश्चिम में कंधार, तक्षशिला, उदेग्राम आदि स्थलों से लेकर पूर्व में चंद्रकेतुगढ़ तक, उत्तर में रोपड़, हस्तिनापुर, तिलौराकोट एवं श्रावस्ती से लेकर दक्षिण में ब्रह्मपुरी, छब्रोली आदि तक इस संस्कृति के अवशेष मिलते है।

शहरीकरण का युग

पालि एवं संस्कृत ग्रंथों में कौशाम्बी, श्रावस्ती, अयोध्या, कपिलवस्तु, वाराणसी, वैशाली, राजगीर, पाटलिपुत्र आदि जिन नगरों का उल्लेख मिलता है, वे सभी मौर्य युग में पर्याप्त पल्लवित अवस्था में थे। अनेक शहर तो प्रशासन के केन्द्र थे। किन्तु इस बात को नकारा नहीं जा सकता कि ऐसे अनेक नगर थे, जो प्रसिद्ध व्यापार मार्गों पर स्थित थे। भारतीय इतिहास में शहरीकरण का जो दूसरा चरण बुद्ध युग से आरम्भ हुआ, उसके पल्लवीकरण में मौर्ययुगीन व्यापारियों एवं शिल्पियों ने विशेष योगदान दिया। यद्यपि उत्तरी काली पॉलिश के मृदभांडों की संस्कृति से सम्बन्धित बहुत से ग्रामीण स्थलों का उत्खन्न नहीं हो पाया है, किन्तु

मध्य गंगा की घाटी में विभिन्न शिल्प विधाओं, व्यापार एवं शहरीकरण एक सुदृढ़ ग्रामीण आधार के बिना अकल्पनीय है।

लोहे का प्रयोग

पुरातात्विक संस्कृति का एक अन्य अभिन्न अंग लोहे का निरन्तर बढ़ता हुआ प्रयोग है। इस संस्कृति के सभी महत्वपूर्ण स्थलों से इसके प्रमाण मिले हैं। इसी काल की सतहों से छेददार कुल्हाड़ियाँ, दरातियाँ और सम्भवतः हल की फालें भारी संख्या में प्राप्त हुई है। यद्यपि अस्त्र–शस्त्र के क्षेत्र में मौर्य राज्य का एकाधिकार था, किन्तु लोहे के अन्य औजारों का प्रयोग किसी वर्ग विशेष तक सीमित नहीं था। कौटिल्य ने मुद्रा प्रणाली के विस्तृत प्रचलन का जो विहंगम दृश्य प्रस्तुत किया है, उसकी पुष्टि आहत मुद्राओं के अखिल भारतीय वितरण से होती है। ऐतिहासिक काल में पक्की ईंटों और मंडल कूपों का प्रयोग भी सबसे पहले इसी सांस्कृतिक चरण में दृष्टिगोचर होता है। इन दो विशेषताओं के कारण मकान आदि का निर्माण ने केवल अधिक स्थायी रूप से सम्भव हुआ, अपितु नदी तट पर ही बस्तियों की स्थापना की प्राचीन में भी परिवर्तन सम्भव हो सका। मंडल कूपों के फलस्वरूप जलप्रदाय की समस्या को सुलझाने में काफी सहायता मिली। तंग बस्तियों में वे सोख्तों या शोषगर्तों का काम करते थे।

संस्कृति के तत्व

मध्य गंगा घाटी की भौतिक संस्कृति के उपर्युक्त तत्व उत्तरी बंगाल, कलिंग, आंध्र एवं कर्नाटक तक पहुंच गए। बांग्लादेश के बोगरा जिले के महास्थान स्थल से मौर्ययुगीन ब्राह्मी लिपि का एक अभिलेख मिला था, और इसी प्रदेश में 'दीनाजपुर जिले' में 'बानगढ़' से उत्तरी काली पॉलिश के मृदभांड भी प्राप्त हुए हैं। उड़ीसा में शिशुपालगढ़ के उत्खनन भी इसी दृष्टिकोण से उल्लेखनीय हैं। यह स्थल भारत के पूर्वी तट के सहारे–सहारे प्राचीन राजमार्ग पर स्थित 'धौली' एवं 'जौगड़'

नामक अशोक के अभिलेख स्थलों के पास ही है।[12]

इन क्षेत्रों में उपर्युक्त भौतिक संस्कृति के तत्वों का प्रस्फुटीकरण मौर्ययुगीन मगध के सम्पर्क के कारण ही हुआ होगा।[13] यद्यपि आंध्र एवं कर्नाटक क्षेत्रों में मौर्य युग में लोहे के हथियार एवं उपकरण मिलते हैं, किन्तु वहां पर लोहे के आगमन का श्रेय महापाषाण संस्कृति के निर्माताओं को है। फिर भी इन क्षेत्रों में कुछ स्थलों से न केवल अशोक के अभिलेख मिले हैं, अपितु ई0पू0 तृतीय शताब्दी में उत्तरी क्षेत्र में काली पॉलिश वाले मृदभांड भी प्राप्त हुए हैं। अतः ऐसा प्रतीत होता है कि पूर्वी तट के बाद उपर्युक्त सांस्कृतिक तत्व मौर्य सम्पर्क के कारण दक्कनी पठार तक पहुंच गए।

संदर्भ

1. 'एष त्रयीधर्मश्चतुर्णां वर्णानामाश्रमाणां च स्वर्धमस्थापनादौपकारिकः।' कौ. अर्थ. 1/3
2. 'अल्पां बाधां–सहेरन्।' कौ. अर्थ, 3/16
3. सम्पा0 आर0 शामशास्त्री, कौटिल्य अर्थषास्त्र, मैसूर, 1909।
4. बुद्ध प्रकाश (डॉ.) : स्टडीज इन इण्डियन हिस्ट्री एण्ड सिविलिजेशन पृष्ठ, 120–121
5. नीलकण्ठ शास्त्री के. ए. : एज ऑफ द नन्दाज एण्ड मौर्याज, पृष्ठ 203.
6. थापर, रोमिला : अशोक एण्ड दी डिकलाइन ऑफ दी मौर्याज, पृष्ठ 36.
7. उपाध्याय, वासुदेव शरण : प्राचीन भारतीय स्तूप, गुहा एवं मन्दिर, पटना, 1972, पृ0154।
8. Mc Crindle : Megasthenes p. 34
9. 'अनुरूप च वृत्तिं दत्वा बह्वीरपि विन्देत। पुत्रार्था हि स्त्रियः।' को. अर्थः 3/2
10. मिश्र, जे.एस. : प्राचीन भारत का सामाजिक इतिहास, पटना, 1986, पृ0 234

11. मैकमिलन : भारत का सामाजिक, सांस्कृतिक और आर्थिक इतिहास, दिल्ली, 1975, पृ0 125
12. मुखर्जी, आर0के0 : चन्द्रगुप्त मौर्य और उसका काल, नई दिल्ली, 1990, हिन्दू सभ्यता, दिल्ली, 1975, पृ0 44
13. वेदालंकार, हरिदत्त : प्राचीन भारत का राजनीतिक एवं सांस्कृतिक इतिहास, लखनऊ, 1972, पृ0 234

8

गुप्तकाल में सामाजिक स्वरूप

प्राचीन भारतीय समाज का ढांचा गुप्त काल में भी स्थिर रहा। गुप्तकालीन समाज व्यवस्था की झांकी पुराणों, स्मृति–ग्रन्थों व अभिलेखों से प्राप्त होती है। स्मृति ग्रन्थों के नियम व्यवहारतः समाज में किस हद तक लागू होते थे, यह संदेहास्पद है। भारतीय समाज की प्रारम्भिक व्यवस्था चार वर्णों पर आधारित थी–ब्राह्मण, क्षत्रिय, वैश्य व शूद्र। प्रारम्भ में इसका आधार कर्म था लेकिन धीरे–धीरे यह जन्म पर आधारित हो गयी। मनुस्मृति के समय तक इसका स्वरूप कठोर हो गया था। गुप्तकालीन अन्य स्मृतियों में भी समाज के कठोर रूप का चित्रण मिलता है। गुप्तकालीन समाज परम्परागत चार वर्णों में विभाजित था। स्मृति साहित्य में चारों वर्णों के बताए गये हैं। इनमें आर्यवर्त के धर्म क्षेत्र का भी उल्लेख हुआ है। म्लेच्छों को भारतीय समाज से अलग हट कर देखा गया।

चातुर्वणर्य व्यवस्था का रक्षक राजा को माना गया है। चातुर्वणर्य व्यवस्था में बाहरी व्यक्तियों को प्रवेश करने तथा इससे लाभान्वित होने की अनुमति तो थी, पर सामाजिक व्यवस्था की स्थिरता को भी कायम

रखने की कोशिश की जाती थी। गुप्तकाल तक आते–आते परम्परागत वर्ण व्यवस्था में बहुत से परिवर्तन आ चुके थे। कालिदास की रचनाओं में भी गुप्तकालीन कठोरता दिखाई देती है। व्यवहारिक दृष्टि से कठोरता निश्चय ही कम हुई होगी। प्रमुख चार वर्णों की सामाजिक स्थिति का अध्ययन गुप्तकाल के परिप्रेक्ष्य में करना उचित होगा।[1]

ब्राह्मण

ब्राह्मणों के अन्दर भी बहुत से उपभेद पैदा होने लगे थे जिनका आधार गोत्र व प्रवर था। दण्ड देते समय भी राजा ब्राह्मणों के प्रति उदारता का व्यवहार करता था। स्मृति साहित्य में वर्ण–विभेद की भावना दृष्टिगोचर होती है। भयंकर अपराध करने पर भी ब्राह्मण को मृत्यु दण्ड नहीं दिया जा सकता था। शूद्रक के मृच्छकटिकम के नवें अंक में ब्राह्मण चारूदत्त के हत्यारा सिद्ध हो जाने पर भी उसे प्राण–दण्ड नहीं दिया गया था। देश कुमार चरित ब्राह्म मंत्री राजद्रोह का दोषी है, किन्तु उसे केवल अन्ध बना दिया गया था। उन्हें अर्थ दण्ड ही मिलता था। देश–निष्कासन का दण्ड भी उन्हें दिया जा सकता था। ब्राह्मणों को अन्य वर्णों की तुलना में दंड कम मिलता था। बृहस्पति के अनुसार सभी प्रकार के दिव्य सबसे कराये जा सकते थे लेकिन ब्राह्मण से विष दिव्य नहीं कराया जाना चाहिए। साक्ष्य देने के संदर्भ में भी भेदभाव निहित था। इस प्रकार समाज में ब्राह्मणों का स्थान सर्वोच्च था। उनके मुख्यतया छह कर्म थे–वेद पढ़ना, वेद पढ़ाना, यज्ञ करना, यज्ञ कराना, दान देना और दान लेना। ये कार्य उसके स्वधर्म के अन्तर्गत आते थे। इसके अतिरिक्त अपनी तपश्चर्या और ज्ञान से वह समाज का मार्ग–दर्शन करता था।

ब्राह्मणों में भी उपजातियाँ विकसित हो गयी थी। वेदों के अध्ययन को ध्यान में रखकर उसका विभाजन किया गया था। यजुर्वेदी ब्राह्मण–उड़ीसा, तेलंगाना, कोशल और मध्य प्रदेश में थे। सामवेदी ब्राह्मण–काठियावाड़ क्षेत्र में रहते थे। अथर्ववेदी ब्राह्मण–मैसूर, बेलगांव और वल्लभी में रहते हैं।[2] ऋग्वैदिक ब्राह्मणों की चर्चा गुप्तकाल में नहीं मिलती

है। उत्तरी भारत में अंतर्वेदी ब्राह्मण, राजस्थान में श्रीमाली ब्राह्मण और गुजरात में नगर ब्राह्मण अपने को अन्य ब्राह्मणों से श्रेष्ठ मानते थे। वैसे ब्राह्मणों का मुख्य कार्य धार्मिक था। परन्तु वे अन्य प्रकार के पेशे भी अपनाने लगे थे। स्मृतिग्रंथों में आपद धर्म के समय इस अपनाने की अनुमति दी गयी। जिस तरह कौटिल्य ने विभिन्न वर्णों के लिए विभिन्न बस्तियों का विधान किया है, उसी प्रकार वराहमिहिर ने विभिन्न वर्णों के लिए भिन्न–भिन्न व्यवस्था बताई है।[3]

वराहमिहिर के अनुसार ब्राह्मण के 5 कमरे, क्षत्रिय के मकान में 4, वैश्य के मकान में 3 और शूद्र के मकान में 2 कमरे होने चाहिए। न्याय व्यवस्था में भी वर्ण भेद को ध्यान में रखा गया था। ऐसा माना जाता था कि ब्राह्मण की परीक्षा तुला से, क्षत्रिय की अग्नि से, वैश्य की परीक्षा जल से तथा शूद्र की परीक्षा विष से की जानी चाहिए। साक्षी के विषय में बृहस्पति का मानना है कि साक्षी कुलीन हो, तथा वह नियमपूर्वक वेदों एवं स्मृतियों का अध्ययन करता हो। इस बात की भी चर्चा है कि जाति प्रतिवादी की जाति के समान हो। परन्तु नारद इस बात का खंडन करते हैं और उनका मानना है कि सभी वर्ण के लोग एक–दूसरे के साक्षी हो सकते हैं। दंड व्यवस्था भी वर्ण पर आधारित थी।

महाभारत के शांतिपर्व में कहा गया है कि अगर कोई क्षत्रिय, वैश्य या शूद्र की हत्या करे तो उसे अलग–अलग दण्ड दिया जाए। नारद के अनुसार चोरी करने पर ब्राह्मण का अपराध सबसे अधिक और शूद्र का अपराध सबसे कम होता है। विष्णु ने हत्या के पाप से शुद्धि के संदर्भ में ब्राह्मण, क्षत्रिय, वैश्य और शूद्र की हत्या के लिए क्रमशः 12, 9 और 3 वर्ष का महाव्रत नामक तप बताया है। दायविधि में यह नियम बना रहा कि उच्च वर्ण के शूद्र पुत्र को संपत्ति में सबसे कम हिस्सा मिले परन्तु वर्ण व्यवस्था सुचारू रूप से नहीं चल रही थी क्योंकि महाभारत के शांति पर्व के कम से कम 9 पदों में ब्राह्मण और क्षत्रियों के बीच सहयोग की बात उठायी गई है। इससे आभास होता है कि उन्हें वैश्यों एवं शूद्रों के

विरोध का भय था।

क्षत्रिय

चार वर्ण वाली व्यवस्था में क्षत्रियों का दूसरा स्थान था। धर्मशास्त्रों के अनुसार क्षत्रिय का प्रमुख कर्तव्य प्रजा की रक्षा करना, दान करना, यज्ञ करना, वेद पढ़ना आदि माने गए हैं।[4] स्मृतिकार विष्णु के अनुसार क्षत्रिय का प्रमुख कर्तव्य प्रजा का पालन मन है। बौद्ध ग्रंथों में क्षत्रियों की प्रमुखता अधिक है। प्राचीन काल में कई क्षत्रिय महान् विद्वान हुए थे। वैदिक कालीन क्षत्रिय विद्वानों में जनक, प्रवाहण जाबालि आदि उल्लेखनीय रहे हैं। आपात स्थिति में क्षत्रिय भी वेश्यावृत्ति अपना सकते थे। गुप्तकाल में बहुत से क्षत्रिय व्यापार भी करते थे।

इंदौर से प्राप्त स्कंदगुप्त के एक अभिलेख में इसका उल्लेख है। ह्वेनसांग ने क्षत्रियों की प्रशंसा की है। वे दयालु, परोपकारी व युद्ध कला प्रवीण होते थे। मनु के अनुसार 10 वर्षीय ब्राह्मण भी 100 वर्षीय क्षत्रिय से श्रेष्ठ होता है। उसके अनुसार ब्राह्मण और क्षत्रिय पिता और पुत्र के समान है। गुप्तकाल के क्षत्रिय द्वारा अपने से वर्ण के व्यवसाय अपनाये जाने का भी उदाहरण मिलता है। इंदौर से स्कंदगुप्त के काल के एक अभिलेख के अनुसार क्षत्रिय लोग वैश्य का भी कार्य करते थे। मनु क्षत्रियों को वैश्य–कर्म अपनाने की अनुमति देते हैं परंतु इसके लिए कृषि–कर्म वर्जित मानते हैं। किन्तु क्षत्रियों का मुख्य कार्य देश की रक्षा करना था। युद्ध उनके जीवन का मुख्य पहलू था। युद्ध में सारी वस्तुएं क्षत्रिय की होती थीं। मनु के अनुसार रथ, घोड़ा, हाथी, धान्य, पशु, स्त्रियाँ (दासी आदि), सब प्रकार के द्रव्य, और कुप्य (सोना–चांदी के अतिरिक्त तांबा–पीतल आदि धातुएं) युद्ध के विजेता की वस्तुएं मानी जाती थीं।

वैश्य

वैश्य वर्ण का प्रमुख व्यवसाय कृषि और व्यापार था। धर्मशास्त्रों में इनका कर्तव्य अध्ययन, यजन, दान, कृषि, पशुपालन और वाणिज्य बताया

गया है। गुप्त युग में इन्हें वणिक, श्रेष्ठि और सार्थवाह भी कहा गया है। ऐसे भी उदाहरण मिलते हैं जहां वैश्य वर्ण के लोगों को क्षत्रिय कर्म करते हुए दिखाया गया है। वैश्य राजकीय कार्य भी करते थे। कई स्मृतियों में यह भी कहा गया है कि ब्राह्मणों और क्षत्रियों की सेवा करना भी वैश्यों का कर्तव्य है। वास्तव में वैश्यों का कार्यक्षेत्र बहुत विस्तृत था। इसमें विभिन्न व्यवसायों वाले लोग शामिल थे जैसे–कृषक, व्यापारी, लुहार, सुनार, बढ़ई, तेली, सूत कातने वाले, बुनकर, पशुपालक आदि। इस काल में वैश्यों की स्थिति में गिरावट के चिन्ह भी मिलते है। शूद्र उस समय भी कृषक थे। गुप्तकाल में व्यापारी, गोपालक, सुनार, बढ़ई आदि व्यावसायिक समूहों ने अपनी श्रेणियाँ बना ली थीं। वैश्य भी आपातकाल में दूसरे वर्ण के कर्म अपना सकते थे। वे सैनिक कर्म भी कर सकते कि गौ, ब्राह्मण और वर्ण की रक्षा के लिए वैश्य भी शास्त्र ग्रहण कर सकते थे।

वैश्य न्यायालय की प्रमुख सभा के सदस्य भी बन सकते थे। विषय आदि की शासन परिषदों में श्रेष्ठि, सार्थवाह, कुलिक, आदि प्रतिनिधि रहते थे। परमेश्वरी लाल गुप्ता ने गुप्त शासकों को वैश्य वर्ण स्वीकार करते हैं। स्पष्ट है कि वैश्य वर्ण ने गुप्तकाल में बहुत प्रगति की। वर्ण के लोग अपनी दानशीलता के लिए भी प्रसिद्ध थे। संभवतः ये अपनी आय का बहुत सा हिस्सा सार्वजनिक हित में खर्च करते थे, फाह्यान के यात्रा विवरण में इस प्रकार के उल्लेख मिलते है। फाह्यान ने औषधालयों व पंथशालाओं का उल्लेख किया है। औषधालयों मे निर्धन, अपंग, अनाथ, विधवा, निःसंतान, रोगी आदि आते थे और वहां उन्हें सब तरह की सहायता मिलती थी। पंथशालाओं के बारे में फाह्यान ने कहा है कि वहां कमरे, चारपाई, बिस्तर आदि यात्रियों को दिये जाते थे।

शूद्र

अंतिम वर्ण शूद्रों का था। साधारणतः शूद्रों का कार्य द्विजों (ब्राह्मण, क्षत्रिय और वैश्य) की सेवा करना था। याज्ञवल्क्य स्मृति में कहा गया है

कि शूद्र व्यापारी, कृषक और कारीगर भी हो सकता था। स्पष्ट है कि गुप्तकालीन शूद्र खेती व व्यवसाय करते थे। प्रशासनिक गतिविधियों में भी उनकी साझेदारी होती थी। शूद्रों की स्थिति मौर्यकाल की अपेक्षा अधिक संतोषजनक लगती है। ह्वेनसांग ने शूद्रों के राजा होने का उल्लेख किया है। सातवीं शताब्दी ईस्वीं के लगभग शूद्र खेतिहरों का उल्लेख है। याज्ञवल्क्य ने ब्राह्मण पिता और शूद्र माता से उत्पन्न पुत्र को संपत्ति का अधिकारी माना है परन्तु वृहस्पति नहीं मानते हैं। मनु ने शूद्रों की सेवानिवृत्ति पर बहुत बल दिया था परन्तु याज्ञवल्क्य का दृष्टिकोण उदार है। उसने शूद्रों को व्यापारी, कृषक एवं कारीगर होने की अनुमति दी। कुछ शूद्रों ने सैनिक वृत्ति को भी अपनाया।

गुप्तकाल के धर्मशास्त्रों ने स्पष्ट रूप से दासों और अस्पृश्यों से शूद्रों को भिन्न बताया है। वैश्य लोगों से शूद्रों को भिन्न बताया गया है। वैश्य लोग जब कृषि से विमुख होने लगे तो शूद्रों ने कृषि को अपना लिया। वायु पुराण में शिल्प और भृति शूद्रों के लिए दो प्रमुख कर्तव्य माने गए हैं। मत्स्य पुराण के अनुसार, अगर शुद्र भक्ति में निमग्न रहे, मदिरा पान न करे, इन्द्रियों को वश में रखे और निर्भय रहे तो वह भी मोक्ष प्राप्त कर सकता है। मार्कण्डेय पुराण में, दान देना शूद्र का भी कर्तव्य बताया गया है। याज्ञवल्क्य ने स्पष्ट रूप से कहा है कि शूद्र ओंकार के बदले नमः शब्द का प्रयोग करते हुए पंच महायज्ञ कर सकता है। शूद्रों को रामायण, महाभारत और पुराण सुनने का अधिकार था। योग और सांख्य दर्शन जिसका सर्वोच्च विकास गुप्तकाल में हुआ था, शूद्रों के लिए वर्जित नहीं थे। इस युग में एक महत्तर नामक नई जाति विकसित हुई थी। वस्तुतः ये महत्तर प्रारंभ में गांव के वृद्ध जन थे। जमीन के क्रय–विक्रय बिक्री में इनकी भी अनुमति ली जाती थी। आगे चलकर यह पृथक जाति हो गयी।

कृषि व व्यापार में शूद्रों के आने से उनकी सामाजिक स्थिति निश्चय ही सुधरी होगी। विष्णुस्मृति से विदित होता है कि सेवक और

शिल्पकारों की गणना शूद्रों में की जाती थी। वे किसी प्रकार अस्पृश्य नहीं समझे जाते थे और समाज में उनका समुचित स्थान था। द्विजातियों के समान उन्हें भी पंचमहायज्ञ करने का अधिकार था। मनु ने शूद्रों के लिए धन संग्रह का निषेध किया है। संभवतः शूद्र भी धन संग्रह की स्थिति में रहे होंगे। शिल्प के क्षेत्र में भी उनका प्रवेश था। अमरकोष में शूद्र शिल्पियों का उल्लेख है जैसे–माली, धोबी, कुम्हार, जुलाहा, राजमिस्त्री, दरजी, चित्रकार, शस्त्रकार, चर्मकार, लुहार, स्वर्णकार, बढ़ई, अभिनेता, नर्तक आदि। बृहस्पति स्मृति में शिल्पियों की पारिश्रमिक दरों का उल्लेख किया गया है। उनकी मजदूरी में बढ़ोत्तरी हो गयी थी। अतः उनकी आर्थिक दशा भी अच्छी रही होगी।

शूद्रों के प्रति वर्णविभेद की भावना दिखाई देती है। शूद्र केवल अपने के साक्षी हो सकते थे। ब्राह्मण, क्षत्रिय व वैश्य की तुलना में शूद्रों को दिया जाने वाला दण्ड कठोर होता था। इस समय भी एक ही अपराध के लिए शूद्रों को ब्राह्मणों, क्षत्रियों और वैश्यों की तुलना में अधिक दण्ड दिया जाता था। यह प्रतीत होता है कि धार्मिक क्षेत्र में शूद्रों के प्रति उदारता दिखायी देती है। पुराणों में उनके लिए सरल भक्तिमार्ग व मोक्ष का प्रतिपादन किया गया है। वे यज्ञ भी कर सकते थे, शांतिपर्व में इसका उल्लेख है। शूद्र रामायण, महाभारत, पुराण भी सुन सकते थे। वेद सुनने का अधिकार भी उन्हें कभी–कभी प्राप्त हो जाता था। गुप्तकाल में शिक्षित शूद्रों के उल्लेख भी मिलते हैं। इस काल में धर्मशास्त्रकार ब्राह्मणों को शूद्र का भोजन करने से मना करते हैं लेकिन कुछ का भोजन ग्रहण किया जा सकता था। याज्ञवल्क्य के अनुसार उच्च वर्ण का व्यक्ति अपने किसान, ग्वाले, नाई या परिवार के शूद्र मित्र का भोजन कर ले तो आपत्तिजनक न था।

कायस्थ

गुप्तकालीन अभिलेखों व साहित्य में कायस्थ का उल्लेख हुआ है।

याज्ञवल्क्य स्मृति में पहली बार कायस्थों की चर्चा हुई है। ये किसी उपजाति से सम्बद्ध नहीं थे वरन् लेखन कार्य से जुड़े हुए थे। कायस्थ अधिकतर राजकीय सेवा में थे। गुप्तकालीन अभिलेखों में प्रथम कायस्थ नामक अधिकारी का उल्लेख मिलता है। यह विषय–परिषद् का सदस्य होता था। इन्होंने राजकीय सेवा में ब्राह्मणों को चुनौती देनी शुरू की।

सर्वप्रथम 'कायस्थ' का उल्लेख याज्ञवल्क्य स्मृति में मिलता है। इनसे प्रजा को सावधान रहने को कहा गया है। शूद्रक के मृच्छकटिकम में कायस्थ का उल्लेख, न्यायालय के लेखक के रूप में हुआ है। लेखक होने के अतिरिक्त वे लेखाकरण, गणना, आय–व्यय और भूमिकर के भी अधिकारी होते थे। स्पष्ट है कि गुप्तकाल में कायस्थों का एक वर्ग था जो आगे चलकर एक जाति के रूप में उभरा।

अछूत

चार वर्णों के अतिरिक्त समाज में अछूत थे। इनमें चाण्डाल मुख्य थे। गुप्त युग में चांडालों का उल्लेख मिलता है। ये नगर से बाहर रहते थे। इनका स्पर्श वर्जित था। वे शवों को जलाने, गाड़ने के अलावा शिकार, मछलियाँ पकड़ना आदि कार्य करते थे। साधारणतः उनके बारे में यह माना जाता था कि वे अपवित्र हैं, झूठ बोलते हैं, चोरी करते है, नास्तिक क्रोधी हैं और बिना कारण झगड़ा करते हैं। उनकी पोशाक राजा द्वारा निर्धारित की जाती थी। इनके संदर्भ में स्मृतिकारों के नियम कठोर दिखाई देते हैं। स्मृतियों में इनका कार्य लावारिस मुर्दे हटाना और बधिक का काम करना बताया गया है। फाह्यान ने पांचवीं शताब्दी में ह्वेनसांग ने सातवीं शताब्दी में इसका उल्लेख किया है। फाह्यान के विवरण से प्रतीत होता है कि जब कभी वे नगर में प्रवेश करते तो लकड़ी से ढोल बजाते चलते थे, ताकि लोग मार्ग से हट जायें और उनका स्पर्श न कर सकें।

दास प्रथा

मौर्यकालीन समाज की तरह गुप्तकाल में भी दास प्रथा का अस्तित्व था पर शूद्र होने का तात्पर्य दास होना नहीं था। हाँ, कुछ शूद्र दास होते थे, इसका उल्लेख आया है। नारद स्मृति से दासों की एक सूची प्राप्त होती है जो 15 प्रकार के हैं। जिसमें उनके दास होने के कारणों पर प्रकाश डाला गया है जैसे प्राप्त किया हुआ दास, स्वामी द्वारा प्रदत्त, ऋण न चुका सकने के कारण बना दास, दांव पर हार जाने वाला, स्वयं दासत्व ग्रहण करने वाला, अपने को एक निर्धारित समय के लिए दास बनाने वाला, आत्मविक्रमी, दायी के प्रेम में पड़ने वाला दास, चोरों या डाकुओं द्वारा बेचा हुआ व्यक्ति, सन्यास छोडकर गृहस्थ आश्रम में प्रविष्ट होने वाला व्यक्ति। दास घर के कार्य तो करते थे, अन्य गंदे कार्य–सफाई करना, मलमूत्र साफ करना भी करते थे।

कात्यायन स्मृति में कहा गया है कि द्विज स्त्री, दास से विवाह करते ही दास हो जाती थी लेकिन यदि दास स्त्री अपने द्विज स्वामी से पुत्र उत्पन्न कर ले तो वह दासत्व से मुक्त हो जाती थी। संकट के समय यदि दास स्वामी के प्राणों की रक्षा करता था तो उसे दासत्व से मुक्त कर दिया जाता था। आधुनिक शोधकार्यों से स्पष्ट होता है कि गुप्तकाल में दास प्रथा शिथिल हो गयी थी। वर्ण व्यवस्था के कमजोर होने से दास प्रथा में भी शिथिलता आई। गुप्तकाल में भूमि अनुदानों की संख्या बढ़ जाने से भूमि छोटे–छोटे टुकड़ों में विभाजित हो गयी। इससे कृषि कार्य के लिए अधिक दासों की आवश्यकता नहीं पड़ी होगी। वैसे भी विश्व के अन्य प्राचीन समकालीन समाज की तुलना में भारतीय दासप्रथा का स्वरूप सरल रहा था। उनके साथ सामान्यतः अच्छा व्यवहार किया जाता था।[5]

पारिवारिक जीवन

पारिवारिक जीवन का ज्ञान गुप्तकालीन अभिलेखों व साहित्य से

प्राप्त होता है कि गुप्तकालीन परिवार का स्वरूप संयुक्त था। माता–पिता, पुत्र–पुत्री के अतिरिक्त अन्य सम्बन्धी भी परिवार में रहते थे। परिवार ज्येष्ठ व्यक्ति के अनुशासन में रहता था। धर्मशास्त्रकारों ने संयुक्त परिवार प्रथा की प्रशंसा की है। पूर्व गुप्तयुग तक परिवार में पिता की शक्ति ही अधक थी। धीरे–धीरे पुत्र के अधिकार बढ़ने लगे। पैतृक सम्पत्ति में पुत्रों का भी समान रूप से स्वामित्व माना जाने लगा। विभिन्न स्मृतिकारों (याज्ञवल्क्य, बृहस्पति आदि) ने इसका समर्थन किया है। स्मृतिकार मनु व याज्ञवल्क्य माता को गुरू और पिता से ऊँचा स्थान देते हैं। यद्यपि वंश विस्तार की दृष्टि से पुत्री की अवहेलना की गई है फिर भी प्राचीन काल से ही पुत्री माता–पिता के प्रेम की हकदार रही है। मनु पुत्री को पुत्र के बराबर ही मानते हैं। नारद व बृहस्पति के अनुसार कन्या पुत्र की ही तरह पिता की संतान हैं। अतएव उसे पुत्र के अभाव में दायाधिकार मिलना चाहिए।

प्राचीन काल में परिवार में सामान्यतः एक पत्नी विवाह ही प्रचलित था लेकिन कुछ लोग बहुविवाह करते थे। वर का चयन साधारणतः माता–पिता द्वारा ही किया जाता था। लेकिन स्वयं वर–वधू स्वेच्छा से भी विवाह कर सकते थे। विधवा–विवाह एवं अन्तर्जातीय विवाहों का भी रिवाज था। अनुलोम व प्रतिलोम विवाहों का भी प्रचलन था। स्वयंवर प्रथा के उल्लेख मिलते हैं। कालिदास ने आठ प्रकार के विवाहों का उल्लेख किया है–ब्रह्म, प्राजापत्य, आर्ष, दैव, असुर, गंधर्व, राक्षस व पैशाच। प्रथम चार प्रकार के विवाह ही उत्तम कहे गये हैं और अंतिम चार को हेय दृष्टि से देखा गया है।

स्त्री

स्त्रियों की स्थिति में सामान्यतः ह्रास आया। बाल विवाह का प्रचलन था। सामान्यतः 12–13 वर्षों में लड़कियों की शादी होती थी। याज्ञवल्क्य स्मृति में लड़कियों के उपनयन एवं वेदाध्ययन का निषेध किया है। नारद एवं पराशर विधवा विवाह का समर्थन करते हैं। परन्तु

बृहस्पति द्वारा इसका विरोध किया गया है। विष्णु, याज्ञवल्क्य एवं बृहस्पति विधवा को संपूर्ण संपत्ति की स्वामिनी मानते हैं, जबकि मनु, नारद और कात्यायन इसका विरोध करते हैं भानुगुप्त के एरण अभिलेख से सती प्रथा का प्रथम पुरातात्विक साक्ष्य मिलता है जब गोपराज नामक सेनापति की पत्नी अपने पति के साथ सती हो जाती। फाह्यान और ह्वेनसांग पर्दा प्रथा की चर्चा नहीं करते हैं परन्तु कालीदास अभिज्ञानकुन्तलम् में अवगुठन शब्द का प्रयोग किया गया है।

इससे यह होता है कि संभ्रात परिवार की महिलाएं पर्दा करती थी। देवदासी प्रथा प्रचलित थी। कालिदास के मेघदूत में महाकाल (उज्जैन) मंदिर में रखी जाने वाली देवदासियों की चर्चा है। परन्तु देवदासी प्रथा का प्रथम साक्ष्य अशोक के कुछ ही दिनों के बाद बनारस के पास रामगढ़ से प्राप्त एक गुफा अभिलेख में मिलता है। उस काल में वेश्याओं का भी अस्तित्व था। कामसूत्र में गणिकाओं के प्रशिक्षण की बात की गई है। मुद्राराक्षस से यह ज्ञात होता है कि उत्सवों के समय वेश्याएँ सड़क पर आ जाती थीं।[6]

स्त्रियों के अधिकारों की वृद्धि

फाह्यान एवं ह्वेनसांग के अनुसार इस समय पर्दा प्रथा प्रचलन नहीं था।[7] नारद एवं पराशर स्मृति में 'विधवा विवाह' के प्रति समर्थन जताया गया है। गुप्तकालीन समाज में वेश्याओं के अस्तित्व के भी प्रमाण मिलते हैं, पर इनकी वृत्ति की निन्दा की गई। गुप्त काल में वेश्यावृत्ति करने वाली स्त्रियों को 'गणिका' कहा जाता था। 'कुट्नी' उन वेश्याओं को कहा जाता था जो वृद्ध हो जाती थीं। किन्तु गुप्त काल में स्त्रियों के धन संबंधी अधिकारों की वृद्धि हुई। स्त्री धन का दायरा बढ़ा।

कात्यायन ने स्त्री को अचल सम्पत्ति की स्वामिनी माना है। गुप्त काल के स्मृतिकारों के अनुसार पुत्र की अचल सम्पत्ति की स्वामिनी माना है। गुप्त काल के स्मृतिकारों के अनुसार पुत्र के अभाव में पुरूष की

सम्पत्ति पर उसकी पत्नी का प्रथम अधिकार होता था। (याज्ञवल्क्य स्मृति) अपुत्र पति के मरने पर विधवा पत्नी को उसको उत्तराधिकारी– याज्ञवल्क्य, बृहस्पति और विष्णु मानते हैं।

स्त्रियों के स्त्रीधन पर प्रथम अधिकार उसकी पुत्रियों का होता है। (विज्ञानेश्वर) स्त्रियों की सम्पत्ति के अधिकार पर सर्वाधिक व्याख्या याज्ञवल्क्य ने दी है। गुप्तकाल में ब्राह्मण और क्षत्रिय को संयुक्त रूप से 'द्विज' कहा गया है।

याज्ञवल्क्य एवं बृहस्पति ने स्त्री को पति की सम्पत्ति का उत्तराधिकारिणी माना है। इस समय उच्च वर्ग की कुछ स्त्रियों के विदुषी और कलाकार होने का उल्लेख मिलता है। अभिज्ञान शकुन्तलम् में अनुसूया को इतिहास का ज्ञाता बताया गया है। मालवी माधव में मालती को चित्रकला में निपुण बताया गया है।

अमरकोष स्त्री शिक्षा के लिए 'आचार्यी', 'अपाध्यायीय' तथा 'उपाध्यया' शब्दों का व्यवहार किया गया है। गुप्तकाल के सिक्कों पर स्त्रियों जैसे–कुमारदेवी, तथा लक्ष्मी के चित्र उच्च वर्ग की स्त्रियों के सम्मानसूचक है। पर्दा प्रथा का प्रचलन था। बाल विवाह एवं बहुविवाह की प्रथा व्यापक हो गई थी। 'मेघदूत' में उज्जयिनी के महाकाल मन्दिर में कार्यरत देवदासियों का वर्णन मिलता है। मनु के अनुसार जिस स्त्री को पति ने छोड़ दिया हो या जो विधवा हो गई हो, यदि वह अपनी इच्छा से दूसरा विवाह करें तो वह 'पुनर्भू' तथा उसकी संतान 'पनौर्भव' कहा जाता था।[8]

मिश्रित जातियाँ

गुप्त काल में अनेक मिश्रित जातियों का भी उल्लेख मिलता है जैसे–मूर्दधावषिक्त, अम्बष्ठ, पारशव, उग्र एवं करण। इनमें मुख्य रूप से अम्बष्ठ, उग्र, पारशव की संख्या गुप्तकालीन समाज में अधिक थी।

अम्बष्ठ

ब्राह्मण पुरूष एवं वैष्य स्त्री से उत्पन्न संतान अम्बष्ठ कही गई। विष्णु पुराण में इन्हें नदी तट का निवासी माना गया है। मनु ने इनका मुख्य व्यवसाय चिकित्सा बताया है।

पराशव

इस जाति की उत्पत्ति ब्राह्मण पुरूष एवं शूद्र स्त्री से हुई है इन्हें निषाद भी कहा जाता है। पुराणों में इनके विषय में जानकारी मिलती है।

उग्र

गौतम के अनुसार वैश्य पुरूष एवं शूद्र स्त्री से उत्पन्न जाति उग्र कहलाई पर स्मृतियों का मानना है कि इस जाति की उत्पत्ति क्षत्रिय पुरूष एवं शूद्र जाति की स्त्री से हुई है। इनका मुख्य कार्य था बिल के अन्दर से जानवरों को बाहर निकाल कर जीवन–यापन करना। फाह्यान ने गुप्तकालीन समाज में अस्पृश्य (अछूत) जाति के होने की बात कही है। स्मृतियों में इन्हें 'अन्त्यज' व 'चाण्डाल' कहा गया है।

पाणिनी ने इसका उल्लेख 'निरवसित' शूद्र के रूप में किया है। सम्भवतः इस जाति को उत्पत्ति शूद्र पुरूष एवं ब्राह्मण स्त्री से हुई। इस जाति के बाहर निवास करती थी, इनका मुख्य कार्य था शिकार करना एवं शमशान घाट की रखवाली करना।[9]

गुप्त काल में लेखकीय, गणना, आय–व्यय का हिसाब रखने आदि कार्यों को करने वाले वर्ग को कायस्थ कहा गया। सम्भवतः इनकी उत्पत्ति भूमि एवं भू राजस्व के हस्तान्तरण के कारण हुई। गुप्त काल के प्राप्त अभिलेखों में नाम उल्लेख प्रथम कायस्थ या ज्येष्ठ कायस्थ के रूप में हुआ।[10]

खाद्य और पेय

गुप्तकालीन बौद्ध मांसाहारी भोजन न करके शाकाहारी भोजन

करते थे, परन्तु हिन्दुओं को श्राद्धों के समय तथा रोगावस्था में मांस खाने की आज्ञा थी। बृहस्पति स्मृति में लिखा है कि जिन स्त्रियों के पति विदेश गए हो, उन्हें मांस–मदिर का प्रयोग नहीं करना चाहिए। इसका अर्थ यह है कि अन्य परिवारों में मांस–मदिरा खाने पर प्रतिबन्ध न था। भक्ति सम्प्रदाय और महायान सम्प्रदाय के मांसाहार के विरूद्ध प्रचार के फलस्वरूप बौद्धों और ब्राह्मणों में मांस का प्रयोग कम होता था। 'अभियान शाकुन्तल' से ज्ञात होता है कि क्षत्रियों में मदिरा का प्रयोग बहुत होता था। ब्राह्मण साधारणतया शराब नहीं पीते थे। पान खाने का रिवाज बहुत था।[11]

गुप्तकालीन वेश–भूषा

गुप्तकालीन समाज में सामान्य व्यक्तियों की पोशाक धोती एवं चादर थी। शकों ने कोट, ओवरकोट और पाजामों का रिवाज प्रारम्भ किया। भारतीय राजाओं ने भी यह पोशाक अपनानी प्रारम्भ कर दी। शिर की पोशाक को पर्वों के समय पहना जाता था। सब लोग जूते नहीं पहनते थे। स्त्रियां पेटीकोट के ऊपर साड़ी पहनती थी। छाती को ढंकने के लिए आंगी पहनती थी। शक–स्त्रियां जाकिट पहनतीं थी और माथो पर टोका, कर्णफूल, मोती की मालाएं केयूर, चूड़ी, अंगूठी और मेखलाएं पहनती थीं। इस युग में जुआ, शतरंज, गेंद आदि खेलों का प्रचलन था। मेलों और नाटकों के अभिनय आदि से भी मनोरंजन होता था।

समाज में स्पष्ट रूप से इस काल में दो वर्ग थे जिनके रहन–सहन में बहुत अन्तर था। नगरों में रहने वाला धनी वर्ग चौमंजिले और पंचमंजिले मकानों में रहते थे। ग्रीष्मऋतु में ये शहरी धारागृहों में रहते थे जिनके चारों ओर फव्वारे चलते रहते थे किन्तु गांवों में रहने वाले जनसाधारण मिट्टी से बने कच्चे मकानों में रहते थे। शहरों में रहने वाले भारतीय शासक और राजसभासद शकों की भांति कोट, पाजामे व ओवरकोट पहनने लगे थे किन्तु गांवों के साधारण व्यक्ति एक धोती और

एक चादर का ही प्रयोग करते थे। भोजन में भी धनी वर्ग में विशेष रूप से क्षत्रियों में मांस और मदिरा का प्रयोग खूब होता था। 'कामसूत्र' में जो नागरिक का वर्णन दिया है, उससे स्पष्ट है कि नगर के धनी नवयुवक हर प्रकार के भोग–विलास की सामग्री का उपभोग करते थे। श्रृंगार साधन के लिए इस काल में अनेक प्रकार के उबटन व लेपों आदि का प्रयोग किया जाता था किन्तु ग्रामीण जनता को ये सब सुविधाएं नसीब नहीं थीं।

1. **वैवाहिक सीमाएँ**– प्रत्येक जाति अपनी रक्त–शुद्धता बनाये रखने का भरसक प्रयास करती है। किसी भी जाति के लोग अपना प्रजनन दूसरी जाति के रक्त सम्पर्क से नहीं करना चाहते। अतः अन्तर्विवाह सम्बन्धी बंधन जातियों में विशेष रूप से व्याप्त होता है। एक जाति के कहे जाने वाले लोग अपनी ही जाति में विवाह करते हैं। जो इसका उल्लंघन करता है। वह जाति बहिष्कृत घोषित कर दिया जाता है। इसके साथ ही जाति व्यवस्था में अनुलोम विवाह को मान्यता मिली है प्रतिलोम को नहीं। युनानी यात्री मेगस्थनीज ने अपने भारत यात्रा विवरण में लिखा है कि भारतीय जनता सात जातियों में विभक्त थी और कोई भी अपनी जाति से बाहर विवाह नहीं कर सकता था।
2. **भोजन सम्बन्धी प्रतिबन्ध**– एक जाति के लोगों में भाई–चारा बनाये रखने के लिए आपस में हुक्का पानी होता है। इसी प्रकार एक पल्लि में बैठकर एक साथ जाति के लोग भोजन करते हैं। इसका कारण है कि जातीय मर्यादा बनाए रखने के लिए प्रायः कोई भी जाति अपने से नीचे जाति के साथ बैठकर भोजन करना नहीं चाहती। हाँ, ऊँची जाति के साथ भोजन किया जा सकता है। पर ऊँची जाति पुनः नीची जाति के साथ भोजन नहीं कर सकती। यह प्रतिबंध इतना व्यापक है कि उसी जाति का व्यक्ति यदि किसी या दूसरे प्रतिबंधुओं के पालन करने के अभाव से तो उसके साथ भी बिरादरी में बैठकर भोजन और हुक्का पानी नहीं

हो सकता। परन्तु यह सभी प्रतिबंध कच्चे भोजन के लिए है। इसीलिए अंगिरस स्मृति में कहा गया है कि कोई भी ब्राह्मण क्षत्रिय या वैश्य का भोजन किसी समय कर सकता है परन्तु केवल आपात काल में ही शूद्र का भोजन ग्रहण कर सकता है। जब याज्ञवल्क्य ने अन्तरभोज की व्यवस्था के समापन का आदेश दिया तब अंगिरस ने भी यह कहा कि जो शूद्र के घर एक मास से अधिक भोजन करता है वह वास्तव में अपना व्यक्तित्व खोकर शूद्र हो जाता है। अतः हम इस सीमा पर पहुंच गये कि यदि एक उच्च जाति का व्यक्ति किसी निम्न जाति के साथ सहभोज में सम्मिलित होता है तो ऊँची जातिवाले को शुद्धता प्राप्त करने के लिए प्रायश्चित करना होता है। इसी से पीछे चल कर सहभोज में विभिन्न जातियों के अलग–अलग बैठने की व्यवस्था प्रचलित हुई और शास्त्रकारों ने इसके बाद विभिन्न जातियों की पंक्ति के बीच में अग्नि प्रज्वलित करने की व्यवस्था दी जिसमें जातिगत शुद्धता बनी रहे। परन्तु यह भोजन सम्बन्धी रूढ़िवादिता आठवीं शताब्दी के बाद ही आई क्योंकि इसके पूर्व आपस्तम्ब ने कहा कि आर्य वर्ण के संरक्षण में शुद्धता के साथ यदि शुद्र भोजन पकावे तो उसे द्विज ग्रहण कर सकते है। इसी प्रकार गौतम धर्मसूत्र में भी कहा गया है कि चारो वर्णे में से किसी वर्ण से भिक्षा ली जा सकती है पर मान्यता यह है कि वह परिवार किसी कारण विशेष से धर्म बहिष्कृत न घोषित किया गया हो अथवा दृष्ट न हो। इसके पूर्व उत्तर वैदिक काल में समाज में भोजन सम्बन्धी कोई भी प्रतिबन्ध नहीं था और ऋग्वैदिक काल में खुली परिवार प्रणाली भारत में थी। इस प्रकार आठवीं शताब्दी से भोजन सम्बन्धी बन्धन समाज में कटुतापूर्ण हो गये।

3. **व्यवसाय की निश्चितता**– प्रायः प्रत्येक जाति का नामकरण उनके व्यवसाय पर ही हुआ है। चमड़े का काम करने वाला चमार कहलाया, लोहे का काम करने वाला लुहार कहलाया, मछली पकड़ने वाला मछुआ कहलाया। इस प्रकार यदि हम किसी से भी

उसकी जाति के विषय में पूछते हैं तो हमारा अभिप्राय उसके व्यवसाय के विषय में पूछना है यह बात दूसरी एक ही जाति के लोग अपनी योग्यता और पहुंच के अनुसार अलग–अलग काम करते हैं। पर कार्य सम्बन्धी विभाजन जातियों के आधार पर इतना सूक्ष्म हो गया था कि अतीत में भी एक ही जाति के लोग जब उस जाति द्वारा पालित किसी व्यवसाय के एक विशिष्ट प्रकार में विशेषज्ञता प्राप्त कर लेते थे तो एक दूसरे नाम से संबोधित किए जाते थे। मछुए नाव द्वारा मछली पकड़ते हैं। पर जो मछुए केवल नाव चलाने का ही व्यवसाय अपना लेते थे वे केवट कहलाते थे और जो जाल से मछली पकड़ते थे वे बालसिख कहलाते थे।[12]

4. **ऊँच–नीच का भेद**– इसे समाजशास्त्र के शब्द में 'स्ट्रैटीफिकेशन' कहते है। अपनी जाति में यद्यपि कोई भी व्यक्ति चाहे धनी हो अथवा निर्धन विशेष ख्याति प्राप्त हो अथवा सामान्य वह समान स्तर का ही माना जाता है। परन्तु जब हम दूसरी जातियों के परिप्रेक्ष्य में उसका स्थान देखते हैं तो यह स्पष्ट हो जाता है कि जातियों में परस्पर ऊँच–नीच का भेद होता है। यद्यपि ब्राह्मणों की भी विभिन्न जातियाँ परस्पर एक दूसरे से स्तर में भिन्न स्थान ग्रहण करती है। पर यह संस्तरण देश और काल के साथ बदलता रहता है। कहीं कभी एक जाति को विशेष ऊँचा पद दिया जाता है और कहीं उसी को नीचा।

5. **जन्म सम्बन्धी आधार**– वर्ण के ठीक विपरीत जाति का आधार जन्म माना गया। चाहे व्यक्ति में जो भी गुण हों, परन्तु वह जिस जाति के पिता के घर जन्म लेता है वह उसी जाति का माना जाता है। एक ब्राह्मण के परिवार में जन्म लेने वाला बालक भले ही मछुए का काम करता हो, पर जब तक उसे उसकी सामुदायिक संस्था जाति बहिष्कृत नहीं कर देती तब तक उसे ब्राह्मण जाति का ही माना जाता है। इस प्रकार जन्म आधार पर किसी की जाति निश्चित होती है।

ऊपर की सम्पूर्ण जातिगत विशेषताएं भारतीय शास्त्रों के परिप्रेक्ष्य में बताई गई है। इसी प्रकार एक नहीं अनेक सूक्ष्म विशेषताओं का ज्ञान हमें जातियों के सम्बन्ध में होता है।

इस प्रथा के द्वारा बड़ी सामाजिक बाधाएं उत्पन्न हो गई हैं वहीं इस प्रथा में बहुत से लाभ भी प्राचीन काल से ही समाज को मिले हैं। प्रत्येक जाति की एक अपनी सभा होती थी, उनका एक अपना संगठन होता था जो अपनी धार्मिक सीमाएं निर्धारित करता था और अपनी–जाति बालों को एक समुचित सामाजिक बंधन में बांधने का प्रयास करता था। जिससे सामाजिक नियमित्ता बनी रहती थी। पुनः समाज का स्वरूप और सर्वांगीण विकास इन्हीं जातियों द्वारा सम्भव हो सका। ये जातियों अलग–अलग अंगों का पोषण उनकी अलग–अलग रीति से करती रहीं। जिसके द्वारा विभिन्न प्रकार के सामाजिक क्रिया–व्यापार कुशलता पूर्वक उन्नति करते हुए सम्पूर्ण विकास में योगदान करते रहे। ये समाज की उन्नति के लिए सामूहिक निकायों का रूप धारण करती थी। पुनः विभिन्न प्रकार के व्यवसायों का संरक्षण अपनी वास्तविक स्थिति में इन्हीं जातियों के ही कारण बना रहा। जातियों में व्यवसाय पैत्रिक होता था। इसे सीखने के लिए यहां समय और परिश्रम की बचत होती थी तथा इसके जीवित रखने के लिए परम्परागत वातावरण भी बना रहता था।[13]

बहुत से व्यवसाय जैसे लोहार, सुनार आदि के अपनी पूर्व परम्परागत स्वरूप में चले आ रहे हैं। इन्हीं के द्वारा लघु उद्योग–धन्धों की उन्नति हुई। बहुत सी ऐसी कलाएं तथा व्यवसाय समाज में जीवित थीं। जिनको केवल लघु उद्योगों के आधार पर ही जीवित रखा जा सकता था। पांचवां विशेष लाभ था कि रक्त शुद्धता को बनाये रखने में यह बहुत अंश तक सहायक रहा। रक्त विकृति विवाह के ही द्वारा होती है। जातियों में अन्तरजातीय विवाह को बहुत निकृष्ट माना गया, अतएव रक्त शुद्धता इससे समाज में बनी रही। छठा इसने समाज पर होने वाले ब्रह्म आक्रमणों से समाज को संरक्षण प्रदान किया। जितने भी विदेशी

आक्रमणकारी भारत पर आक्रमण करते हुए आये उन्होंने अपना सामाजिक स्वरूप भारत को देना चाहा। भारत की छोटी–छोटी जातीय टुकड़ियां इतनी अधिक इस ओर सचेष्ट हो गई थी कि इन पर कोई भी प्रभाव नहीं पड़ सका। साथ ही राजपूत की ही उपलब्धि है कि मुसलमान अति शीघ्रता तथा सरलता से भारत में प्रवेश नहीं कर सके।

इस प्रकार जातिप्रथा द्वारा उपर्युक्त कुछ लाभ सांस्कृतिक दृष्टिकोण से बड़े महत्व के हैं।

जब हम जाति प्रथा के दूसरे पक्ष को लेते हैं तो यह स्पष्ट है कि इसका एक कलुषित रूप भी था। इसलिए इसकी हानियों से भी अवगत होना आवश्यक है। सबसे पहली हानि इस व्यवस्था द्वारा भी कि इसने सामाजिक स्वरूप को इतना अधिक विघटित कर दिया कि अपने छोटे–छोटे टुकड़ों के कारण पीछे सामाजिक एकता की बात गलक सिद्ध होने लगीं। इसके अतिरिक्त इसने उपयुक्त वर्णित करणों के सहारे 3000 के लगभग उपजातियों को कारण सदा करते रहे।

पुनः कार्य निश्चिन्तता के कारण व्यक्तित्व का समुचित विकास जातियों के सहारे संभव नहीं हो सका। व्यवसायगत एकता रखने के लिए उसे जन्मजात व्यवस्था बनाया गया। अतएव वह व्यक्ति जिसमें दूसरी जाति का गुण प्राप्त था अपना यथेष्ट विकास नहीं कर सका।

संदर्भ

1. उपाध्याय, भगवतशरणः गुप्तकाल का सांस्कृतिक इतिहास, हिन्दी समिति सूचना विभाग, उत्तर प्रदेश, लखनऊ, 1969, पृ0.134
2. पाण्डेय, ओमप्रकाश : वैदिक साहित्य, एवं संस्कृति का स्वरूप, नई दिल्ली, 1994 पृ0 143
3. आचार्य दीपंकर : कौटिल्य कालीन भारत, उत्तर प्रदेश हिन्दी संस्थान, लखनऊ 1989, पृ0 54
4. उपाध्याय, रामजी : प्राचीन भारतीय साहित्य की सांस्कृतिक भूमिका, देव

भारती प्रकाशन, इलाहाबाद, 1966

5. मुखर्जी, राधाकुमुद : चन्द्रगुप्त मौर्य और उसका काल, राजकमल प्रकाशन, नई दिल्ली,1990
6. ओझा, ए0पी0 : प्राचीन भारत में स्तरीकरण, इलाहाबाद, 1962, पृ0.132।
7. वर्मा, जगमोहन : फाह्यान का यात्रा विवरण, शब्द महिमा प्रकाशन, जयपुर, 1996, पृ0 32।
8. Sircar, D.C. Some Aspects of Earliest Social History of India, Calcutta, 1942, p.23.
9. अग्रवाल, वासुदेवशरणः पाणिनि कालीन भारतवर्ष, चौखम्भा संस्कृत सीरीज, वि0स0 2012 पृ0 234।
10. गोयल, श्रीराम : गुप्तकालीन अभिलेख, मेरठ, 1984, पृ0 223।
11. ओम प्रकाश : प्राचीन भारत का सामाजिक एवं आर्थिक इतिहास, नई दिल्ली, 1994, पृ0 132।
12. Buch, M.A. : Economic Life in Ancient India, 2 Vols, Allahabad, 1979. p. 234
13. Alchin Baidget & Reymond : The Birth of Indian Civilization, Penguin, 1968 . P. 234.

संदर्भ ग्रन्थ सूची

1. अग्रवाल, वी0एस0 : पाणिनी कालीन भारतवर्ष, वाराणसी, 1969
2. अग्निहोत्री, पी0 : पतंजलि कालीन भारत, पटना, 1963
3. अवस्थी, शशि : प्राचीन भारतीय समाज, बिहार हिन्दी ग्रन्थ अकादमी, पटना,
4. आचार्य दीपंकर : कौटिल्य कालीन भारत, उत्तर प्रदेश हिन्दी संस्थान, लखनऊ 1989
5. उपाध्याय, वी0 : वैदिक साहित्य और संस्कृति।
6. उपाध्याय, रामजी : प्राचीन भारतीय साहित्य की सांस्कृतिक भूमिका, देव भारती प्रकाशन, इलाहाबाद, 1966
7. उपाध्याय, वी0एस0 : गुप्त साम्राज्य का इतिहास, इलाहाबाद, 1959
8. उपाध्याय, वासुदेव : प्राचीन भारतीय अभिलेखों का अध्ययन, प्रज्ञा प्रकाशन, पटना, 1970
9. घोशाल, यू0एन0 : स्टडीज इन इण्डियन हिस्ट्री एण्ड कल्चर।

10. गुप्त, पी0एल0 : गुप्त साम्राज्य, वाराणसी, 1991

: प्राचीन भारत के प्रमुख अभिलेख, भाग 1–2, वाराणसी।

11. गोयल, श्रीराम : गुप्तकालीन अभिलेख, मेरठ, 1984

12. गोयल, आर0बी0 : ए हिस्ट्री ऑफ दी इम्पीरीयल गुप्ताज, गोरखपुर।

13. गुप्त, परमेश्वरीलाल : प्राचीन भारत के प्रमुख अभिलेख, भाग 1–2, वाराणसी

1. गुप्ता, देवेन्द्र कुमार : प्राचीन भारतीय समाज एवं अर्थव्यवस्था, न्यू भारतीय बुक कॉर्पोरेशन, दिल्ली, 2004

14. चौधरी, आर0के0 : प्राचीन भारत का आर्थिक इतिहास, नई दिल्ली, 1986

15. जैन, जे0पी0 : जैन आगम साहित्य में भारतीय जीवन, वाराणसी, 1965

16. त्रिपाठी, एच0एन0 : भारतीय विचारधारा, वाराणसी, 1964

17. थपल्यिाल एवं शुक्ल : सिन्धु सभ्यता, लखनऊ, 1976

18. दूबे, आर0डी0 : स्मृतिकालीन भारतीय समाज एवं संस्कृति, दिल्ली

19. प्रकाश, ओम : प्राचीन भारत का सामाजिक एवं आर्थिक इतिहास, नई दिल्ली, 1994

20. पाण्डेय, वी0सी0 : प्राचीन भारत का सामाजिक इतिहास, इलाहाबाद, 1960

21. पाण्डे, विमलचन्द्र : प्राचीन भारत का राजनीतिक तथा सांस्कृतिक इतिहास।

22. पाण्डेय, ओमप्रकाश : वैदिक साहित्य, एवं संस्कृति का स्वरूप, नई दिल्ली, 1994

23. पांथरी, भगवती प्रसाद : महान गुप्त राजवंश, वाराणसी, 1969

24. बुद्ध प्रकाश : स्टडीज इन इण्डियन हिस्ट्री एण्ड सिविलाइजेशन

25. भट्टाचार्य, सुखमय : महाभारत कालीन समाज, लोक भारती, इलाहाबाद, 1966

26. मुखर्जी, आर0के0 : चन्द्रगुप्त मौर्य और उसका काल, नई दिल्ली, 1990

27. मिश्र, श्याम मनोहर : प्राचीन भारत में आर्थिक जीवन, प्रमानिक पब्लिकेशन, इलाहाबाद, 1997

28. मिश्र, आर0एन0 : प्राचीन भारतीय समाज, अर्थव्यवस्था एवं धर्म, भोपाल, 1991

29. मिश्र, सच्चिदानंद : प्राचीन भारत में ग्राम एवं ग्राम्य जीवन, गोरखपुर, 1984

30. लुनिया, बी0एन0 : प्राचीन भारतीय संस्कृति, आगरा, 2007

31. विद्यालंकार, जयचन्द्र : भारतीय इतिहास की रूपरेखा, 2 भाग, इलाहाबाद, 1933

32. सिंह, भगवान : हड़प्पा सभ्यता और वैदिक साहित्य, नई दिल्ली, 1991

33. शर्मा, आर0एस0 : प्रारम्भिक भारत का सामाजिक और आर्थिक इतिहास, दिल्ली, 1992

34. शर्मा, रामशरण : प्रारम्भिक भारत का आर्थिक और सामाजिक इतिहास, दिल्ली, विश्वविद्यालय, 1992

35. Allchin Baidget & Reymond : The Birth of Indian Civilization, Penguin, 1968

36. Bandopadhyay, N.C. : Economic Life & Progress in Ancient India, Calcutta, 1945.

37. Banerjee, R.D. : The Age of Imperial Gupta's, Banaras, 1940.

38- Buch, M.A. : Economic Life in Ancient India, 2 Vols, Allahabad, 1979.

39. Chakraborti, S.K. : A Study of Ancient Indian Numismatics, Calcutta, 1931.

40. Cunningham, A. : Coins of Ancient India, London, 1891

41. Das, S.K. : Economic History of Ancient India, Calcutta, 1925.

42. Ghoshal, U.N. : The Agrarian System in Ancient India, Calcutta, 1973.

43. Mukerjee, B.N. : Art in Gupta & Post Gupta Coinage, Lucknow, 1985

: The Economic factors in Kusana History, Calcutta,

44. R.C. Majumdar, A.D. Pusalkar : History and Culture of the Indian People, Age of Imperial Kannauj, (Vol. IV), The Struggle for Empire (Vol. V), eds. Bombay, 1955, 1957.